U0918239

国家社科基金青年课题《有效防范和化解群体性
事件中暴力因素对策研究》(11CZZ025)的成果

政治发展与政治现代化研究丛书

群体性暴力的源头治理

王国勤 等◎著

中国社会科学出版社

图书在版编目(CIP)数据

群体性暴力的源头治理/王国勤等著.—北京:中国社会科学出版社,2016.11

ISBN 978-7-5161-9329-7

Ⅰ.①群… Ⅱ.①王… Ⅲ.①群体性—暴力行为—治安管理—研究—中国 Ⅳ.①D631.43

中国版本图书馆CIP数据核字(2016)第280852号

出 版 人 赵剑英
责任编辑 冯春凤
责任校对 张爱华
责任印制 张雪娇

出　　版 中国社会科学出版社
社　　址 北京鼓楼西大街甲158号
邮　　编 100720
网　　址 http://www.csspw.cn
发 行 部 010-84083685
门 市 部 010-84029450
经　　销 新华书店及其他书店

印　　刷 北京君升印刷有限公司
装　　订 廊坊市广阳区广增装订厂
版　　次 2016年11月第1版
印　　次 2016年11月第1次印刷

开　　本 710×1000 1/16
印　　张 18.75
插　　页 2
字　　数 306千字
定　　价 69.00元

凡购买中国社会科学出版社图书,如有质量问题请与本社营销中心联系调换
电话:010-84083683

目　　录

第一章 群体性暴力的动力与治理

当今世界虽然在政治、经济、文化、科技等方面取得了令人瞩目的成就，但是针对人们身体进行侵害的暴力事件并没有得到有效的遏制。2002年首次出版的全球暴力报告称，近些年来每年有超过160万人因遭受暴力而死亡。[①]有学者甚至称连英国这样的发达国家仍然是一个“暴力社会”，例如英国从2005年到2006年，记录在案的暴力犯罪事件竟然达到了100多万起。[②]其中，集体暴力事件仍然是困扰人类的一个挥之不去的噩梦。非洲大陆在20世纪90年代发生了导致近百万人死亡的卢旺达种族大屠杀，如今一些极端组织仍然在不断地制造极端恐怖事件，同时，美、英、法等一些发达国家近些年来也是骚乱不断。例如，2005年和2007年法国和荷兰、2008年德国和希腊，2011年英国都发生了一系列社会骚乱事件，仅美国“二战”后就发生了7次全国性种族大骚乱。各个国家与地区发生集体暴力事件的成因、机制与过程或有不同，但是如何有效地抑制这种集体暴力的发生或蔓延，已经成为很多学者关注的重要议题。

自20世纪90年代以来，大量群体性事件的爆发成为中国在转型时期伴随经济社会快速发展的一种显著社会现象。这种现象首先源于当前国家与社会关系的非均衡性结构，[③]同时也是公民民主意识增强的表现，[④]并且能够

① ［英］约翰·基恩：《暴力与民主》，易承志，荣启涵，黄振乾，魏巍，张春满译，中央编译出版社2014年版，第9页。

② ［英］理查德·威尔金森，凯特·皮克特：《不平等的痛苦：收入差距如何导致社会问题》，安鹏译，新华出版社2010年版，第128页。

③ 张明军，陈朋：《2011年中国社会典型群体性事件的基本态势及学理沉思》，《当代世界与社会主义》2012年第1期。

④ 赵颖：《从群体性事件看公共决策中的公民参与》，《东南学术》2008年第4期。

以冲突的形式去催生公民社会，为增强民主提供社会基础，这尤其体现在城市的抗争运动中；[①]进而言之，如果应对得当，它亦能转化为政府制度创新的动力，由此推动政治制度变革与政治民主发展。[②]但是需要警惕的是群体性事件的极端化趋势，即经常发生一些大规模群体性暴力事件。《2014 年中国法治发展报告》提供了一组关于群体性事件的数据，称近 13 年间，100 人以上群体性事件有 871 起，其中，平等主体间的纠纷所引发的群体性事件占多数，有 476 起，占 54.6%；而因公民等与政府或官员之间的矛盾引发的群体性事件有 383 起，占 44.0%。不同类型的群体性事件中都包括了一些群体性暴力，只是比例不同，例如，在因公民间矛盾引发的群体性事件中发生了打、砸、抢等暴力冲突的占 24.6%；在因社会组织间矛盾引发的群体性事件中比例高达 78.1%；最后在因公民与政府或官员间矛盾引发的群体性事件中占 32.6%。[③]这些数据表明，近些年中国还处在一个群体性暴力事件易发的时期。例如，2004 年至 2007 年间重庆市万州，2005 年安徽省池州、浙江省东阳画水镇，2006 年四川省广安，2007 年四川省大竹，2008 年、2009 年两年间贵州瓮安、云南孟连、甘肃陇南、海南感城、湖北石首、吉林通化，以及 2011 年在广东增城、古巷以及浙江织里等地相继发生了大规模的群体性暴力事件。这些事件已经给经济社会带来了巨大的破坏与内耗，有着极为消极的危害性。现有研究证明，这些集体暴力行为未必能够增加抗议者成功的概率或增强其寻求干预的能力，[④]但是可以加剧干群矛盾，降低政府公信力以及损害法律权威，[⑤] 甚至带来局部地

---

① 张静：《成长中的公共空间之社会基础——一个上海社区纠纷案例的分析》，引自中国青少年发展基金会，非营利组织研究委员会编：《扩展中的公共空间》，天津人民出版社 2002 年版；夏建中：《中国公民社会的先声：以业主委员会为例》，《文史哲》2003 年第 3 期。

② Cai Yongshun:"Managed Participation in China", *Political Science Quarterly*, 2004, 119 (3): 425.

③ 这里所说的社会组织，是指企业、学校、村居等基层自治组织（第 277 页），详见李林，田禾编《中国法治发展报告 No. 12 (2014)》，社会科学文献出版社 2014 年版，第 271—286 页。

④ 蔡永顺：《抗议行为中的暴力》，引自肖唐镖编《群体性事件研究》，学林出版社 2011 年版，第 250 页。

⑤ 黄海蓉：《论弱势群体暴力维权——以公权与私权的冲突为视角》，《云南行政学院学报》2011 年第 4 期。

区政治生态的恶化，不利于实现国家与社会的良性互动。总体而言，这类事件的发生，从空间上看，它不是中国某个区域的问题，而是一个总体性的问题；从时间上看，不是短时期内的问题，可能是持续较长时间的问题；从影响上看，不仅是有关社会稳定的问题，而是涉及国家的政治、经济、文化与社会等诸多方面的制度建设问题。对此，已经有较多研究成果和官方研究报告均承认或显示，在当代中国群体性事件的特征体系中，民众抗议行动手段的暴力性、对抗性、激烈性不可忽视。在这个意义上，对这类群体性暴力的治理无疑构成了当代中国必须正视与面对的重大社会治理命题。在本书中，"群体性暴力"是指群体性事件中的集体暴力，根据程度的不同，具体表现为群体性暴力行为或暴力事件。

因此，需要在学理上细致地厘清群体性暴力行为或事件发生的动力机制，然后在此基础上提出一些重要的关于源头治理的有效对策。这就是本书的中心议题。由此，本书属于旨在预防的源头治理研究，这样就同那些讨论怎样现场处置这类群体性暴力行为或事件的应急管理类研究区别开来。另外，鉴于群体性暴力是大多数群体性事件中的一个重要现象，所以对群体性暴力的预防与治理，实际上在外延上同群体性预防与治理有些重合的地方，在后面的章节中，一些内容的处理和表述上会体现这个特征。但是本书不同于众多笼统地讨论群体性事件预防与治理文献的地方主要在于：它将群体性暴力作为群体性事件中一种需要格外关注和亟须得到治理的社会事实或现象。

需要阐明的是，本书在问题意识上延续了《社会网络与集体行动：林镇案例》（2013 年版）一书中的主要命题，即"我们需要在承认'利益冲突及其引发的集体行动'是社会的常态这个前提下，去探讨如何降低集体行动的暴力水平，从而减少社会的动荡和内耗，并在这个过程中，使集体行动得到制度化、常规化"。①在国家全面推进治理体系与治理现代化的背景下，这项任务显得尤为重要。比较而言，可以说前面这本书主要是解释性的研究，探讨了社会网络结构与特征是如何通过社会资本这个中间变量来影响集体行动的暴力水平，而本书则采用了更加多元的视角或研究路径探讨了群体性暴力行为或事件

① 王国勤：《社会网络与集体行动：林镇案例》，中国社会科学出版社 2013 年版。

的各种机制，目标指向怎样有效地进行源头治理。另外，本书没有把群体性暴力视作个别国家在特定时期集中爆发的特殊现象，而是全人类共同面临的一个突出的社会问题或者灾难，在起因、机制、过程和治理等方面，异中有同。因此在理论和方法上，本书也就相关的研究展开了充分的交流与对话。

就本章而言，具有全书导读的功能，具体包括三节内容。其中第一节介绍一些基本的概念与文献；第二节介绍当前中国群体性暴力行为或事件的动力机制与治理方式；第三节介绍本书的研究思路与章节安排。

第一节　群体性暴力研究述评

本节首先回顾学界对暴力、集体暴力等一般性概念的讨论以及国内学者对中国语境中的群体性暴力行为与事件概念的研究，并在这个基础上提出一个简洁的关于群体性暴力（涵盖了群体性暴力行为与事件）的定义。其次，列举了结构分析、过程分析、社会心理分析以及框架构建分析等与“当前中国群体性暴力行为与事件的成因与治理”这个核心议题相关的四个主要研究路径。

一　群体性暴力的概念

1. 广义与狭义的暴力概念

学界对暴力的界定基本上可以划分成两种类型，即分别采用了广义的和狭义的暴力概念。广义论者认为不仅要关注直接暴力，也要关注构成直接暴力背景因素的间接暴力。间接暴力则包括了结构暴力与文化暴力。其中，直接暴力是指直接对身体、思想或精神构成伤害；结构暴力是指由政治性、压制性、经济性或剥削性的社会结构所施展的间接性暴力；文化暴力使直接暴力和结构暴力合法化，激发行为者实施直接暴力，而且内容涉及宗教、法律、意识形态、语言和艺术等。[①]这种广义的界定目标是指向一种分析路径的，即认为暴力研究主要涉及暴力的使用以及暴力使用的合法性这两个议题。首先，认为暴力能在“直接暴力——结构暴力——文化暴

---

① ［挪威］约翰·加尔通：《和平论》，陈祖洲等译，南京出版社2006年版，第45页。

力”三角的任何一个角开始，并且易于从一个角转到其他角。其中最重要的机制就是内在化，由此需要讨论文化暴力究竟是在以什么方式合法化直接暴力的行动和结构暴力的事实，从而使之能够被社会所接受。[①]

狭义论者则反对各种关于给出“暴力扩展性定义”使其含义包罗万象的种种尝试，认为这样会使得概念变得毫无意义。因此，需要给暴力一个更为严谨的含义，即暴力应当被理解为“组织和/或个人有目的地、直接而令人讨厌地对他人身体进行侵犯，致使他人遭受一系列从休克失语、精神折磨、常做噩梦、皮肤瘀青、伤痕累累、身体肿胀到头痛、骨折、心脏病发作、截肢甚至死亡等后果的行为”。[②]查尔斯·蒂利（Charles Tilly）也是采用这种狭义的暴力含义来给集体暴力下定义的，即首先它属于社会互动的一个片段：对个人立即造成肉体伤害（这里的“伤害”包括对个人的反抗与抵制所施加的强制）；其次，至少有两个作恶者；最后，集体暴力至少是部分地来源于施暴者的相互协作。蒂利认为这种定义排除了纯粹的个人行动、非物质伤害、偶然事件和长期的或间接的伤害影响，从而有利于研究问题的聚焦。[③]狭义论者虽然认为广义论者由于盲目扩大了暴力的外延而导致不知所云，但是他们又不得不讨论那些形塑直接暴力基本特征的结构、文化等间接因素。在这个意义上，他们与广义论者又走到了一起。

2. 集体暴力的类型

对集体暴力的类型划分首先可以采用一种简单的列举方法，如对人身的暴力袭击、袭击财产、暴力对抗、跟警察的冲突、对场所的武装夺取或对人的武装劫持等。更加符合研究目标的分类通常是基于两个或两个以上维度或指标划分而成的矩阵。例如，多娜泰拉·德拉波尔塔（Donatella Della Porta）使用暴力程度和使用暴力时行动者的组织程度两个指标，构建了分类体系，其中包括：非专业化暴力（低强度的、无组织的暴力）；准军事化暴力（仍旧是低强度的，但更有组织）；自主暴力（为松散的有

① ［挪威］约翰·加尔通：《和平论》，陈祖洲等译，南京出版社2006年版，第305页。

② ［英］约翰·基恩：《暴力与民主》，易承志，荣启涵，黄振乾，魏巍，张春满译，中央编译出版社2014年版，第23页。

③ ［美］查尔斯·蒂利：《集体暴力的政治》，谢岳译，上海人民出版社2011年版。

组织团体采用，强调“自主”使用高强度的暴力）；秘密暴力（在地下状态中组织起来的团体所采用的极端暴力）。[①] 蒂利也采用了类型的分类方法，提出在短期伤害的显著性与暴力行动者的协同程度这两个维度上均存在着连续，构成了一个分析性坐标的横轴与纵轴。由此不同类型的集体暴力如分散性攻击、协同性破坏、暴力仪式等，根据各自对应的横轴与纵轴而落在该坐标的不同位置上。这样各种类型集体行动的主要特征就一目了然。

集体暴力的类型学本身不是本书研究的对象，却提供了重要的学理基础。为了更加明确对本书核心概念群体性暴力事件的含义，本书将所讨论的集体暴力概括成如下两种基本类型，一种是那些高度组织化的暴力集团通过精心培养对立的身份认同而发动的策略性集体暴力；另一种是最初自发聚集的、一群高度分散化的“临时群体”发动的突发性集体暴力。本书将群体性暴力事件界定为第二种类型，一方面在比较中更加突显其基本特征；另一方面研究这两种类型集体暴力的理论与方法可以实现某种程度的交流与对话，从而可以大大地丰富这项研究。

3. 群体性暴力、群体性暴力行为与群体性暴力事件

“群体性暴力”是上述的集体暴力的一种特殊形态，特指当前中国语境下群体性事件中所发生的集体暴力。作为一个简洁的定义，群体性事件是指那些主要诉诸破坏或暴力的手段来进行利益表达的集体行动。它具有违法性和对社会的危害性等特征，对社会的损害较大，如人员伤亡、公共设施被毁坏、正常的工作与生活秩序被破坏等。[②]因此，大多数的群体性事件或多或少都会伴随着一些集体暴力行为，可以用“群体性暴力行为”来指称。但是当这种群体性暴力行为成为群体性事件的主要诉求手段时，由于集体暴力程度与协同程度普遍较高，这类事件通常就被冠名为“群体性暴力事件”。

王国勤（2011）把集体行动划分为常规型、破坏型与暴力型三种，其中，常规型中的行动者仅仅诉诸于现有的法律、政策或其他规范所允许

① ［意］多娜泰拉·德拉波尔塔：《社会运动、政治暴力和国家——对意大利、德国的比较分析》，王涛，江远山译，上海世纪出版社 2012 年版。

② 王国勤：《社会网络与集体行动：林镇案例》，中国社会科学出版社 2013 年版。

的策略或手段；而暴力型中的行动者主要是诉诸于反常规的暴力手段；而破坏型中的行动者一会儿诉诸常规的手段，一会儿诉诸暴力的手段，或者说在这两种手段之间徘徊。[①]以这种分类方法来看，群体性暴力行为是破坏型与暴力型集体行动都在使用的方法，不同的是在破坏型集体行动中，暴力并不是主要的诉诸手段，暴力程度与协同程度偏低些，而在暴力型集体行动中，暴力则是主要诉诸手段，暴力程度与协同程度偏高些。在本书的概念分类体系中，破坏型与暴力型的集体行动均属于群体性事件，其中，破坏型集体行动指称一般性的群体性事件，而暴力型集体行动则指称群体性暴力事件。

这种分类是有意义的，实际上学界也较早就注意到这种差异。大致是从 2003 年开始，国内研究者使用“群体性暴力事件”这一概念，如刘彦成用列举法阐述了这类事件的基本特征，即（1）主体是具有共同的利益关系、类似的思想情感、共同的行为目标和非正式群体等；（2）主观目的是为了实现某方面的利益或达成某方面需求；（3）被侵害的客体具有多样性，包括国家政权、社会秩序、公共安全和公民的人身与财产权利等；（4）具有暴力性和危害结果严重性。[②] 2008 年权姣把“群体性暴力事件”定义为“某一特定群体为满足某种要求或基于某种诱因，以暴力方式公然实施危害社会的行为并导致事态扩大、冲突加剧，严重扰乱社会秩序、危害公共安全、破坏国家政治稳定和社会安定团结，应立即予以处置的事件”。[③]这种界定在内涵上并没有超出刘彦成的阐述，但提出了一个不能忽视的特征，即它经常伴随有谣言的传播并发挥了激化事件的作用。2011 年王文华根据行为方式的法律性质认为群体性暴力事件属于群体性暴力犯罪，提出具有不同于群体性事件的另外两个类型：一般意愿表达比较平和的群体性事件和群体性治安事件。[④]随后王赐江把过程特征补充进

---

① 王国勤：《社会网络视野下的集体行动：以林镇群体性事件为例》，《开放时代》2011 年第 2 期。

② 刘彦成：《论群体性暴力事件的概念和特征》，《湖北警官学院学报》2003 年 6 月第 2 期。

③ 权姣：《6·28 瓮安事件与信息公开——关于群体暴力事件的分析》，《东南传播》2008 年第 9 期。

④ 王文华：《群体性暴力事件与仇恨犯罪：刑法与刑事政策的回应》，《甘肃政法学院学报》2011 年第 7 期。

来，即认为“事件从初露端倪到最终爆发都有相对较长时间的演变过程，蕴藏着本来可以回旋的关键环节”。①

有研究者更为细化地分别阐述了城市工业群体暴力突发性事件和农村暴力型群体性事件。前者认为近年来在城市中尤其是那些企业改制集中的地方容易爆发工业群体性暴力事件。它的典型特征是自发性、无组织性、不稳定性、情绪性和突然性等。②后者认为农村暴力型群体性事件是群体性事件中特殊的一个种类，指由农村社会中农民利益诉求受损所引发，因为利益表达和要求受到限制或禁止的农民采取的具有暴力性、破坏性、非常态的群体抗争行为。特征主要有：（1）对象常常是基层党政机关和基层干部；（2）冲突方式兼具非组织性与对抗性；（3）冲突结果兼具破坏性与建设性。③这些研究无疑丰富了对群体性暴力事件概念的涵盖能力和分析能力。正是在吸收上述讨论的基础上，本书提出当群体性暴力成为群体性事件行动者主要诉诸手段、并成为事件的主要特征时，就构成了“群体性暴力事件”。

综合以上的讨论，本书的核心问题可以简洁地界定为“群体性暴力的源头治理”，其中，“群体性暴力”在外延上涵盖了一般性群体性事件（属于破坏型集体行动）中的群体性暴力行为，以及较为极端的群体性暴力事件中的群体性暴力行为。书中在不同的语境中将分别使用“群体性暴力”、“群体性暴力行为”或“群体性暴力事件”等词汇，前面的论述有助于厘清这些概念的周延。另外，“源头治理”在外延上则涵盖了群体性暴力治理机制从较远的结构、文化等因素到较近的事件萌发之前阶段的各种预防措施，因此，本书使用“预防”、“治理”等词汇均是落在该概念外延的连续谱中。

二　群体性暴力的研究路径

本书聚焦的问题是当前中国群体性暴力的成因与治理。这里群体

---

① 王赐江：《集体暴力抗争：值得关注的极端维权方式：对三起群体性事件的考察分析》，《学习与探索》2010 年第 2 期。

② 李鸿、赵冰瑶：《工业群体暴力突发性事件的特征及成因分析——以吉林省工业群体暴力突发性事件为例》，《吉林省教育学院学报》2010 年第 11 期。

③ 燕道成、黄果：《当前农村暴力型群体性事件的特征与成因》，《北京城市学院学报》2012 年第 1 期。

性暴力属于集体暴力的一种，因此在学术资源上，群体性暴力研究也可以共享众多关于集体暴力研究的理论传统与分析路径。初步归纳，围绕这些议题的现有文献在研究路径上主要包括结构分析、过程分析、社会心理分析以及框架建构分析四种。其中，结构分析的目标是探寻导致群体性暴力爆发的诸多条件性因素，诸如权力、贫富、制度、环境、心理等，认为事件是这些结构性因素的产物，它们之间有某种对应关系。过程分析则把探照灯集中到了具体事件中一些关键的机制以它们组合而形成的特定过程。社会心理分析首先将群体性暴力的爆发视作某种心理状态的产物，同时探究那些导致群体性暴力升级的心理机制。框架建构分析则强调了话语和意义在群体性暴力行为或事件过程中的动员和建构作用。

1. 结构分析

结构分析认为群体性暴力是一系列结构性因素的产物。[①] 在国外类似的研究中，这些结构性因素主要被视作社会结构或资源，如 R. 沃尔夫 · 埃里克（Eric R. Wolf）[②]、多娜泰拉 · 德拉波尔塔[③]、特纳（Turner J. H.）[④]。还有采取结构功能主义的视角，认为社会主体之间在功能上的相互依赖程度愈低，纾解冲突的制度化努力就愈难实现，暴力行为更易滋生。[⑤]

国内相关研究也认为这些群体性暴力是以一种极端的方式表明了当前中国社会结构的失衡[⑥]，首先，表现在社会主义体制中国家中心的制度安排，导致了各种无组织的、不同利益诉求的人们直接针对国家的集

---

① 王国勤：《社会网络视野下的集体行动：以林镇群体性事件为例》，《开放时代》2011 年第 3 期。

② Eric R. Wolf, "Peasant Rebellion and Revolution." in *National Liberation Revolution in the Third World*, Edited by Norman Miller and Roderick Aya, New York: Free Press, 1971, pp. 48—67.

③ ［意］多娜泰拉 · 德拉波尔塔：《社会运动、政治暴力和国家——对意大利、德国的比较分析》，王涛、江远山译，上海世纪出版社 2012 年版。

④ ［美］乔纳森 · 特纳：《社会学结构的理论》，邱泽奇等译，华夏出版社 2001 年版。

⑤ ［美］刘易斯 · 科塞：《社会冲突的功能》，孙立平等译，华夏出版社 1989 年版，第 34—40、54—73 页。

⑥ 丁建崃：《利益、权威和秩序——对村民对抗基层政府的群体性事件的分析》，《中国农村观察》2000 年第 4 期。

体行动[①]。其次，社会阶层的分化与社会结构的失衡，构成群体性事件愈演愈烈的社会根源[②]。有种观点认为在改革开放的过程中，不同阶层受益或受损情势不一，由于缺失分配正义，怨恨情绪四处滋生，群体性事件此起彼伏。[③] 尤其是均衡性利益表达制度设施的虚置与匮乏，往往导致弱势群体的“刁民/暴民”化。[④]就资源与集体暴力的关系，王国勤提出了一个重要命题，即社会网络所提供的社会资本总量与集体行动的暴力水平成反比。[⑤]另外，社会组织发育程度与群体性暴力之间也被认为具有重要的相关性。例如，利益表达的离散化导致政府难以回应、权威的协商主体匮乏、公民原子化诱使政府滥权等，都会导致群体性事件的爆发与升级。[⑥]肖唐镖在对 1189 起群体性事件进行定量分析以及 5 个案例的定性分析基础上，提出群体性事件中的组织程度与其暴力程度之间呈反比关系的命题，认为群体性暴力在低组织程度下更加容易发生。[⑦]有学者综合了上述的若干方面，提出能够影响群体性事件参与者采取暴力行为的主要因素包括时间、空间、诉求目标、组织化程度、政府处置方式等。[⑧]

在探讨如何治理集体暴力的问题时，结构分析给出的答案通常是怎样去抑制导致集体暴力产生的诸多结构性条件，其中最重要的就是建立公平公正的社会分配体制。有研究证明“在不平等和暴力之间上上下下

---

① Zhou Xueguang. “*Unorganized Interests and Collective Action in Communist China*”, American Sociological Review, 1993, p. 58.

② 许尧：《中国公共冲突的起因、升级与治理——当代群体性事件发展过程研究》，南开大学出版社 2013 年版，第 36 页。

③ Kevin J. O’ Brien and Rachel E. Stern. “*Introduction: Studying Contention in Contemporary China.*” Edited by Kevin J. O'Brien, Popular Protest in China. Harvard University Press, 2008: 21.

④ 陈映芳：《贫困群体利益表达渠道调查》，《战略与管理》2003 年第 4 期。

⑤ 王国勤：《社会网络与集体行动：林镇案例》，中国社会科学出版社 2013 年版。

⑥ 张紧跟：《从社会组织的视角看群体性事件》，《探索与争鸣》2009 年第 3 期。

⑦ 肖唐镖：《群体性事件中的暴力何以发生——对 1189 起群体性事件的初步分析》，《江苏行政学院学报》2014 年第 1 期。

⑧ 陈良咨：《论暴力与群体性事件》，《中国人民公安大学学报》（社会科学版）2011 年第 6 期。

相互关联的证据表明，如果不平等状况降低，暴力水平也随之降低”。[①]为了实现这个目标，有学者认为民主制的良好运转是其中一个重要的条件，因为它可以产生出一批相对满意的人群，并且“在相互争夺权力和特权的人群之间扮演着非暴力仲裁者的角色”。[②] 国内学者就这个问题也基本上达成一个共识，即要让社会各阶层真正共享经济发展的成果[③]，要做到这点，必须改进和完善政治制度和司法制度，建立公正公平的社会分配制度，真正落实公民权利，建立制度化的公民利益表达机制。

2. 过程分析

过程分析把探照灯集中到了具体事件中复杂的演化机制和过程，如查尔斯·蒂利[④]，西德尼·塔罗（Sidney Tarrow）[⑤] 和道格·麦克亚当（Doug McAdam）[⑥] 等都十分强调政治互动过程的重要性，并且提出一个以“机制”为核心的相关性研究视角。该视角把对某个社会过程的解释“视为对由诸多机制构成的因果链的确认，这些机制以不同的序列和不同的结合形式重现于各不相同的环境中，由此而产生的集体性后果彼此有异”。[⑦]

国内研究中的过程分析假设群体性暴力包含了诸多因素间系列、复杂的互动过程。首先，主张采用互动的视角，认为群体性暴力是多元的社会主体之间互动的结果，其中，通常是基层政府处在面对群体性事件的一线，在很多案例中发现正是由于基层政府能力欠缺、处置不当而导致群体

① ［英］理查德·威尔金森，凯特·皮克特：《不平等的痛苦：收入差距如何导致社会问题》，安鹏译，新华出版社 2010 年版，第 138 页。

② ［挪威］约翰·加尔通：《和平论》，陈祖洲等译，南京出版社 2006 年版，第 6 页。

③ 于建嵘：《当前压力维稳的困境与出路——再论中国社会的刚性稳定》，《探索与争鸣》2012 年第 9 期。

④ ［美］查尔斯·蒂利：《身份、边界与社会联系》，谢岳译，上海世纪出版集团 2008 年版，第 27—28 页。

⑤ ［美］西德·尼塔罗：《运动中的力量——社会运动与斗争政治》，吴庆宏译，译林出版社 2005 年版。

⑥ ［美］道格·麦克亚当，西德尼·塔罗，查尔斯·蒂利：《斗争的动力》，屈平，李义中译，译林出版社 2006 年版，第 172 页。

⑦ 同上书，第 26—27 页。

性事件升级、暴力化。[①]其次，就某个或某些特定的环节、机制或要素进行研究，探讨它们在事件发生发展过程中的作用。例如认为边界的激活与加强、群体规模的膨胀、非法暴力专家的介入、个体的极端行为等都会对暴力扩散产生很重要的促进作用。[②]还有试图围绕一个关键变量去展示事件的具体展开过程，如张明军和陈朋认为政治信任成为贯穿事件过程的重要变量。[③]

过程分析也探讨了怎样运用一些关键机制治理集体行动暴力化。例如约翰·基恩（John Keane）提出“暴力民主化”的倡议，认为“暴力手段和机构必须公开负责任，过剩的暴力可以并且应该从世界排除出去”。[④]公民社会的机制也一直被很多学者所推崇，例如研究族群暴力的学者认为它“绝不是避免族群间暴力冲突万无一失的保护，但除此之外也许没有其他方法更能有效缓和地方层级的冲突了”。[⑤] 国内的相关研究也较为丰富，例如肖唐镖将组织化视作实现群体性事件非暴力化的核心机制。[⑥] 有学者注意到了中产阶级群体运用互联网发动维权抗争的机制，并由此认为，相较于底层社会抗争的非理性特征，“中产阶级的协商民主抗争则体现了理性化的特质”。[⑦]在更广泛的意义上，被视作一种决策和治理机制的协商民主，可以有效避免和解决社会冲突。[⑧]以上的讨论实际上都指向同

---

① 肖文涛：《治理群体性事件与加强基层政府应对能力建设》，《中国行政管理》2009 年第 6 期。

② 许尧：《中国公共冲突的起因、升级与治理——当代群体性事件发展过程研究》，南开大学出版社 2013 年版，第 186 页。

③ 张明军，陈朋：《2011 年中国社会典型群体性事件的基本态势及学理沉思》，《当代世界与社会主义》2012 年第 1 期。

④ ［英］约翰·基恩：《暴力与民主》，易承志，荣启涵，黄振乾，魏巍，张春满译，中央编译出版社 2014 年版，第 9 页。

⑤ ［美］丹尼尔·希罗，克拉克·麦考利：《为什么不杀光》，薛绚译，上海三联书店，2012 年版，第 184 页。

⑥ 肖唐镖：《群体性事件中的暴力何以发生——对 1189 起群体性事件的初步分析》，《江苏行政学院学报》2014 年第 1 期。

⑦ 王金红，黄振辉：《基于互联网中中产阶层的维权抗争——以广州 F 区居民反对垃圾焚烧发电厂事件为例》，引自肖唐镖，郭春甫主编：《维权表达与政府回应》，学林出版社 2012 年版，第 191 页。

⑧ 夏金梅：《群体性事件的原因与防范：协商民主的分析视角》，《北京行政学院学报》2011 年第 3 期。

一个重要机制，即群体性暴力的源头治理必须健全社会利益诉求与表达机制。法学界对这个问题的讨论也很活跃，例如杨海坤认为应当消除权利表达方面的法律规定障碍以及扩展《集会游行示威法》中的协商解决机制的适用范围等。[①]

3. 社会心理分析

社会心理分析路径通常把集体暴力的爆发视作某种心理状态的产物。[②]例如勒庞（Gustave Le Bon）提出当人们临时聚集时容易出现一种激进集体心理与集体行为的"心智归一法则"。赫伯特·布鲁默（Blumer Herbert）提出一个关于集群形成的社会心理学过程：集体磨合、集体兴奋和社会感染。N. J. 斯梅尔塞（Neil Joseph Smelser）把心理因素与结构性因素结合起来，提出结构性诱因导致结构性的怨恨、剥夺感或压迫感，然后由此转化成某种一般化信念，构成了集体行动的重要条件。[③]格尔（Gurr, T. R.）指出，个人的价值期望与其价值能力之间的落差，会使人产生相对剥夺感，相对剥夺感是集体暴力必不可少的前提。[④]这些讨论都是一些富有洞见的理论，产生了深远的学术影响。

国内研究也首先将群体性暴力的爆发视作某种心理状态的产物。这些心理状态有以下几种典型形式。第一，怨恨情绪。认为目前普遍存在的"仇官"、"仇警"、"仇富"等社会心理是使积怨产生共鸣、激发集体暴力的情绪基础。如果某一社会群体中的成员都有相似的相对剥夺感经历，则容易唤起群体相对剥夺感，一旦出现群体相对剥夺感，就为群体性事件提供了心理基础。[⑤]王文华则使用了"隐性仇恨"概念来描述这种心理状态。[⑥]第二，政治不信任心理，主要表现在当处于社会底层的民众以及利益受损者面对某一问题和事件时，在政治不信任的心理驱动下，他们动辄

① 杨海坤：《群体性事件有效化解的法治路径》，《政治与法律》2011年第11期。

② 黄顺康：《论构建重大群体性事件的源头阻断机制》，《国家行政学院学报》2011年第3期；刘孝云：《群体性事件中的政治信任问题分析》，《探索》2009年第5期。

③ 对这些学者研究路径的具体介绍与讨论，参见赵鼎新：《社会与政治运动讲义》，北京：社会科学文献出版社2012年版，第62—73页。

④ Gurr, T. R., *Why Men Rebel*, Princeton, N. J.: Princeton University Press.

⑤ 周感华：《群体性事件心理动机和心理机制探析》，《北京行政学院》2011年第6期。

⑥ 王文华：《群体性暴力事件与仇恨犯罪：刑法与刑事政策的回应》，《甘肃政法学院学报》2011年总第117期。

采取极端的、不宽容的、不妥协的心态和处理方式。[①]一项经验研究也表明农民抗争对于暴力的使用也与对基层政府的不信任有关。[②] 第三，“法不责众”心理也为怀着义愤心理的群众塑造了一个匿名化的氛围，导致他们采取暴力行为的概率大为提升。[③] 新中国成立以来，为有效打击群体犯罪，刑事司法政策坚持“首恶必办，胁从不问，立功者受奖”的方针，由此更加强化了“法不责众”的传统心理文化。群众聚集本身会产生强大的非理性力量，加上“法不责众”心理，通常会加剧这种集体暴力的频率和破坏性。

其次，他们探究了导致群体性暴力升级的心理机制。例如强调从众行为、心理暗示、情绪传染、行为模仿与去个性化等因素，都有可能导致个体行为在群体性事件中的暴力化。[④]其中不满情绪的相互感染起到了重要作用，它容易促使“大量的‘旁观者’情绪激动，主动参与到与己无关的行动中，很快由事件的‘旁观者’变成了事件的直接‘参与者’”。[⑤] 事实上，情感因素对于群体性事件中的暴力行为有着难以忽视的影响。道德震撼与社会挫败感，均会影响到群体性事件中的暴力程度；在特定条件下，暴力是“瞬间愤怒”的结果。[⑥]张书维、王二平则从社会心理学的角度更为细致地提供一个集群行为研究的动员与组织机制整合模型。[⑦]

在如何治理群体性暴力的建议上，首要的是如何解决结构性的不平等问题，通过在资源和权利的分配上尽量平等地来抑制产生结构性怨恨的条

---

① 刘孝云：《群体性事件中的政治信任问题分析》，《探索》2009 年第 5 期。

② 蔡永顺：《抗议行为中的暴力》，引自肖唐镖主编：《群体性事件研究》，学林出版社 2011 年版，第 263 页。

③ 朱力：《中国社会风险解析——群体性事件的社会冲突性质》，《学海》2009 年第 1 期。

④ 刘彦成：《浅析暴力事件群体对个体心理和行为的影响》，《北京人民检察学院学报》2003 年第 6 期。

⑤ 黄顺康：《论构建重大群体性事件的源头阻断机制》，《国家行政学院学报》2011 年第 3 期。

⑥ 蔡永顺：《抗议行为中的暴力》，引自肖唐镖主编：《群体性事件研究》，学林出版社 2011 年版，第 269 页。

⑦ 张书维，王二平：《群体性事件集群行为的动员与组织机制》，《心理科学进展》2011 年第 12 期。

件。其次是认为在当前中国提升政府信任是关键因素。[①]具体措施上首先强调"必须通过国家发展进步和人民群众生活水平日益提高的业绩来获得政治信任构建的实际支持"。[②] 其次强调通过提升各级政府及公务员的道德素质、重塑政府的道德形象来重建公众对政府的信任。[③]还有从政治认同的角度来提出必须从通过建设利益认同、制度认同、价值认同来逐步强化人们的政治认同感。[④]

4. 框架建构分析

在社会运动研究中，诞生于1986年的框架建构论[⑤]很快取得了与资源动员论与政治过程论并列的学术地位。其最重要的贡献在于在社会运动研究中"重拾观念"，即强调意义在社会运动过程和活动中的地位。"框架"（frame）概念最早由欧文·戈夫曼（Erving Goffman，1974）提出，用来表示一种能帮助人们认知、理解和标记周围所发生事物的解读范式。[⑥]框架建构论则使用这个"框架"动名词形式（framing）表示用一个概念框架去塑造和建构人们对社会现实的解读这样一种行为和过程。框架建构的核心任务主要涉及社会问题的归因与识别、社会问题的解决方案和运动参与动机的激发三个方面。[⑦] 而且话语是框架建构论中的一个重要概念，它包括了社会运动的意识形态，参与者的认同、口号或话语策略，行动中的突生规范以及塑造运动话语的文化等内容。[⑧]

---

① 郑宁波：《群体性事件的发生机理及防控路径——基于政府信任的视角》，《陕西行政学院学报》2012年第2期。

② 齐卫平：《社会转型期中国政治信任的动态建构及其路径》，《中国浦东干部学院学报》2009年第4期。

③ 程倩：《政府信任关系：概念、现状与重构》，《探索》2004年第3期。

④ 聂军，李渊清：《群体性事件的原因与防范：政治认同的视角》，《社会主义研究》2010年第4期。

⑤ Snow，David A.，E. Burke Rochford，Jr.，Steven K. Worden，and Robert D. Benford. 1986. "Frame Alignment Processes，Micromobilization，and Movement Participation." *American Sociological Review* 51：464—481.

⑥ 赵鼎新：《政治与社会运动讲义》，社会科学文献出版社2006年版，第215页。

⑦ Snow，David A. and Robert D. Benford. 1988. "*Ideology*，*Frame Resonance and Partici－pant Mobilization.*" pp. 197—217 in From Structure to Action：Comparing Social Movement Research across Cultures，Vol. 1，International Social Movement Re－search，edited by B. Klandermans，H. Kriesi，and S. G Tarrow. Greenwich，Conn.：JAI Press.

⑧ 赵鼎新：《政治与社会运动讲义》，社会科学文献出版社2006年版，第32页。

框架建构论虽然在产生时主要研究一些组织化程度较高的社会运动，但是其分析方法也被广泛地运用于对集体暴力的研究。例如阿马蒂亚·森（Amartya Sen）①、查尔斯·蒂利②、海拉德·威尔则（Harald Welzer）③以及理查德·威尔金森（Richard Wilkinson）和凯特·皮克特（Kate Pickett）④ 等学者都使用了框架建构论的分析方法。在他们看来，特定话语在形塑集体暴力方面的作用主要体现在合法化甚至内在化了的行动者的暴力行为。

国内学者的研究较为一致地认为当前中国现代公民文化意识缺乏、公民法律意识淡薄等因素也是导致群体性暴力发生的重要原因。例如肖唐镖在2005年对国内民众民主政治选择状况的调查表明，一些民众“缺乏对民主、自由、公平、法制等民主理念的认知，更不会在日常政治实践中受其支配”。⑤另外，官员的落后观念也常常被提及，例如地方政府官员治理理念中尚存的专制性和人治性是群体性事件发生的内在因素。⑥在经验中不难发现“暴力（私力）救济”的政治文化传统始终在文化意识层面发挥作用，并在一定程度上制约了冲突双方向制度性妥协的转变。⑦

直接或间接地持框架建构论的学者在治理集体暴力行为方面的建议，首先是倡导在宗教、法律、意识形态、语言、艺术和科学内，在学校和媒体中，建立一种积极的和平文化，实现以和平的合法性代替暴力的

---

① ［印］阿马蒂亚·森：《身份与暴力——命运的幻象》，李凤华等译，中国人民大学出版社2009年版。

② ［美］查尔斯·蒂利：《集体暴力的政治》，谢岳译，上海人民出版社2011年版。

③ ［德］海拉德·威尔则：《不平等的世界——21世纪杀戮预告》，史行果译，中国友谊出版公司2013年版。

④ ［英］理查德·威尔金森，凯特·皮克特：《不平等的痛苦：收入差距如何导致社会问题》，安鹏译，北京：新华出版社2010年版，第138页。

⑤ 肖唐镖：《当代中国政治改革与发展的体制资源——对地方官员的一项初步分析》，《国家行政学院学报》2005年第4期，第70—74页。

⑥ 陈华森：《群体性事件的发生机制及其削减途径探析——一个政治文化的分析视角》，《探索》2010年第6期。

⑦ 王国勤：《群体性事件的动力机制》，引自肖唐镖、郭春甫主编：《维权表达与政府回应》，上海：学林出版社2012年版，第34页。

合法性。[①] 并且在这个过程中努力支持和培养公民美德[②]，国内学者沿着这个脉络提出将公民对话作为化解群体性事件中建设公民道德和培养“好公民”的实践方式[③]。在更广泛的意义上，需要重建社会信仰体系，具体做法例如复兴儒家等传统文化信仰、实现制度伦理化等[④]。另外通过开展公共文体活动，可以在丰富大量外来人口闲暇生活的同时，增加他们在当地生活的身份和文化上的归属感、认同感，从而起到减少冲突矛盾甚至违法犯罪行为的发生。[⑤]

如上所述，关于当前中国群体性暴力成因与治理的研究，首先可以与国外社会科学中关于集体暴力研究的诸多路径展开积极的对话，共享一些关键的假设与命题。同时，这项研究又是专门指向当前中国社会状况的特定语境。可以说这个带有某种特殊性的社会经验也具有滋生一些新理论新案例、新方法的巨大潜力。其次，这些分析路径如同一只只手电筒，虽然有助于我们探明其光照之处，但也暗淡了周围的事物。因此，为了追求更加周全的分析视角，这些分析路径本身也在不断地尝试着如何嫁接或融合其他分析路径的长处。

例如过程分析方法虽然认为结构分析并不能很好地解释为什么事件发生在这个特定情境中，而不是别的情境中，而且也往往漏掉那些只在过程中施加影响的关键因素，但是并没有一味地只盯着具体事件中的一些关键机制和过程，而是把系列机制的排列组合关系置于特定的结构因素中去考察。与结构分析重视各个现象之间表达因果关系的静态的“箭头”不同，过程分析重视箭头本身的动态的“线段”。实际上，一个完整的过程分析，应该既有“箭头”，又有“线段”，细致展示结构性因素是如何卷入、如何发生作用的，以及在互动过程中有哪些新的因素与机制在发挥作用。

赵鼎新也先后将情感、文化等因素，即把框架建构论置于社会结

---

① ［挪威］约翰·加尔通：《和平论》，陈祖洲等译，南京出版社2006年版，第47页。

② ［英］约翰·基恩：《暴力与民主》，易承志，荣启涵，黄振乾，魏巍，张春满译，中央编译出版社2014年版，第184页。

③ 李兰芬：《群体性事件中公民道德建设的对话机制》，《苏州大学学报》2012年第2期。

④ 赵克：《群体性事件的根源分析及其化解——基于社会运行机制的分析》，《广东行政学院学报》2008年第1期。

⑤ 刘朝晖：《群体性事件中非利益相关者的参与心态》，《浙江学刊》2012年第6期。

构中来考虑，并提出了一组颇有洞见的命题。以文化在框架构建中的作用为例，根据社会运动组织在运动中的作用从大到小的连续谱中，文化依次可以是社会行动者进行策略建构的工具、行事准则或者表现为他们的本能和习惯。①一项典型采用综合视角进行研究的例子是将怨恨变量（怨恨的生产和解释）、动员结构变量（积极分子及其组织力）和潜在参与者的理性算计等因素，均视为影响群体性事件（包括群体性暴力事件）爆发的核心变量。②在如何治理的研究上也是表现出这种特点，有些着力针对某个关键机制上提出具体的治理方案，有的则采用综合性的视角试图给出一个整体性的方案。第二节将就当前中国群体性暴力的动力即产生机制提供一项连接宏观、中观与微观三个层次，涉及结构、制度与文化三个维度的解释性研究，为群体性暴力的源头治理提供一个相对完整的病因诊断书。

第二节　群体性暴力的动力分析

近些年来，学界在阐释群体性暴力发生的原因时多是从宏观背景出发，但是宏观因素与具体事件的爆发之间不是简单的对应关系，里面究竟还有哪些机制或环节在起作用或怎样运作一般少于涉及。即使有些文献意识到这个问题，但也往往以割裂的方式去讨论它们，没有阐明共同起作用的系列机制组合。鉴于此，本文试图运用查尔斯·蒂利等学者倡导的机制研究的视角来推进这项研究。这里，机制被看成是“小范围的原因”③，而且“机制很少独立发挥作用，它们具有与其他机制联系在一起而形成更广泛的过程的特征”④。具体而言，机制指一类有着明确界限的重要事件，它们是在各种不同的条件下，以相同或相似的方式，使特定的一组要素之间的关系发生改变。当一种机制起作用时，我们就会看到有关的要素

① 赵鼎新：《政治与社会运动讲义》，社会科学文献出版社 2006 年版。

② 刘能：《怨恨解释、动员结构和理性选择——有关中国都市地区集体行动发生可能性的分析》，《开放时代》2004 年第 4 期。

③ ［美］查尔斯·蒂利：《集体暴力的政治》，谢岳译，上海人民出版社 2011 年版，第 19 页。

④ 同上书，第 34 页。

之间的互动使它们原本已经确立的联系发生改变。[①]常见机制有环境机制、认知机制和相关性机制等，其中“环境机制：从外部产生的、作用于对社会生活发生影响的各种条件的影响力，此种机制能直接发生作用。认知机制：通过个人的和集体的感知起作用。类似如承认、理解、重新解释和分类怎样的词汇体现了认知机制的特征。相关性机制：使人们、群体和人际关系网络之间的联系发生改变”。[②]

在这个研究视角下，本书以具体案例为基础，阐述当前中国群体性暴力形成过程中的关键机制，以及作为中观层次，这些机制究竟是如何勾连微观层次的具体行动与宏观层次的背景因素，反思当前中国在微观、中观和宏观三个层面上，结构、制度和文化等因素是怎样合力构成群体性暴力频发的动力的。

根据经验观察的难易程度，首先探讨最直观的边界激活机制和快速启动的动员机制，随后分别探讨需要适当深度观察的非制度化的环境机制、暴力救济的认知机制。

一　边界激活机制

边界激活机制指从众多的身份中挑选出两种相反的身份，而这种“我们”—“他们”边界的激活经常促进伤害性的互动。[③] 具体而言，人们因为各种原因被客观或主观地划分为相互区别或对立的社会群体中，而且群体之间普遍缺乏信任，至少一方对另一方持有不同程度的怨恨情绪。平时大家相安无事，一旦某个偶然事件激活了人们的边界意识、加剧双方的仇恨，很容易导致暴力行动。

2005 年安徽池州事件之后的一份新闻稿反思了“汽车撞人何以变成打砸抢烧”这个问题，非常生动地阐释了边界激活机制的重要作用。“6 月 26 日下午，安徽池州的 4 名乘车者（为首者是浙江富商）与行人刘亮发生争执，将刘亮殴打致伤。这本来是一件普通的汽车撞人纠纷。然而到

① ［美］查尔斯·蒂利：《集体暴力的政治》，谢岳译，上海人民出版社 2011 年版，第 36 页。

② 同上书，第 33 页。

③ ［美］道格·麦克亚当，西德尼·塔罗，查尔斯·蒂利：《斗争的动力》，屈平，李义中译，译林出版社 2006 年版，第 20 页。

当天晚上，这已经发展成为一起打砸抢烧的群体性事件，造成多名武警和民警受伤、4 辆车被毁、派出所被砸，一超市被抢。据记者调查，事态的发展是由很多因素促成的：不实的传闻，不法分子的煽动，处置不当……其中不实的传闻起了关键性的作用。其实，很多群体性事件都有类似的特点。……6 月 29 日，安徽省池州市的一位摩的司机就“6·26 事件”对记者说，‘教唆打人的老板说，打死一个安徽人，不就是 30 万元的事嘛，这样的话能不引起公愤吗？’”①

打人老板当时有没有说这句话也不重要，关键是在传言中，该话激起了当地人的浙、皖省际间的地域仇视，而且又是出自富商之口，仇富的情绪也被调动起来，随后，平时的“仇官”、“仇警”等情绪也一一被激活，于是，一场大规模集体暴力事件爆发了。事实上，这种机制几乎在所有群体性事件中都可以看到，只是边界不同、程度不同。

一般而言，边界激活机制发挥作用至少有三个条件：第一，这些边界在社会中广泛存在，如国家之间、民族之间、种族之间、贫富之间、干群之间、宗族之间、城乡之间、行业之间、地域之间、村落之家等；第二，边界两边的群体之间缺乏信任，而且至少一方对另一方持有不同程度的怨恨甚至仇恨情绪；第三，发生能够激活边界的偶然事件。就当前转型期的中国而言，上述大部分边界以及边界之间的不信任甚至仇视都不同程度地存在着。因此，不知道哪个地方、什么时候会由某个偶然事件把这些仇视情绪激活，导致群体性事件的发生。

为什么会出现这么多的边界以及不同群体之间缺乏信任甚至相互怨恨呢？根本原因在于权力部门在分配资源的过程中，没有做到基本的分配公正。换言之，社会治理的最重要道德原则“社会公正原则”被严重违背。中国自古就有“礼”治和“法”治的分殊，但“礼”也好，“法”也好，都是第二位的原则，社会治理最重要的原则是“公正”。不管讲“礼”还是讲“法”，首先需要贯彻的是公正原则，做到了这点，社会就不会出大问题。因为人们对社会公正的诉求，不分等级、种族、贫富和学问高低，而是近乎一种本能，尤其是社会中的弱势群体，对公正的需求尤为强烈。

① 王吉陆：《安徽池州打砸抢烧“6·26”群体性事件调查》，《南方都市报》，2005 年 7 月 1 日。

中国群体性事件的大量爆发正说明了在经济社会快速发展的同时，公正原则却严重缺失。首先是等利和等害交换的原则受到破坏。就等利交换而言，有人不劳而获，有人终日劳苦，有人骄奢淫逸，有人苦于生计，贫富差距过大，仇富现象普遍。就等害交换而言，有人贪赃枉法，却逍遥法外或受到很轻的处罚，有人因小罪而受重罚，无辜受害毙命也时有发生。其次是基本权利还没有得到公正的分配，例如教育、社会保障制度（涉及失业救济、医疗保险和养老保险等）等方面。中国社会科学院发布的2010年《社会蓝皮书》中称2009年群体性事件多发源于民怨太深，这正反映了社会公正严重缺失背景下，边界激活机制发挥作用的普遍状况。

二 快速启动的动员机制

快速启动的动员机制是指，多数群体性事件在发生时，可以在很短的时间内动员起大量的行动者，少到几十人，多则成千上万人。这种大量人员的迅速聚集往往促使事件的激化，甚至发生集体暴力。该机制至少有三种资源或条件。

第一，熟人社会的互助互惠机制。“2010年1月8日晚，贵州省威宁县草海镇发生‘农民停尸闹丧’事件，公安机关抓获参与停尸阻路人员20人，其中19人因涉嫌聚众扰乱公共秩序、交通秩序罪被刑事拘留，1人因涉嫌妨害公务罪被刑事拘留。8日晚19时左右，威宁县草海镇村民岳部昆在当地一发廊门口被他人杀伤，威宁县公安局将伤者送往县人民医院抢救，后因抢救无效于当晚22时左右死亡。岳部昆死亡后，其亲属情绪激动，纠集人群闹丧。事件发生后，威宁县委、政府领导在反复劝说无效情况下，组织警力进行果断处置，将尸体运往水城殡仪馆尸检，将聚众扰乱交通秩序的相关人员强行带离现场。”①

该案例典型特征是“其亲属情绪激动，于是纠集人群闹丧”。死者或受害者的亲属、朋友、邻里是最容易被迅速动员起来，这在当前因意外死亡或伤害所引起的群体性事件中非常普遍。这涉及熟人社会的互助互惠机制。尤其在广大农村、乡镇以及县级城市的范围内，仍然存在一个较为封

---

① 王丽：《后续：贵州省威宁县处置一起停尸闹丧事件20人被刑》，新华网：http://www.gz.xinhuanet.com/2008htm/xwzx/2010—01/12/content_18750141.htm，2010年1月12日。

闭的熟人社会，其中人们运用互助互惠的方式组成各种利益共同体。因此，当某个家庭或某个家族的利益受到较大损害时，各种亲情、乡情或友情纽带，如家族、亲属、同乡、同学网络等，就成了有效的动员资源，而且加不加入或尽不尽力往往成了检验人际关系亲疏远近的试金石。为了表达和验证这种人情关系，参与者往往作出一些过激的行为。

第二，基于命运共同体的认同机制。“2011 年 6 月 10 日晚 21 时许，广州增城新塘镇大敦一酒楼门口有一名妇女被殴。接报后，警方迅速派出民警到场处置。原来，一孕妇王某（20 岁）和丈夫唐某（28 岁，均四川省开江县人）在一超市门口占道经营摆摊档，阻塞通道，大敦村治保会工作人员对其违章行为进行劝离，后双方发生肢体冲突，孕妇倒在地上。正当民警会同新塘镇相关领导将王某夫妇送医院治疗时，现场一些滋事人员不断起哄，坚决阻挠孕妇上车，个别人员还向现场政府工作人员以及救护车、警车等投掷矿泉水瓶和砖块，导致 3 辆警车、1 辆救护车以及多辆私家车被砸烂。增城警方随即采取果断措施，及时控制场面，并将现场带头闹事的 25 名滋事人员带回调查。”①

在这起事件中，两个当事人孕妇王某和丈夫唐某都是四川来增城打工的，现场滋事人员均为外地来增城的打工者，他们有着相似的经历，而且或多或少经受了一些不公正的待遇。正是这些遭遇促成他们共同的身份认同：他们不需要相互认识，但是已经视对方与自己是命运共同体。一起偶然事件可以激发这种认同感，从而迅速动员起周边众多共同认同感的人们。在很多群体性事件中，平时温顺、遵纪守法的民众突然之间变成了一群蔑视法纪、充满暴力的“暴民”，②促使这种转化的就是基于某种命运共同体的认同机制。命运共同体认同机制动员的基础主要在于维护某种价值或者认同，而且伴随这个过程往往是一种集体情绪的宣泄，极易导致暴力事件。这种认同机制发挥作用是以某种历史记忆或者长期结构性怨恨的积累为前提的。这类群体性事件常常发生，并被普遍概括为“无直接利益

① 《广州增城发生人员聚集滋事事件 25 人被调查》，南方网：http：//news. sina. com. cn/c/2011 -06 -11/144922624654. shtml，2011 年 6 月 11 日。

② 勒庞简单地用“群体心理”来解释这种现象，但没有提供究竟是什么机制促使这种转化（参见古斯塔夫·勒庞：《乌合之众：大众心理研究》，冯克利译，中央编译出版社 2004 年版）。

冲突”群体性事件。[①]

第三，高效率的网络动员机制。“2009年6月17日20时36分，石首市笔架山街道办事处东岳山路‘永隆大酒店’门前发现一具男尸。经初查，死者涂远高，男，24岁，高基庙镇长河村人，生前为该酒店厨师。警方调查后初步认定为自杀，民警多次与死者亲属进行了沟通，讲明了为查清死因，要求进行尸体解剖，但遭到家属拒绝，家属对死因表示质疑。众多不明真相的群众于19日在该市东岳山路和东方大道两大交通要道设置路障、阻碍交通、围观起哄。20日上午至夜间，部分围观群众多次与警察发生冲突，导致多名警察受伤、多部消防车辆和警车被砸坏。20日夜间至21日凌晨事态逐渐平息，停放在事发地‘永隆大酒店’内的尸体送往殡仪馆，围观群众散去。”[②]

这起事件的关键特征是：为了一个绝大多数不认识的死者数万人来到事发现场“设置路障，阻碍交通，围观起哄”，与警察发生冲突。据另一份新闻报道，在此次事件中，“石首市七万名民众涌向街上，从6月19日至20日连续多次警方和民众发生激烈冲突”。[③] 数万名民众究竟是怎么一夜之间涌上街头的？这是因为电子网络传播也是效率极高的动员机制，能够在极短的时间内动员成千上万的人来参与。尤其是城市里的电子网络非常普及，各种聊天工具、论坛、博客和微博的使用，使得各类信息的传播速度之快、传播范围之广，超出人们的想象。

三　非制度化的环境机制

非制度化环境机制，指缺乏制度化的利益协调机制，即让矛盾各方没

---

① 这与单光鼐教授提出的“县域青年”概念及其所讨论的问题相似。单光鼐教授称：中西部小县城里升学、就业机会少，四处游荡的年轻人多，无事尚且易生非，更何况一有“风吹草动”，年轻人那就更易呼啸成众，肆意而为。这在以前的广安、大竹事件中已有显现，在去年的瓮安、孟连、陇南事件中男青年的暴力行为更为突出。为此，我曾提出要关注“县域青年”的命题。（参见单光鼐：《专家解析2008年群体性事件：散步形式可避免暴力》，人民网四川频道：http：//sc. people. com. cn/news/HTML/2009/01/15/20090115111448_ 1. htm，2009年1月15日。）

② 《湖北发生群众围堵道路事件》，内蒙古晨报网：http：//news. 163. com/09/0622/00/5CCF39IS000120GR. html，2009年6月22日。

③ 田豆豆：《湖北石首发生群众围堵道路事件事态已平息》，人民网：http：//society. people. com. cn/GB/41158/9512646. html，2009年6月21日。

有确定的制度可以依循，使各方的行为充满了不确定。非制度化与不确定性是一对孪生兄弟，这种不确定性往往是造成集体暴力的重要原因。群体性事件大多具有突发性，是因为事件的发生或过程充满了不确定性，可以朝不同的方向发展，具体朝哪个方向具有偶然性。比较而言，“稳定的条件有益于现状的维持并决定这个现状的信息的持续”；相反，“在任何情形下，没有人可以运用手段取得好的位置，本身而言，它必定导致暴力的使用”。①

“2005 年 8 月 19 日，中部某省份的林镇所辖洪村一位村民触电死亡而引发众多村民及死者亲友参与的、以电力公司为诉诸对象、旨在获得高额赔偿的集体行动。首先，众人在村头桥边搭建停尸棚，同时部分亲戚和村民约 40 人乘车分赴镇政府和供电所。在镇政府，众人与干部争吵不休。另一部分人，在工作人员已经撤走的供电所进行了持续 1 个多小时的打砸活动。在外地开会的镇长赶回后，立即会同其他干部组织死者亲属和村民到派出所谈判。商谈从下午 4 时持续到晚上 8 时，双方最后商定了一个协议。但当参加谈判的人回到村庄后，死者的至亲又就这次谈判内容进行了讨论，最后的主导意见是不同意该协议，坚持继续停尸，直到政府拿出高额的赔偿金。8 月 20 日上午 9 时，见村民不执行原协议，镇长等一些干部赶到洪村，做村民的思想工作。村民坚持不运走尸体，并要求政府马上给予赔偿答复，而镇政府坚持先把尸体运走，然后再调查。僵持中，村民决定把尸体运到市区的华阳宾馆（电力公司所属企业）闹丧。各级政府派干部做思想工作，没有成效，最后在傍晚出动大批警力，强行驱散村民，把尸体运走，并由公安局长出面同村民谈判，以供电公司赔偿死者家属 10 万元为条件平息了这起闹丧事件。”②在这起典型案例中，可以发现，因为非制度化导致的不确定性，促使在为期两天的集体行动中，事件参与者们在追求制度化方式的同时，不断地超越现有制度规范，采取各种针对公共设施或公务人员的破坏或暴力行为。

造成非制度化环境机制的深层原因是普遍存在于中国地方政府中的

① ［美］约拉姆·巴泽尔：《国家理论——经济权利、法律权利与国家范围》，上海财经大学出版社 2006 年版，第 329 页。

② 王国勤：《社会网络视野下的集体行动：以林镇群体性事件为例》，《开放时代》2011 年第 3 期。

"压力型体制"。根据荣敬本等学者的研究，这种压力型体制靠各级行政组织从上到下规定各种指标任务，并靠其从上到下根据这些规定的指标任务考核、选拔干部。它将经济上的承包制引入政治生活，用物质刺激来驱动政治过程，使各种组织、个人为了获得更多的物质满足去争取资源、争名次、争个人升迁。① 这种压力型体制造成中央和地方之间、政治组织和经济组织之间、干部和群众之间的信息不对称和某种关系紧张，妨碍了社会的稳定和团结。

在压力型体制下，社会稳定作为一项重要的考核指标，而在考核中，上级领导一般只关心结果，不关心过程与手段。不管用什么办法，只要"能摆平就是好干部"。这种限定时间、不关心手段的考核压力，使一线干部们往往没有充分的空间考虑怎样使维稳工作制度化，很多情况下把息事宁人视为首要目标。当前中国有些基层政府花钱买安，威逼利诱，甚至动用警力，在极个别的案例中还发现动用社会闲杂人员充当打手。

也正是在这种体制下，闹事或集体暴力往往成了民众增加自身谈判力量的重要筹码。民众往往不信任基层政府，解决问题的主要途径是想方设法通过上访或其他途径得到上级领导的重视，并依靠上级政府给基层政府施加压力。而赢得上级领导的重视，最有效的办法莫过于闹事甚至集体暴力。反复博弈所积累的经验使民众信奉"不闹不解决，小闹小解决，大闹大解决"的游戏规则，而且当基层政府表现出不适当的妥协时，往往会增加民众对自身暴力效能的过高估计，因而往往会激发更大的暴力。

四 暴力救济的认知机制

在具有不同程度暴力活动的群体性事件中，通常会看到这样的"悖论"现象，即在行动者（主要指一般群众）参与集体暴力的过程中，一方面承认他们的暴力行动是违背法律的；另一方面会有一套"理据"或策略使集体暴力行动获得"正当化"或"正义感"。这使得那些施暴者即使被依法逮捕或判刑，但在群众中往往并不被视为"罪犯"，而是常常被誉为"仗义者"、"侠客"甚至是"英雄"。于建嵘曾生动描述了这种状

① 荣敬本，崔之元，王栓正，高新军，何增科，杨雪冬等：《从压力型体制向民主合作体制的转变——县乡两级政治体制改革》，中央编译出版社 1998 年版，第 28—39 页。

况：“洪吉发几次提醒我，他在看守所时，管教干部都称他为‘农民领袖’。事实上，我在许多场合已经看到过他那具有性格的农民领袖风采。其中印象最深刻的是那次我到家访问时，他戴着军功章，站在一个小山坡上，对闻讯而来的附近百多名村民，振臂一呼，原来还三言两语的村民一下子就安静了下来。于是，他非常充满激情而又十分凝重地高声发布了他的誓言：‘杀头不要紧，只要主义真；杀了我洪吉发，还有后来人！’”①

使集体暴力“正当化”的理据来自一套复杂和成熟的话语体系，例如“替天行道”、“哪里有压迫，哪里就有反抗”和“讨说法”等。这些话语虽然有不同的来源和表现形式，但共享同样的暴力“正当性”逻辑，即社会中的弱者在利益受到强者侵害并且得不到及时、适当的救济时，采取暴力方式进行自我救济［简称为“暴力（私力）救济”］是正当、正义的，是可以得到大多数民众的认可和赞许的。这种“暴力（私力）救济”正当化在中国很长一段时间是一种政治文化的形式而广泛存在，并且成为群体性事件中促成集体暴力发生的重要认知机制。

为了使集体暴力“正当化”，行动者通常采取这样一套策略，即一方面“严重化”自身所受的委屈或不公正的对待；另一方面是“妖魔化”地方政府或地方干部。由于社会上普遍存在的“仇富”、“仇官”、“仇警”以及一系列仇视“特权”的社会情绪，这种策略可以有效激起群众的不满情绪，并迅速动员起利益相关者以及大量无直接利益相关者。这种情绪的集体宣泄容易促使边界激活机制发生作用，从而导致伴随大量暴力行动的“泄愤”事件。因此，需要考察这种合法化集体暴力的文化脚本怎样形成的，换言之，通过什么过程或机制转化成一种较为普遍的政治文化。

崇尚“和合”是中国传统文化的主流，但也有“暴力（私力）救济具有正当性和道义感”的小传统。这种小传统使得人们在处理冲突时，容易陷于“暴力最强者说了算”的思维，特别赋予弱者采取暴力手段的合法性和正义感。这个规则的历史在中国相当悠久，这是因为“赢者全

① 于建嵘：《当代中国维权农民群英谱》，社会学视野网：http：//www.sociologycol.org.2008，中国人民大学社会学理论与方法研究中心主办（该文根据于建嵘：《当代中国农民的维权抗争——湖南衡阳考察》，香港：中国文化出版社 2007 年版）汇编而成。

赢、输者全输”的零和博弈思维方式长期影响着中国解决政治和社会冲突的特点，并在很大程度上制约了冲突双方向制度性妥协的转变。[①] 近些年在涉及利益冲突和博弈时，政府、企业和老百姓常常陷于这种零和博弈的思维方式中，讲究“我得就是你失，我失就是你得”，结果谁也不服谁，缺乏妥协、理性谈判。

一般而言，政治文化是通过政治社会化过程得以形成和维持的。在政治社会化过程中，这种“暴力（私力）救济”的社会意识或政治文化至少有三个来源：第一类是深厚传统文化的一套“传统话语”，例如“替天行道”、“杀富济贫”等；第二类是革命时期形成的一套“革命话语”，例如“哪里有压迫，哪里就有反抗”、“杀了某某某，自有后来人”等；第三类是日常生活中朴素的“正义话语”，例如“罪有应得”、“讨说法”等。而且对普通民众而言，其童年、青春期和成年各个时期均会通过各种载体和形式受到这种社会意识的灌输或影响。鉴于此，需要重新审视新中国成立以来政治社会化的内容、形式、机制以及所建构的复杂的政治文化。

上述动力机制是相互关联的，为了分析的便利，才对它们进行分别讨论。但在现实经验中，这些机制能够发挥作用以及发挥怎样的作用，则取决于它们之间复杂的互动状况，即相互依赖、支撑、嵌入以及不同机制的排列和组合状况。图1—1试图简要表达各种机制之间的这种关系。

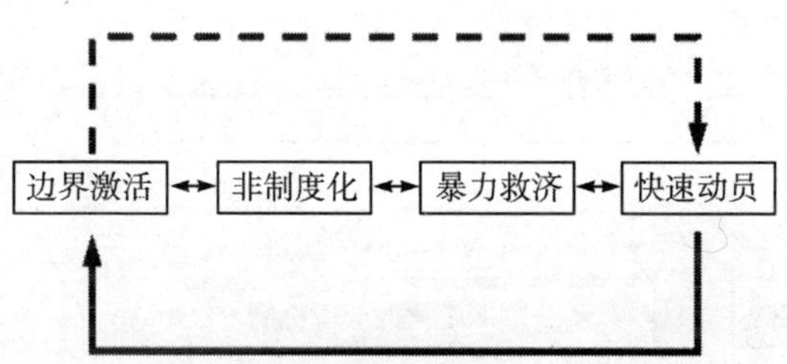

图1—1　群体性事件的生成机制

第一，边界激活机制解释了一起集体暴力行动是怎样被一些表面上偶然、细微的因素所引发的，而它发挥作用则需要普遍存在的边界间分野与对立等结构性宏观因素，也需要民众对解决社会冲突现有制度化程度的经

① 邹谠：《二十世纪中国政治：从宏观历史和微观行动的角度看》，香港牛津大学出版社1994年版，第195—203页。

验习得，以及对于何种集体行为是“善”的社会意识。

第二，熟人社会、认同群体和电子网络等提供的动员资源，可以解释一起事件是怎样做到在短时间内能够动员那么多人参与，但这些动员资源只是工具，为什么要用及用来干什么，则是其他机制的任务了。

第三，非制度化的环境机制使得参与者各方之间的博弈具有不确定性，并且容易激化参与者的暴力行动，这与更深层次的宏观制度背景——压力型体制有重要关联，同时具有行动导向功能的暴力救济认知和提供有效动员的各种资源也是这种环境机制发挥作用的必要条件或催化剂。

第四，暴力救济的认知机制解释了人们为什么倾向于采用集体暴力的方式解决各种社会冲突，但不能解释具体的社会冲突是怎样产生的以及螺旋式发展的，因而必须要与上述的环境机制和相关性机制结合起来。同时，这种认知机制又是根源于一种更为深沉的文化背景。

一般而言，具体可以观察到的是微观层次上参与者的具体行动，其次是中观层次导致各种关系或事物转变的机制，最后是提供舞台或道具的宏观条件。贯穿这三个层次的各种因素，可以归纳为结构、制度与文化这三种要素。图 1—2 反映了这种要素与层次之间的对应关系。

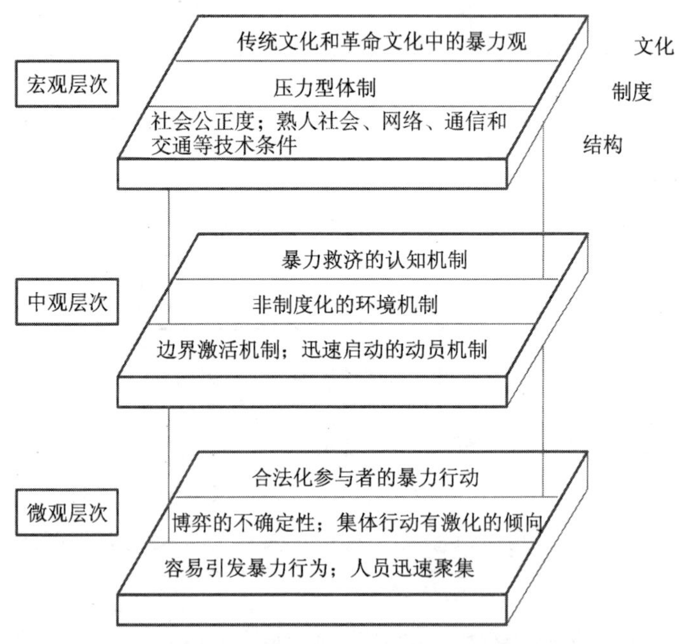

图 1—2　结构、制度和文化：群体性暴力事件的动力

上述所做的努力在这张表格上一览无余，即从结构、制度和文化三个维度在大多数研究所停留的阶段再向前推进一步，或者说不满足从宏观层面直接推导微观层面的惯常做法，而是着力讨论了中观层面的诸种关键机制。同时，不满足于零打碎敲地解决问题，而是以组合或相互关联的方式提出了可以解释群体性暴力事件成因的一些关键机制。至此，已经为群体性暴力的生成机制提供了一个相对完整的说明，第三节以及后面的章节所有关于群体性暴力的因果机制与治理对策的讨论均是在这个分析框架下进行展开的。

第三节　群体性暴力的源头治理:思路与方法

第二节分别从微观、中观和宏观三个层面考察了结构、制度和文化等因素究竟是怎样合力促使了群体性暴力的频发，为本书的中心任务即探讨怎样进行群体性暴力的源头治理提供了一个整体性的展现复杂因果机制的理论视角。毋庸置疑的是，对群体性暴力进行源头治理而言，从根本上来说要靠发展，尤其是以解决民生问题为重点的发展。因为很多群体性事件源于与群众切身利益密切相关的问题长期得不到关注和解决。这要求政府职能重心要尽快调整到公共服务与社会管理上来，公共财政支出要更多地向民生领域倾斜，公共产品和公共服务的数量、质量要尽快得到改善，调整社会再次分配制度，缩小人们的收入差距。但是对这项内容的讨论不是本书的重点，因为本书的目标并不想追求全面，其所有的讨论都将围绕着国家政权建设与社会建设两个维度进行展开。

一　研究思路

如果采用亨廷顿关于政治参与与政治制度化的关系视角[①]，那么造成当前大量群体性事件的大量爆发以及群体性暴力肆虐的原因，可能就在于当前中国的政治制度化程度仍然不能很好地容纳或适应不断扩大的政治参与。因此，包括政治、经济和行政制度等诸多层面的全面国家政权建设无疑是当前中国政府首要任务之一。鉴于国家机构垄断了制定规则与强制性

① 王晓禹：《论亨廷顿的政治参与理论》，《江右论坛》2007年第8期。

实施规则的权力，政治制度化（即国家建设的过程）主要发生在政体内部，它的发动、建设、评估、巩固等环节主要是靠政体内部的机构和人员去承载。政府的主要功能体现在社会治理和提供公共服务，因而涉及政体外部广阔的社会领域。因此，对群体性暴力进行源头治理，不仅要在政体内部进行国家建设，还要在政体外部进行社会建设，即不仅通过国家建设（政治制度化）来容纳或适应不断扩大的政治参与，而且通过社会建设来发展社会和谐机制和抑制民众在政治参与中的激进化倾向。进而言之，如果没有社会建设的均衡发展，政治制度化也很难取得良好的政治绩效。反过来一样，社会建设是需要政治制度化提供更加有效的规范和奖惩机制，即政治制度化程度越高，社会建设的绩效就越高。国家政权建设与社会建设这两个过程是相互促进的互动关系。

群体性暴力的频发首先反映了国家对集体暴力的控制能力，因此，国家政权建设必须把对集体暴力的防控作为提升国家能力的重要途径。强大的国家能力，对于现代国家而言，必须体现为一种不断吸取民意的民主政治机制的落实，同时也意味着对于疆域之内施行针对所有公民普遍有效的法律秩序。前者意味着要进行民主建设，后者则指向法治建设。其中，这里的民主建设主要是通过构建协商民主决策与谈判机制，即协商民主的嵌入来化解群体性暴力，目标是在国家与社会之间形成良性互动的关系。法治建设主要致力于解决当前法律在应对群体性暴力时的缺位与失灵问题，这方面可以参考发达国家的一些好的经验，树立解决群体性事件的法律思维，制定和修改一些具体的相关法律法规。总之，通过民主与法治建设两个最为重要的途径来提升国家能力，是实现对群体性暴力进行有效治理的关键。另外，由于在“对公权力信任感的缺失是造成大规模群体性社会事件的重要诱因”,[①]因此，重建政府信任，即改善政府与公众的信任关系俨然成为现代各级地方政府自身建设的重要任务。对于当前中国而言，这项任务也是国家政权建设的重要内容。

在社会建设方面如何进行群体性暴力的源头治理，社会资本理论则提供了一个很好的视角。在本书看来，社会资本是由社会网络、规范和奖罚机制等结构性条件提供给人们的各种社会资源，例如信息、组织和信任

---

① 于建嵘：《以规则和信任化解官民冲突》,《理论参考》2010 年第 8 期。

等。众多研究表明，一个社会中，作为准公共产品和公共产品的社会资本的存量越丰富，民众的政治参与更加理性而有序，政治和社会也更趋于稳定。因此，投资社会资本可以说是社会建设的重要任务与措施。就当前中国国情而言，社会资本的投资主体主要有两类，一是个人和组织的社会资本投资；二是国家和政府的社会资本投资。前者主要是源于个人或组织（社区）利益需要而投资的社会资本；而后者主要是“宏观政策的引导和法律的支持、援助，其目的在于营造一种有利于社会资本发展的内部空间和外部环境”。[①]围绕这个目标，结合当前中国具体国情，至少要全力推进以下三个方面的工作，即发展社会组织、推进村规民约建设以及开展道德建设等。第一，因为大量社会组织的存在有助于实现集体行动的理性化、有序化与常规化，要提高国家将社会矛盾和冲突纳入制度轨道的能力，必须要研究怎样大力开展社会组织的建设。第二，建立公共规则对于处于社会转型期的中国而言将起到抑制社会暴力、优化社会治理的目标，因此一项非常必要的工作是在最广大的农村与社区广泛建立村规民约并且使其能够发挥公共规则的权威功能。第三，当前群体性暴力的频发也显示我国公民道德建设的严重滞后，在推进社会治理现代化的背景下，公民美德的培育也是一项重要任务。以上关于群体性暴力源头治理涉及国家政权建设与社会建设诸多措施的讨论，可以归纳在表1—1中。

表1—1 国家政权建设与社会建设

	约束力来源	约束力类型	影响范围	建构主体	建构方向	主要措施
国家政权建设	国家强制力	外在强制型/正式规则	公共领域	国家	自上而下	民主、法治和政治信任建设
社会建设	组织、信任、规范	自我约束型/非正式规则	公共领域与私人领域	国家与社会	自下而上	社会组织、村规民约与公民道德等建设

① 燕继荣：《投资社会资本》，北京大学出版社2006年版。

表1—1清楚地比较了国家政权建设与社会建设在约束力来源、类型、影响范围、建构主体与方向以及主要措施等方面的相同点与不同点，在这个基础上展示了国家政权建设与社会建设是怎样有机地结合并构成一个相对完整的治理体系。其中国家建设中的民主、法治建设，社会建设中的社会组织、政治信任、村规民约与公民道德等建设是本书讨论群体性暴力源头治理的主要途径与方法。这些对策性建议也是针对性地回应和在结构、制度与文化等各个层面有效地消解第二节里提出的当前中国群体性暴力发生的四大机制，即边界激活机制、非制度化的环境机制、快速启动的动员机制和暴力救济的认知机制。本书随后的章节将主要围绕这六个方面展开。另外，流动人口群体性暴力事件作为一个相对极端、但是也较为常见的社会现象，单独作为一章来讨论，对这类事件的源头治理将整合以上提到的诸多方法。

二　研究方法

在研究方法上，本书首先是理论研究与对策研究的结合体；其次以定性研究为主，采用了大量丰富的案例；再次是在理论与实践上充分采用国际视野；最后在问题意识上立足当前中国国情，探讨一些全国适用性的问题与措施。

第一，本书做到了理论研究与对策研究相结合。一项好的对策研究通常是建立在好的理论研究基础之上的。在本书的各章中，基本上都按照先理论、后对策的书写顺序，即首先就该章的核心议题进行理论述评，并根据现有成果或者案例研究得出一些重要的理论命题，其次在这个基础上对一些成功的经验进行分析归纳，最后提出相对系统完整的解决方案和措施。

第二，本书主要采用了以丰富案例材料为基础的定性研究。首先，本书对案例的运用结合了描述性与解释性的研究方法。其次，在案例资料的获得上，一是作者与研究团队数年来在浙江、广东等地展开的持续的实地调研，包括收集文献、档案和实物证据，以及进行面对面访谈、直接观察和参与性观察等；二是通过一些主流媒体包括网络媒体所提供的新闻与研究资料，为了保证资料的公正与客观性，采用证据三角形证据的方法，努力做到对同一现象采用多种手段进行研究，通过多种资料的相互验证来确

认事实与发现。

第三，本书首先在理论上充分展开了与国外学术主流理论的对话与交流，吸收了它们很多的洞见与理论资源，也试图在这个基础上作一些本土化的理论构建。另外，在实践上也展望世界，探讨一些世界范围内带有一些共性的问题，以及借鉴一些发达国家在治理这些问题方面的成功经验。

第四，本书聚焦于当前中国群体性暴力的源头治理问题，它不是中国某个区域的问题，而是一个总体性的问题。当前全国上下全面推进国家治理体系与治理能力现代化的背景下，群体性暴力的源头治理更是一个几乎每个地方政府都应该重视的治理议题。因此，在理论探讨与案例使用等各方面都注意努力做到立足当前中国国情，在对策的建议上也是努力照顾到全国范围内适用性问题。为此，案例的选取范围上，做到面向全国。同时，浙江作为东部发达地区在发展中遇到的问题以及对如何解决这些问题所做的探索均具有前瞻性与参考性，加上研究团队在浙江长期进行调研工作，所以较多的案例是来自浙江省的经验。

本书和已有的相关文献相比，努力作出一点贡献的地方可能主要在于以下三个方面。

第一，本书研究讨论了一些较有新意的研究议题。当前诸多讨论群体性事件的文献中，专门以这类事件中的群体性暴力为研究对象的研究并不多见。另外，在本来就不算多的研究群体性暴力的文献中，专门研究源头治理的文献也并不多见。在各章中所讨论的议题也是当前需要进一步推进的研究问题。

第二，本书展示了较为完整和厚实的分析框架。本书如前所述是基础研究与对策研究的结合，在很大程度上避免了大多数对策性研究缺乏足够理论支撑而就事论事的状况。而且本书无论在因果机制解释上，还是源头治理的对策上，都具有各自的又相互关联的整体性框架。而且每一章又可以做到相对独立地进行理论与实践的讨论。

第三，本书提供了较为丰富的理论资源与案例材料。本书围绕群体性暴力源头治理所展开的理论与对策的讨论，使用了大量的涉及诸多研究议题和领域的理论资源，以及大量发生在世界各国、中国各地尤其是浙江省各地相关故事的案例材料，因此无论是这个领域的理论工作者还是实务工作者都可以从中找到大量感兴趣的讨论与故事。

与雄心勃勃的目标相比，本书在内容编排、研究方法等方面还存在着一些不足。首先，群体性暴力的源头治理所涉及的内容本身远非本书的章节所能容纳的，一定还有一些重要的内容因为各种原因一时没有办法照顾到。其次，在研究方法，本书主要还是依托文献述评、定性研究和比较方法等，作者所持的关于一项理想实证研究的特征应该是定性与定量研究的结合，但是本书暂时没有使用定量研究去完善本书的论证，这不能不说是一种缺憾。

三 章节安排

本书分八章，其中，第一章，导论；第二、三章和第四章涉及国家政权建设问题；第五、六章与第七章涉及社会建设问题；第八章将就流动人口群体性暴力事件的预防问题展开讨论。

第一章，导论，内容包括提出本书的核心问题、群体性暴力研究述评与动力机制分析以及本书的研究思路与方法等。

第二章，构建协商民主决策与谈判机制，主要讨论怎样通过构建协商民主决策与谈判机制来有效预防与遏制群体性暴力的发生。首先通过多案例研究探索协商民主决策与谈判机制发挥作用的具体因果机制，然后在这个基础上就如何有效开展协商民主决策与谈判提出一些对策建议。

第三章，群体性暴力的法律治理，主要讨论怎样提升政府应对群体性暴力的法治化治理能力。为此，首先介绍发达国家是如何克服和规制集体行动中的暴力行为，然后根据 2011 年发生在广东省“乌坎事件”这一典型案例，剖析当前法律在应对群体性事件中的缺位与失灵现象，最后就如何有效防治群体性暴力提出治理思路和对策建议。

第四章，基层治理中的政治信任重建，主要讨论这种信任重建的途径与方法。本书认为鉴于当前中国政治信任缺失与群体性事件频发之间具有因果关系，改善政府与公众的信任关系则成为各级地方政府自身建设的重要任务。为此，首先主要从社会资本视角讨论政治信任的含义与重要性；其次提出一个基层治理中“从人际信任到制度信任”政治信任重建的分析框架；最后以浙江省柯城区“村情百宝箱”制度实施的地方经验为案例，讨论基层治理中构建政治信任的途径与方法。

第五章，实现集体行动理性化的组织重建，主要讨论怎样通过社会组织的体系化建设来实现集体行动的理性化、有序化与常规化。首先，通过对当前中国集体行动组织形态与事件轨迹的类型学分析，阐明社会组织的发展有利于集体行动理性化的重要命题。然后将分别介绍以区域党组织建设为核心、重新构建社区基层组织体系的“北仑经验”和以维护工人合法权益为重点的“义乌工会社会化维权模式”，并从中归纳出一些重要的、有推广价值的经验与建议。

第六章，村规民约的权威塑造，主要讨论怎样塑造村规民约的权威，以便使其在广大农村与社区作为现代公共规则能够更好地发挥约束与控制群体性暴力的功能。首先根据现有的理论成果与经验验证提出一个关于村规民约权威塑造机制的解释框架，然后分别通过对农村和社区的两个经典案例——石磁村与良渚文化村的村规民约建构与执行过程——的考察，来探讨怎样在村规民约权威塑造的参与机制、规制机制与评估机制上下功夫。

第七章，积极开展公民道德建设，主要讨论怎样开展丰富的、广泛参与的公民道德建设，以发挥公民道德在群体性暴力源头治理中的作用。首先以“国家与社会”为分析框架，剖析了公民道德在社会治理的积极作用，然后详细描述与分析了当代中国地方性道德建设的四个典型案例，最后在这个基础上提出具体的对策建议。

第八章，流动人口群体性暴力事件的逻辑与治理，主要讨论怎样在源头上去治理群体性暴力事件这个当前普遍存在的因为人口迁徙而造成的社会矛盾与冲突中最剧烈的表现形式。首先整体性地介绍身份认同与集体暴力是如何相互关联的机制与过程。然后以发生在 2011 年中国沿海或发达地区的较大规模的三起流动人口群体性暴力事件为研究对象，进行案例比较分析。最后在此基础上结合一些先进经验对流动人口群体性暴力事件的源头治理提出一系列对策建议。

第二章　群体性暴力的协商民主治理

对于预防群体性暴力而言，本书认为最及时有效的措施应该是从政府决策环节与谈判解决环节入手，在事件发生之前，尽量化解矛盾；在事件发生之后，避免矛盾激化。为了实现这个目标，可以探索把协商民主运用到政府决策与谈判解决两个重要环节之中，从而形成协商民主决策与协商民主谈判两种针对群体性暴力的有效治理手段。事实上，已经有不少的经验证明了协商民主治理作为协商民主的特定形式，对于维持社会稳定的有效性，这个命题也得到了众多研究者的认可。由此，本章将着力讨论怎样构建协商民主决策与谈判机制以实现有效预防群体性暴力的目标。本章分三节，第一节将对于国内外相关研究作简要述评，并且提出本章的研究假设；在第二、三节，则分别采用多案例研究的方式，分析协商民主决策与协商民主谈判对于群体性事件及其暴力行为的治理效果，以及它们的影响性因素，并在这个理论分析的基础上提出一些对策建议。

第一节　协商民主治理与群体性暴力

国家是在特定疆域内拥有强制性权力的特殊组织形态。它能够对内合法垄断暴力使用，对外以军事力量捍卫主权。这是韦伯的经典定义。米格代尔更进一步，将健全的国家能力分为渗入社会、调节社会关系、汲取资源、以决断方式占用与使用资源四个方面。[①]这四个方面的真正实现，就必须以对集体暴力的有效控制为前提，否则暴力行为对于政治社会规则的

① 曹海军：《“国家学派”评析：基于国家自主与国家能力维度的分析》，《政治学研究》2013年第1期。

破坏，就会使得国家整顿秩序的意图与能力日渐空虚。在这个意义上，关于群体性暴力源头治理的讨论首先需要从国家能力建设对于治理群体性暴力的作用展开分析。

一　国家能力建设与集体暴力控制的实现

学界对国家能力建设与集体暴力控制这个议题的研究主要集中在三个相互间高度相关的视角，即国家能力、政治制度与合法性同集体暴力的关系。

第一，国家能力与暴力控制。能否实现对暴力的合法垄断，是判断国家现代性的重要指标。在前现代国家，行使暴力的权力普遍分散，例如西欧中世纪的领主封臣、宗教裁判所、行会，帝制中国的宗族等地方性力量，都拥有着为国家所认可或默许的施暴权力。只是伴随着近代以来的民族国家建构历程，国家才逐步集中了暴力行使权，并在此基础上建立具有普遍性特征的法律秩序。[①]但是在尚未能够实现民族国家建构的地区，就不得不长期忍受着暴力行为的泛滥。[②]

相较于发达国家，发展中国家要实现集体暴力的控制更为困难，其政府本身就往往有滥用暴力的嫌疑。在迅猛变迁之中，不同社会集团的利益判断与认同感知也会极不稳定，尤其是这些国家的政府倾向腐败，就更容易引发社会群体的愤懑以及抗议。亨廷顿因此提出警告："一个国家在政治制度方面的落后状态，会使对政府的要求很难通过合法渠道得到表达，并在该国政治体系内部得到缓解和集中。因此，政治参与的剧增就产生政治动乱。"[③]晚清帝国就是这种状况的典型例证，在1901年到1911年的最后十年，激变的社会导致帝国政府国家能力无可挽回的衰落，暴力反抗行为层出不穷。[④]在一项关于清末华北地区集体暴力状况的研究中，狄德满（Rolf Gerhard Tiedemann）认为国家内部的地缘政治边缘化也将招致集体

---

① 李强：《后全能体制下现代国家的构建》，《战略与管理》2001年第6期。

② ［德］海拉德·威尔则：《不平等的世界——21世纪杀戮预告》，史行果译，中国友谊出版公司2013年版。

③ ［美］塞缪尔·亨廷顿：《变化社会中的政治秩序》，王冠华等译，上海人民出版社2008年版，第42页。

④ 齐惠：《清末群体性事件与国家能力衰微探析》，《国家行政学院学报》2013年第6期。

暴力行为的泛滥，处于省际交界区的民众更倾向于参与集体暴力行为。[①]这与交界地区艰苦的生态、资源环境有关，也与这一地区的地域亚文化形态有关，而更为决定性的却可能是政府在这些地区失去了对身体暴力行为的控制能力。[②]

第二，政治制度与集体暴力。学者们通常认为政治制度与集体暴力之间存在着密切联系。查尔斯·蒂利认为在现代社会，政府能力与民主形态深刻影响着集体暴力的特性与强度。[③]

政府能力在分布上是在几乎零控制与几乎绝对控制之间游移，但事实上对资源不实施显著控制的政府很难维系，而具有绝对控制力的政府也不过是一种“极权主义”的想象而已。几乎世界上所有的国家都会以军队、武装部队、禁卫军以及监禁等形态来保持其对暴力之主要手段的控制，并以此来维护统治者所宣称的公共秩序。[④]对于政府能力，尤其保持强大的强制性能力的强调，是毋庸置疑的。更加值得深入的，对于国家整体能力建设具有重要意义的，是所谓的民主因素。蒂利认为民主常常就意味着，社会成员与政府机构能够保持广泛而平等的关系。尽管民主政府依然存在机会积累与剥削行为，但相较于非民主制度，其中实际享有机会积累与剥削好处的人口比例要高出许多。这就是民主制度的优势。一般而言，政治参与之扩大、政治权利之扩张以及平等化趋势等，都能够抑制社会抗争的烈度，减少暴力行为。所以，集体暴力通常随着民主化的深入而减少。但这也是有限度的，民主政府仍旧可能在对外行动中选择暴力方式，而在特殊的国内政治中，警察暴力、监禁乃至内战等措施的运用也仍旧无法忽视。[⑤]

需要提醒的是，国内政治的民主状态亦无法断绝政府对外采取暴力措施的可能。民主制在国内政治中如果运转良好，逐渐会拥有一批满意的民众乃至精英作为拥趸者，他们熟悉了民主规则，也就减少了暴力竞争方式

① ［德］狄德满：《华北的暴力与恐慌：义和团运动前夕基督教传播和社会冲突》，崔华杰译，江苏人民出版社2011年版，第4页。

② 同上书，第5页。

③ ［美］查尔斯·蒂利：《集体暴力的政治》，谢岳译，上海人民出版社2011年版。

④ 同上书，第29页。

⑤ 同上书，第46—48页。

的可能。但这并不能保证国家内部调动剩余和平会转化为国家间的和平行动。为了寻求这一目标，民主制必须是全球性的，既在国家之间也在国家之内实现民主治理机制。①

在英国学者约翰·基恩教授的分析中，对民主理想与暴力使用之间的烦恼关系有着极为细致的讨论。民主就是涉及暴力自身的民主化，因此拒绝对暴力现象的本质性或神意式理解，强调使用暴力的人应该向公众负责，暴力必须是有条件的并可移除的。同时，在现代民主社会之中，对暴力效用和影响的道德判断是十分必要的，不可放弃的。②约翰·基恩更进一步提出了暴力民主化的十条规则，这就包括对暴力行为的更为深入而具体的分析，了解其动机与损害程度，否则无法采取合适的应对；不否定必要时刻采取暴力措施的必要性，但要对“以暴易暴”的理念抱有高度警惕；从文明与公民素养的根基上寻求暴力行为的减少等。而其中与本节主题最为相关的，就是要不惜一切代价阻止暴力手段的私有化，因为这意味着国家能力的衰退以及秩序混乱的渊薮。③

对于地方层级的暴力冲突，公民社会的机制将会是较为有效地缓和与制约机制。根据对南亚和西非民主制度的研究，可以发现，权力下放的确有助于减少暴力与社会和平之实现，但这一功能的实现，是在已有强固的地方公民社会机制的环境中才更为充分。强有力的公民社会机制可以促进民主、优质管理、更加包容，从而使权力下放更能发挥效用，因而推动借助权力下放的策略来减少政治竞争可能带来的损害。反过来讲，如果社会基础倾向不容异己，而且没有解决地方冲突的实务经验，多谈宏观政治结构也是无所裨益的。④ 因此，在国家能力的提升中，就不能忽视国家与社会关系的维度，推动公民社会的具体形态之落实，对于集体暴力行为的控制就能够有积极作用。

---

① ［挪威］约翰·加尔通：《和平论》，陈祖洲等译，南京出版社2006年版，第6页。

② ［英］约翰·基恩：《暴力与民主》，易承志，荣启涵，黄振乾，魏巍，张春满译，中央编译出版社2014年版，第143—145页。

③ 同上书，第151—186页。

④ ［美］丹尼尔·希罗，克拉克·麦考利：《为什么不杀光？——种族大屠杀的反思》，薛绚译，生活·读书·新知三联书店2012年版，第184—186页。

第三，合法性与集体暴力。合法性本身就是国家能力的重要体现。在西方大多数国家，政府更迭与政体延续相互分离而并行。选举、参与等政治制度机制，形成了民意的多元化、组织化表达，由此带来社会成员之利益与认同的分散化，故而不会对根本的政体产生质疑，从而避免了革命爆发。而对于威权国家而言，政治合法性建立在包括经济发展、道德表率以及国家防御等政绩表现层面。但所有这些方面都会有所起伏，而这种起伏在威权国家将直接导致国家的合法性危机。① 进一步来讲，国家的合法性基础为何，也在很大程度上决定着当权者在面对社会运动时将会采取何种处理方式，以及社会运动参与者如何应对政府。②

对中国当前群体性事件包括群体性暴力的研究在这个脉络里主要集中在制度化程度、政府能力与公权力使用状况三个方面。

第一，制度化程度需要提高。在赵鼎新看来，一个国家一旦发生了集体性抗争事件后，其发展走向也就取决于该国家中国家与社会之关系。而西方国家的社会运动发展史基本上就是一个无组织的集体行动和革命运动不断被边缘化，社会运动被制度化的历史，同时这也是西方政府国家能力不断提升的表现。③这无疑是一个洞见，而对于我国群体性事件的治理而言，其启发性就在于，既不能奢望对群体性事件根本断绝，也不能祈求从技术上加以充分应对，更为方正平和的方法是疏导矛盾，将破坏性的、暴力性的形态边缘化，而以制度化的、非暴力的常规社会运动形态取而代之。

20 世纪 90 年代以来的群体性事件，具有规模小、地方化以及利益取向的特点。但这一时期政府的管制对策，也在一定程度上限制了民众表达自身利益诉求的组织能力，使得民众无法在这种抗争中通过制度化的讨价还价而走向政治成熟，因此带来了群体性事件极为不稳定的演化状态。在新的世纪，群体性事件出现一些特征：公民权利意识提升以及 NGO 之发展；上访的社会运动化、环境抗争增多、地下教会迅猛发展；中大型规模骚乱渐趋频繁。相应的，目前政府所采用

---

① 赵鼎新：《社会与政治运动讲义》，社会科学文献出版社 2006 年版，第 114 页。

② 同上书，第 462 页。

③ 同上书，第 448 页。

的处置方式，虽然有利于暂时维稳，但也未能使得民众获得在政治参与中、争论中、讨价还价中实现政治效能感。用金钱来解决问题，这种父爱主义式的方式，会使得一些消极后果：民众虽然得到具体好处，但却仍旧可能对政府失望；形成扭曲的激励机制，使得民众的诉求涌向政府，政府的资源向突发事件过分倾斜。在赵鼎新教授看来，最近十年，中国许多原本已经非政治化的领域，在一定程度上重新政治化，这是很危险的倾向。①

第二，政府能力问题。在中国基层社会，国家法律与公共政策本是该以寻求平等为目标，然而在基层社会中，由于复杂的权力形态以及国家能力的渗入能力不足，利用法律政策体系的罅隙而谋取更为狭窄的私利就更为普遍。在县域熟人社会中，由此造成的不平等感受、相对剥夺感就更为强烈。一旦发生不可预估的偶发事件，集群行为就容易发生，甚至最终演化为群体性暴力事件。②

第三，公权力失范。有学者强调了公权力失范对于群体性事件的影响。所谓公权力失范，可以表现为如下形态：地方政府官员基于政绩动机的短视性决策造成民众不满；地方政府出现与资本力量的合谋而侵害民众利益；基于财税动机的地方政府自我谋利行为；公权力遭到滥用；执法方式简单粗暴，等等。由于公权力失范，政府公信力降低，甚至与民众相对立，体制内的矛盾化解机制失效，民众就不得不选择以命相搏的抗争方式。③

对于当下中国，稳定的秩序无疑是十分重要的。但政治稳定并不是指矛盾不存在，而是国家对社会矛盾与冲突进行制度化的能力得到提升，从而消除大规模的、暴力趋向的动乱之可能性。这也就是提高党与政府的执政能力的关键所在。④作为提升国家能力的两种途径：民主与法治建设，因此就成了实现对群体性暴力进行有效治

① 赵鼎新：《社会与政治运动讲义》，社会科学文献出版社2006年版，第6页。

② 金鸿浩，王浩臣，张星元：《群体性事件的“软政权”根因与“压力模式”》，《领导科学》2012年第36期。

③ 梁平，陈焘：《群体性事件：“老问题”与“新动向”的交织与治理策略——基于H省的实证调研》，《河北法学》2013年第5期。

④ 赵鼎新：《社会与政治运动讲义》，社会科学文献出版社2006年版，第6页。

理的关键。中国有着特殊的国情，也有着特殊的国家建构路径。尤其是在民主能力方面，中国政府基于国情选择了一条特殊道路，即将协商民主作为中国特色社会主义民主的重要内涵，作为落实民主理念的重要载体。这种独特的次序选择，对于实现有序的公民参与而言是有积极意义的。同时，协商民主作为一种重要的民主机制，也将有助于中国当下与未来国家与社会关系的塑造，并为之创造出积极空间。无论是从吸纳民意顺应民主潮流，还是从构建良好的国家与社会关系而言，协商民主在政治实践中的深入推进，以及民主协商能力的不断提升，对于控遏群体性暴力，实现社会的安定和谐与中国政治的发展更新都是极为有益的。对这个议题，学界已经有了初步讨论。

二　群体性暴力的协商民主治理

面对群体性事件，理性回应带来有序，强力压制招致极端，[①]尤其考虑到其主流聚焦于利益矛盾，本就具备可协调性。[②]然而，长期以来，地方政府治理群体性事件存在"管制困境"，即由于治理思维僵化与治理能力欠缺，导致本可以化解的矛盾演变为严重冲突，是为"体制性迟钝"；而一旦事态恶化，则又动辄暴力镇压，由此更加一发不可收拾。[③]近年来，地方政府出现由"堵"到"疏"的治理思路转变，值得肯定。但若试图仅仅通过利益妥协，用人民币的方式来解决矛盾，实际上无助于从源头上化解群体性事件，有时甚至起到激化作用。[④]因为它更加诱使民众通过非制度化的方式来争取自身利益，却无助于对公共利益与社会公正的寻求与落实。

协商民主理论兴起于20世纪八九十年代，并逐渐在国家与社会治理中得到广泛应用。在西方理论界，对于协商民主解决社会冲突的效用虽然

---

① 肖唐镖：《群体性事件中的暴力何以发生——对1189起群体性事件的初步分析》，《江苏行政学院学报》2014年第1期。

② 朱力：《中国社会风险解析——群体性事件的社会冲突性质》，《学海》2009年第1期。

③ 于建嵘：《中国社会泄愤事件与管制困境》，《当代世界与社会主义》2008年第1期。

④ 吴鹏森：《基层政治体系残缺：群体性事件频发背后的社会机制》，《探索与争鸣》2012年第10期。

还存在一些争论。[①]但是相当多的协商民主理论家强调协商民主有助于解决社会冲突。[②] 詹姆斯·费什金（James Fishkin）认为“协商民主有利于促进互信，扩大共识，从而有助于解决和控制社会冲突”。[③] 埃利斯（D. G. Ellis）则强调，解决社会冲突的方案存诸于涉事各方之中，而冲突的解决则需要相互的依赖，这正是协商交流的意义所在。[④]即便在持质疑意见的声音中，所要强调的也只是：协商的环境与性质对于协商是否能够取得积极效果有着更为关键的作用[⑤]；在存在结构性不平等的前提下，协商民主无法充分改变弱势群体之处境[⑥]。这些质疑在值得深思的同时，均没有完全否定协商民主解决或缓和社会冲突的可能性。而在更细致的研究中，已经开始探索在社会冲突中使得协商得以可能的话语、沟通的形式、

---

① 需要注意的是，在西方国家，已然形成了解决常规型社会冲突的制度化机制。于是，当协商民主兴起之时，理论家就社会冲突所讨论的，主要是协商民主是否有助于解决身份政治层面的问题。而且一种具有活力的解决分歧的协商民主实践，也需要以公共领域为其实际依托。在这个意义上，就与中国语境有所不同。尽管如此，Dryzek 教授亦强调，将对抽象价值与身份的诉求转变为对于具体需求（specific needs）的表达，将更能保证通过对话达成共识。由此引申，运用协商民主解决利益表达困境的社会冲突问题，就是可以期许的。John S. Dryzek，“Deliberative Democracy in Divided Societies：Alternatives to Agonism and Analgesia”，*Political Theory* 33：2（April 2005）；Elsa Gonzalez、Jose Felix Lozano and Pedro Jesus Perez，“Beyond the Conflict：Religion in the Public Sphere and Deliberative Democracy”，*Res Publica*（2009）15：251—267.

② Ian O'Flynn，“*Deliberative Democracy and Divided Societies*”（Edinburgh：Edinburgh University Press，2006）；John S. Dryzek，Deliberative Global Politics（Cambridge：Polity Press，2006），pp. 154—157；John S. Dryzek，“Deliberative Democracy in Divided Societies：Alternatives to Agonism and Analgesia”，*Political Theory* 33：2（April 2005）.

③ James Fishkin，Tony Gallagher，Robert Luskin，Jennifer McGrady，Ian O'Flynn，and David Russell，“*A Deliberative Poll on Education：What Provisions do Informed Parents in Northern Ireland Want*”，see http：//cdd. stanford. edu/polls/nireland/2007/omagh - report. pdf，accessed on 15 May 2007.

④ Ellis，D. G.（2012）.“*Deliberative Communication and Ethnopolitical Conflict.*” New York：Peter Lang. p. 25.

⑤ Cass R. Sunstein，“*Deliberative Trouble：Why Groups Go to Extremes?*”，Yale Law Journal 110（2000），pp. 71—119，and “*The Law of Group Polarization*” in Debating Deliberative Democracy，eds. James S. Fishkin and Peter Laslett（Oxford：Blackwell，2003）。

⑥ Iris Marion Young，“Activist Challenges to Deliberative Democracy”，*Political Theory*，Vol. 29，No. 5（Oct，2001），pp. 670—690.

内涵与特点等。①

相较于西方协商民主理论家关注于以协商对话的实践解决身份政治、认同危机式的社会冲突，中国语境下的针对社会冲突的协商治理，则更多是涉及具体的社会政策问题、利益表达制度设计的缺失与失衡问题，恰恰更有利于通过公共审议与咨询而促进解决。②

在上述意义上，国内学者对于通过协商民主治理群体性事件包括群体性暴力普遍抱有积极的态度。协商民主鼓励包容、参与、倾听、尊重、理解，为分歧和冲突的解决提供了共同合作的方法。③通过提供沟通平台，将干群矛盾转化为群众利益调整问题，将公共利益引导为一种量化的、可讨价还价、可增减的问题，"协商民主确实有助于减少或解决上访问题"。④通过听证会、民主恳谈会、网络问政等协商民主形式，健全与落实公民利益表达制度设施，将多元化的民意充分吸纳到公共政策的过程之中，将能够在很大程度上预防群体性事件。⑤ 通过协商民主治理，体制化政治过程与体制化社会运动化解社会矛盾与冲突的能力将为之提升，群体性暴力的发生概率也将由此降低。⑥推而言之，它能够促进公共政策的科学化、维护稳定、遏制腐败、增强合法性。⑦故而，"用协商民主方法来解决最棘手的问题是一个创新，也是基层官员化解社会矛盾的一种新的思路和方向"。⑧

---

① Alena L. Vasilyeva, "Creating Deliberation in the Context of Social Conflict: The Examination of Mediator Practices for Shaping an interactivity in Dispute Mediation", *New Brunswick*, *New Jersey*, October, 2010.

② Baogang He: "A Deliberative Approach to the Tibet Autonomy Issue: Promoting Mutual Trust through Dialogue", *Asian Survey*, Vol. 50, No. 4 (July/August 2010), pp. 709—734.

③ 陈家刚：《协商民主与当代中国政治》，中国人民大学出版社 2009 年版，第 107 页。

④ 何包钢：《协商民主和协商治理：协商民主是解决外嫁女上访问题的一个有效方法吗?》，《北京论坛（2011）文明的和谐与共同繁荣——传统与现代、变革与转型："协商民主与社会和谐"政治分论坛论文及摘要集》，2011 年 11 月 4 日。

⑤ 陈剩勇：《群体性事件的治理之道》，《浙江人大》2009 年第 1 期。

⑥ 薛澜，张杨：《构建和谐社会机制治理群体性事件》，《江苏社会科学》2006 年第 4 期。

⑦ 夏金梅：《群体性事件与协商民主》，《唯实》2011 年第 2 期。

⑧ 何包钢：《协商民主和协商治理：协商民主是解决外嫁女上访问题的一个有效方法吗?》，《北京论坛（2011）文明的和谐与共同繁荣——传统与现代、变革与转型："协商民主与社会和谐"政治分论坛论文及摘要集》，2011 年 11 月 4 日。

在更深的理论层面，协商民主所秉持的交往理性能够调适公共行政过程中的价值理性与工具理性的内在紧张[①]；而作为其核心要素的平等、公开、责任以及理性对话等，亦是治理群体性事件及其极端化的关键[②]。运用于群体性暴力的协商民主治理，能够避免压制的非自愿性、妥协的无原则性、回避的短视性以及恩威并施的功利性[③]，同时提升解决社会冲突的制度化能力[④]，因此具有特殊的治理性优势；在其实践过程中，亦有助于诸如美德、责任感、理性与沟通等公民精神之培养。[⑤] 从长远来看，从维权抗争发展为协商对话，增进了政府与民众的相互理解与信任，将能够开启当代中国民主建设的新思路。[⑥]这里从协商民主治理的前提与内涵对这个议题作一个简单的总结。

1. 协商民主治理的前提

协商民主自身有培养公民素养的作用，但其效用的施行，也需要依赖于一定程度的公民精神。故而，通过政府的有意识的营造，涵容有利于协商民主之推行的良好公民文化氛围，是协商民主治理的政治文化前提。[⑦]

经验研究证明，地方政府特定的绩效评价机制，使得政府官员可能采取向上瞒报、向下打压的方法来处理群体性事件[⑧]，也有可能使政府官员对抗争者要求作出让步。[⑨] 所以，优化相应的绩效评价机制以及恰当的官

① 孙奔，武香君：《调适公共行政过程中理性冲突的协商民主思维方式——以处理群体性事件为例》，《天水行政学院学报》2014 年第 3 期。

② 周晓丽：《公共协商：群体性事件的治理之道》，《天府新论》2010 年第 3 期。

③ 杜学文，高军：《引入商谈模式解决群体性事件——香港拆迁紫田村事件和平解决的启示》，《福建论坛》（人文社会科学版）2011 年第 4 期。

④ 范铁中：《社会转型期群体性事件的预防与处置机制研究》，上海大学出版社 2014 年版，第 111 页。

⑤ 戴桂斌：《协商民主：化解社会矛盾冲突的有效形式》，《求实》2009 年第 11 期。

⑥ 张紧跟：《从维权抗争到协商对话：当代中国民主建设新思路》，《华中师范大学学报》（人文社会科学版）2011 年第 2 期。

⑦ 侯莎莎：《协商民主理论指导下的弱势群体利益表达》，《前沿》2011 年第 4 期。

⑧ 陈映芳：《贫困群体利益表达渠道调查》，《战略与管理》2003 年第 4 期。

⑨ Luehmann, Laura M. 2003. “Facing Citizen Complaints in China, 1951—1996”, *Asian Survey*, 43 (5): 845—866; CaiYongshun. 2008. “Local Governments and the Suppression of Popular Resistance in China”, *The China Quarterly*, 193: 24—42.

员问责机制①的建立，都有助于协商民主治理的展开。

社会组织的发育水平亦与协商民主治理之绩效密切相关。作为沟通上下的公民参与机制，社会组织的发育程度越高，就越有利于执政党通过协商民主的方式实现利益整合的政治功能。② 在群体性暴力的治理过程中，社会组织的丰盈与活跃，可以实现社会组织化、利益表达有序化，协商性政治实践的展开，因此有着更为坚实的社会土壤。③

对于群体性事件，媒体始终有着重要影响。而对于协商民主治理的展开，这就尤其体现在：作为信息公开的窗口，报道、澄清事实；作为利益诉求的通道，协调各种关系；合理介入事件，发挥监督功能，引导社会公共舆论；注重人文关怀，作为社会的安全阀、减压器等。④ 现有研究认为，在网络舆论传播中，公民协商与行动的能力有可能被改善。⑤ 而通过网络问政，则能够使政府决策突破时空局限，从而推动协商民主政策范式的快速建立。⑥

2. 协商民主治理的内涵

针对群体性暴力的协商民主治理，学界已经有了一些案例研究。浙江衢州的实践，是科学的群体性事件预警机制与协商民主治理并行，通过建立排查机制、研判机制、重点工程建设项目社会稳定风险评估机制、化解机制、责任分工与追究机制，为提升政府回应力与开展公共协商奠定基础。⑦ 广东广州的案例，则生动展现了广州市政府如何在番禺民众抗争行动之下，通过政策协商化解矛盾，并最终使得城市公共政策

---

① 昌业云：《浅析我国治理群体性事件的政策范式转换》，《国家行政学院学报》2011 年第 1 期。

② 陈剩勇，林龙：《权利失衡与利益协调——城市贫困群体利益表达的困境》，《青年研究》2005 年第 2 期。

③ 张紧跟：《从社会组织的视角看群体性事件》，《探索与争鸣》2009 年第 3 期。

④ 赵路平，张志昂：《论媒体在处理群体性事件中的作用》，《江淮论坛》2006 年第 5 期。

⑤ 刘九洲，许玲：《论网络舆论传播中的公民协商和公民行动》，《华中师范大学学报》2010 年第 6 期。

⑥ 昌业云：《浅析我国治理群体性事件的政策范式转换》，《国家行政学院学报》2011 年第 1 期。

⑦ 陈宏彩，金进喜：《重大群体性事件隐患专案管理——衢州实践及其制度分析》，《行政论坛》2009 年第 1 期。

在寻求公民共识的基础上继续推行。[①]面对群体性事件升级的危险，一线政府如何实现各有关部门迅速联动，深入参与者之中了解其合理需求，并在统一领导下作出必要回应，是协商谈判的基本内涵。[②]既有的案例研究所提示的，均指向协商民主政策范式的制度化设计，其中应该包括参与者的广泛性与有效性、协商民主的范围与形式、信息公开程序、专家参与程序等。[③]

群体性事件的类型，亦影响着协商民主治理的效能与形式。针对维权事件，由于其突出的可协调性，协商民主治理的运用可谓是顺理成章。而社会泄愤事件则具有突发性、无直接利益相关性、短信与网络传播效应、容易暴力化等特征。[④] 政府有关部门在处置过程中不易找到协商对象；没有组织者能够或愿意承担责任，即使有人愿意承担与政府谈判的角色，也难以得到参与者的认可，并无法控制群体性事件的进程和现场参与者的情绪。[⑤] 这无疑增加了协商民主治理的难度。

然而，何包钢将民主协商机制视为调整和管理社会心理的一种较好的制度和方法，所以亦有利于预防社会泄愤事件。[⑥] 毕竟，所谓的“无直接利益冲突”，弥漫的社会怨恨背后仍然是广泛的利益失衡与公平缺失。通过在国家与社会之间的各个层次构建协商治理机制，对于这种社会怨戾之气的化解有百利而无一害。[⑦]

由于在社会泄愤事件中，参与者的非理性程度容易加深，故而在围观民众出现愤怒但尚有所观望的焦虑阶段，就必须及时介入，开展协商谈

---

① 张紧跟：《从维权抗争到协商对话：当代中国民主建设新思路》，《华中师范大学学报》（人文社会科学版）2011 年第 2 期。

② 孔卫拿：《农村群体性事件的后果及其治理意义——四个案例的比较分析》，引自肖唐镖主编：《群体性事件研究》，学林出版社 2011 年版，第 82—83 页。

③ 昌业云：《浅析我国治理群体性事件的政策范式转换》，《国家行政学院学报》2011 年第 1 期。

④ 于建嵘：《中国社会泄愤事件与管制困境》，《当代世界与社会主义》2008 年第 1 期。

⑤ 陈良咨：《论暴力与群体性事件》，《中国人民公安大学学报》（社会科学版）2011 年第 6 期。

⑥ 何包钢：《协商民主在解决群体性突发事件中的作用》，《学习时报》，2010 年 4 月 19 日。

⑦ 何红彬，张俊国：《“无直接利益冲突”矛盾防范与化解机制探索——基于协商民主与协商治理视角的分析》，《行政论坛》2011 年第 1 期。

判；一旦错失良机，升级致愤懑阶段，围观人群将变得轻信、极端，攻击性的暴力行为也会随之出现，①协商谈判的难度陡然提升。至于如何在不同类型的群体性事件中更有针对性地开展协商民主治理，则仍有待于学界的深入探讨。

协商民主不仅重视政治参与的民主权利，而且十分注重民主的程序性，重视技术知识在政治程序上的运用以及民主的可操作性。② 而对于治理群体性事件的协商民主技艺，现有的学界研究也有所涉及。

协商民主治理的有效性，与其对科学的协商方法的应用是成正比的，因为这是使得地方治理实践走向规范化从而提升效能的关键。而在世界各地以及浙江温岭得到实际推行，已经受到广泛关注的“协商民意调查”的方法，就是可以引入到重大公共政策决策过程以及群体性事件治理中的科学方法。③

面对突发性的群体性事件，需要处置官员具备善稳、善听、善问、善辨以及善解的临危不乱之素养，④如此才能确保协商对话的展开。通过对对话之原则、条件、主体、功能、类型的仔细分析，就可以将对话体现在群体性事件治理的全流程之中。⑤ 而对于标签效应法、“自己人”效应法、亲情效应法以及威信效应法等说服性技艺的应用，⑥ 尽管未必合乎协商民主对理性论证的核心诉求，但却可能是危机管理中必要的技术性顺应。

总之，推行协商民主治理，可以达成一致的看法是，它既符合我国国情，也确实能够从根源上化解群体性事件与群体性暴力之频仍。与此同时，学界也指出了目前的协商民主治理实践中所存在的一些问题。

整体而言，现有的协商民主制度落后于经济发展速度，落后于社会组

---

① 曹英：《群体性事件中的信息传播流程、节点与心理接受机制》，《河南社会科学》2009年第1期。

② 朱勤军：《中国政治文明建设中的协商民主探析》，《政治学研究》2004年第3期。

③ 夏金梅：《群体性事件与协商民主》，《唯实》2011年第2期。

④ 童荣兵：《新时期群体性事件的对策思考》，《今日浙江》2009年第1期。

⑤ 何睿，张明刚：《群体性事件中的对话研究》，《政法研究》2006年第5期。

⑥ 梁成：《论群体性事件处置中说服的艺术》，《上海公安高等专科学校学报》2008年第5期。

织的发展速度。协商民主制度的滞后现象无法适应现代高速发展的要求。[①] 另外，在中国的乡土社会情境中，协商实践面临着一些制度、惯例、文化潜因等方面的限制，从而使得协商并未能在现代性规范的前提之下充分实现其化解纠纷的功能。[②]

在运用协商民主民意调查的过程中，主持人制度所要求的中立性，使得其往往缺乏"地方性知识"，因此把握、引导当地社会矛盾的能力不足，进而使得协商之效果出现折扣。[③] 所以，如何将协商民主实践与"地方性知识"相结合，也是在未来的研究中很值得关注的方面。就协商民主治理的过程而言，政府对政策议程的置换与控制、对于协商机制的"选择性执行"是比较突出的现象，将导致公民参与成为"在场的缺席"以及形式化的协商蜕变成为一种管理工具，[④] 因此非常值得警惕。最后，就公共政策的流程而言，行政控制与协商民主之协调也是十分关键的问题，行政控制不合宜的介入很可能使得之前的协商成果付之东流，有时甚至会重新激化矛盾。[⑤]

目前地方政府在治理群体性事件和群体性暴力的过程中对于协商民主的运用，主要依赖于决策者的政治开明，取决于决策者的意志和决心，尚未能实现制度化与规范化。[⑥] 在原则性与策略性处置方式的自由调适之间，植入了过多的非制度性因素，并不具有稳定性，并因此潜伏着一定的

---

① 何包钢：《地方协商民主制度会持续发展吗?》，《学习时报》，2006 年 10 月 23 日。

② 毛丹：《农村协商民主面临的限制——关于几个农地纠纷案例的解释提纲》，引自陈剩勇，何包钢主编：《协商民主的发展：协商民主理论与中国地方民主国际学术研讨会论文集》，中国社会科学出版社 2006 年版，第 153—160 页。

③ 谈火生，霍伟岸，何包钢：《协商民主的技术》，社会科学文献出版社 2014 年版，第 226—227 页。

④ 张紧跟：《从抗争性冲突到参与式治理：广州垃圾处理的新趋向》，《中山大学学报》（社会科学版）2014 年第 4 期。

⑤ 何包钢：《协商民主和协商治理：协商民主是解决外嫁女上访问题的一个有效方法吗?》，《北京论坛（2011）文明的和谐与共同繁荣——传统与现代、变革与转型："协商民主与社会和谐"政治分论坛论文及摘要集》，2011 年 11 月 4 日。

⑥ 昌业云：《浅析我国治理群体性事件的政策范式转换》，《国家行政学院学报》2011 年第 1 期。

治理性危机。①

最后，必须明确协商民主治理不仅只针对特定的群体性事件，更加是一种日常的治理形态。相当一部分社会矛盾是无法单凭一次大型民主协商会议来解决的，民主协商必须靠日常的、反复的、持续的、非正式的协商活动来作为基础。②因此，协商民主治理必然是多层次的，虽然本章聚焦于协商决策与协商谈判，但它实际可以体现在村庄、社区、企业、社会组织等社会领域的各个层面，并由此为政府的协商民主社会治理奠定丰厚的根基。

三　研究思路与理论框架

赵鼎新认为，在社会变迁过程中，社会运动如何发生、是否走向极端，取决于国家对社会变迁的制度化能力。当国家难以制度化社会运动之时，骚乱、暴乱乃至革命就有可能发生。而欧美国家是通过长达数百年的因应民主化的策略应对而形成了强有力的针对社会运动的制度化能力。③对于后发外生型现代化的中国，却并不具备如此从容的历史机遇。中国尚不具备完整的现代性国家身份，却已然卷入全球化的政治经济秩序之中。就设想一个能够兑现于未来的善治愿景而言，在维护政治社会秩序稳定性的前提之下，通过政治家的审慎与果敢，以协商民主的政治实践吸引公民有序的政治参与，从而制度化地消解群体性事件，实现国家与社会之间的良性互动与相互赋权，是推进国家治理体系与治理能力现代化的一条稳健路径。

协商民主在社会治理中的运用，是以对公共利益的价值坚守为原则的。它试图通过理性的对话沟通，促使参与协商的各方以一种超脱于自身利益局限的公共性视角来思考问题，从而通过反思性平衡改变自身原有的

---

① 尹利民：《民众维权表达的政府处置：在原则性与策略性之间——理论命题与案例研究》，引自肖唐镖，郭春甫主编：《维权表达与政府回应》，学林出版社 2012 年版，第 257 页。

② 何包钢：《协商民主和协商治理：协商民主是解决外嫁女上访问题的一个有效方法吗?》，《北京论坛（2011）文明的和谐与共同繁荣——传统与现代、变革与转型："协商民主与社会和谐"政治分论坛论文及摘要集》，2011 年 11 月 4 日。

③ 赵鼎新，雷天：《骚乱，革命还是社会运动?》，《博览群书》2008 年第 1 期。

偏好，取得对于相应事务的一定程度的共识，最终推动公共政策的实现。基于互惠概念，协商民主强调彼此认可，它不仅是民主的决策程序，更具有丰富的实质民主内涵，追求对政治生活中暴力现象的摆脱。① 协商民主治理在群体性事件中的运用，将有助于建立普遍公正的利益表达、利益博弈与制度化解决利益冲突的现实机制。

因为群体性事件的发生多数与公共政策存在因果关系，而在群体性事件爆发后的治理过程中，谈判应该是最为基本的解决问题的方法。而协商民主的实践，也恰恰可以嵌入到公共政策与谈判过程中去，从而对于群体性事件的源头预防与实际治理发挥作用。值此原因，本章对于两者相关性的分析，也分别从协商民主决策与协商民主谈判两个环节与角度来展开论证。本章的核心论点在于：（1）协商民主决策通过提升决策质量或决策认同度而有助于群体性事件暴力行为的预防；（2）协商民主谈判通过对于理性沟通的强调与维护而有助于群体性事件暴力行为的遏制。

协商民主对于公共政策中决策后果的积极影响，无外乎三种可能：一是通过协商民主的运用直接提升了公共决策的质量；二是通过协商民主使得纷繁的冲突与纠纷获得了共识；三是虽然未能达到共识的水平，但通过协商之运用，相关方对于决策的满意度亦有所提升。② 归结起来，这意味着决策质量的提升或决策认同度的提升。对于本书的核心关系来说，协商决策对公共政策结果的积极影响，就能够降低群体性事件发生的概率；而对于可能发生的群体性事件，也在一定程度上对于预防其极端化，防范其中暴力行为的发生有正面作用。这是本章的核心论点之一。

所谓谈判，是在群体性事件已然爆发之后寻求对之加以应对与解决的手段。谈判有诸种指向，常见如表现为相互的利益之妥协，这是一种谈判形式；而所谓的协商民主谈判，就是依据协商民主的标准，以寻求理性上更佳的论证作为谈判的核心原则，在谈判中始终维系以一种平等与理性之氛围的谈判形态，是协商民主与谈判艺术的结合。本章的核心论点之二，就是强调此种协商民主谈判对于理性化的积极维系与坚持，能够舒缓群体

---

① Amy Gutman and Thompson Dennes (2002), "Deliberative Democracy Beyond Process", *The Journal of Political Philosophy*, Vol. 10, No. 2. pp. 153—174.

② 谈火生：《民主审议与政治合法性》，法律出版社 2007 年版，第 7 页。

性事件，遏制其暴力行为之持续与蔓延。在上述协商决策与协商谈判的基本分析框架之下，作为辅助，将综合采用何包钢与奥弗林（Lan O'Flynn）的观点，以协商过程中的观点差异性、协商参与者偏好的转变、对于理性论证的尊重以及协商过程的互惠性与公开性这五点作为判断协商能力与水平高低的标准。①

就研究方法而言，本章属于质性研究，在接下来的两节将通过多案例分析的方法来论证本章之论点。案例的选择适当考虑了经济发展水平、地域分布等因素。本章所尝试的，是通过对相应案例的较为深入的阐释来勾勒协商民主决策与谈判对于群体性事件治理的积极作用以及可能的影响因素与机制。

第二节 协商民主决策机制的构建

在第一节，已经介绍了民主协商能力作为国家能力建设的重要组成部分，对于群体性事件及其暴力行为的控制能够发挥积极的治理效用。学界对此已经有了一定程度的研究。本节采用多案例的方式，分析协商民主在决策过程中的嵌入是如何化解矛盾，有效遏制暴力行为之出现的。本节所采用的两组案例，一组指向于协商民主如何提升了决策认同度；一组指向于协商民主如何改善决策质量，而二者都能够在一定程度上对于群体性事件暴力行为的遏制发挥效果。

一 协商民主决策对于决策认同度的提升

案例概述：浙江省温岭市新河镇的旧城改造一直是城市治理的难点，工作推展困难。尤其是该镇的城西村，从2002年开始，无法就“城中村”改造问题取得村民的同意，一直悬而未决，造成了许多矛盾。2014年4月，新河镇召开了“城中村”改造民主恳谈会，镇、村主要负责以及党员代表、村民代表、拆迁户代表共50多人参加。通过这次会议，使利益相关方对于分配政策、有无房产证、计算建筑面积等问题充分了解，

① Baogang He, “A Deliberative Approach to the Tibet Autonomy Issue: Promoting Mutual Trust through Dialogue”, *Asian Survey*, Vol. 50, No. 4 (July/August 2010), pp. 709—734.

并逐个破解村民顾虑，从而取得了村民的合作，顺利完成改造任务。

背景介绍。快速城市化是近些年来中国经济增长与国力崛起过程中十分突出的现象。农村地区的就地城市化以及老城区的旧城改造项目，由于波及广泛、利益庞杂而复杂，也同时成为造成社会冲突、诱发群体性事件的渊薮。

中国城市化的高速推进，在相当程度上是由地方政府主导的，或者至少说地方政府是其中的关键角色。由于“土地财政”的生态逻辑，地方政府热衷于通过征地拆迁的城市化进程来提升地方财政收入，官僚逻辑更容易好大喜功，而在许多地区，政府的财政动机与开发商的经济动机“不谋而合”，在相关法律不够明晰的情况下，更加造成了征地拆迁过程的决策过程缺乏对民意的充分吸纳，而在执行过程中则倾向于强力征收。一旦对于征地拆迁工作产生这种预期，反过来也会造成民众将征地拆迁视为一场“豪赌”与“博弈”，各种不合理的诉求也成为司空见惯，更加造成了征地拆迁工作的难度。尽管城市化是中国社会进步的大趋势，但在具体展开过程中的这一公平标准缺失的现象，却导致在征地拆迁的过程中开发商与拆迁户、政府与民众常常处于零和博弈的状态，群体性事件不断，暴力化趋势加剧。

就城西村的案例而言，与之相临近的临海市、椒江区都曾经因为征地拆迁爆发过激烈的暴力冲突。例如，2009 年 8 月，临海市某工业功能区块进场施工时，遭到某村 100 多名村民的集体阻挠，之后施工方与村民发生冲突，双方多人被石块砸伤，3 名维持秩序的公安民警也被打成轻微伤。2010 年 8 月，椒江区组织椒北工业功能区块进场施工，遭到 800 余名村民的集体阻挠，并发生堵塞省道、少数村民打砸过往车辆事件。据悉，以征地拆迁问题引发的群体性事件在浙江省台州市较为突出，甚至占到群体性事件总数的 34.67%。而城西村的“旧城改造”工程之所以能够最终得到解决，避免了严重冲突，民主恳谈决策模式的实行是一个重要的因素。

解决过程。从城西村此次民主恳谈的实际过程来看，大致分为三个环节。首先，在民主恳谈会正式召开之前，负责组织恳谈会的村委会人员就将恳谈会的主题、时间与地点等以通告的形式告知村民，凡村民均可自愿参加。其次，在恳谈会召开过程中，镇村干部、党员代表、村民代表、拆迁户代表，围绕“城中村”改造中的分配政策、建筑面积的计算、违章建筑的处理等问题，展开热烈讨论。作为利益相关方的群众踊跃发言，有的提出“‘城中村’改造对村集体经济到底有什么好处”，有的提出“多余套房部分如何处理”，有的提出“我的拆建面积比较少，希望增购，增购的部分有房产证吗”等，群众先后提出了16个问题，这些问题均当场得到圆满答复与解释，那这也就为下一步拆建工作扫清了思想障碍。最后，通过恳谈会的充分讨论，会议通过了“城中村”改造分配方案和有关政策，并决议交由村民共同监督旧村改造的实施过程与分配结果。

从这样一个民主恳谈的过程来看，它尤其是能够做到以公开透明的决策施政方式而消除民众对于政府的不信任，同时也能够以多方协商的方式遏制少数拆迁户试图牟取不合理的利益诉求的动机，这两个方面都最终呈现为居民对于决策认同度的提升。前者是因为，恳谈意味着必须把相应的政策在正式实施之前就经过民意的一道检验，必须确保民众对于相关的政策与补偿办法能够满意，这就反过来倒逼相关政府部门在制定相应政策时尽量公平，并且能够有效回应民众在恳谈中所提出的质疑，这同样就能够带来政府的自我规范化、滥权的趋向降低，而民众也能够由此在沟通过程中看到政府的诚意从而消除对于政府的不信任。后者则在于，由于参与恳谈的有各方代表，而且是在政府的主持之下，所以村民与拆迁户在协商民主恳谈中将被导向更为理性的思考方向，那种“漫天要价”的钉子户的行为与主张，是很难在民主恳谈的过程中得到多数代表的认同的。民主恳谈在决策中的嵌入，是为原来沉默的相对弱势的被拆迁一方有了表达自身主张的机会，也就由此给政府出台更为公正的政策提供了契机，那些过分、不合理的主张会在民主恳谈的过程中被边缘化，而趋向于公共利益的主张才能够得到各方认同。而如果能够在多数居民与拆迁户那里取得这种共识，那么即便是拒绝参与民主恳谈的“钉子户”，那他们的明显不合理的诉求就不仅面对着政府的压力，而且也会形成与多数居民的紧张，那这也是有利于其约束自身的主张，抑制其在征地拆迁过程中“漫天要价”的冲动。

协商民主决策的制度化。需要指出的是，针对公共决策的一次民主恳谈，未必总能够取得积极效果。如果政府或开发商确实在这个过程中存在明显的不正当利益交易，或者政府与民众长期处于一种互不信任、高度紧张的状态，一次民主恳谈就很难体现出实质效果。而在新河镇这个地方，民主恳谈已经成为一种传统，在政府行政、村民自治以及行业自治等层面，都有着长期的民主恳谈的实践①，那在一定程度上就带来了对民主恳谈的信度，以及政府与民众之间大致处于一种可以相互沟通的状态。

事实上，在整个温岭，这种决策型的民主恳谈已经有了比较规范化的流程。它一般是由镇、街道或者村居主持召开，同时也会邀请当地人大代表和利益相关者参加，其他群众均可自愿参加，不受条件、资格限制。会议开始的时候，主持人会首先通报本次民主恳谈会的议题以及缘由、针对问题所设想的初步意见，然后各方参与者在主持人的中立引导下有序而自由的发言并展开辩论，与政府平等对话、协商。在各方充分表达意见、热烈交流之后，主持人则将讨论与陈述的意见提交相应的政府决策人员，经集体研究，对本次民主恳谈会的讨论事项做出决定，并当场宣布决策结果。主持人负责向参与恳谈的各方解释这个决定以及对未被采纳的建议进行说明。其中意见分歧较大未能达成共识或者因其他缘故难以决策的事项，就要暂缓决策，重新调研、论证并做出相应调整后再最终决策。在很多情况下，决策的实施要由镇人大负责监督。在温岭，凡是涉及经济社会发展规划的编制与调整；经济和社会发展的重要政策、社会公共事务管理办法的制定和修改；政府投资的较大工程建设项目；群众普遍关注或反映强烈的重要事项；其他涉及大多数群众利益的重要公共事务和公益事业等，都需要经过这种决策型民主恳谈的环节。

而在新河镇的旧城改造案例中，我们尤其可以看到，这种决策型民主恳谈，其本身就能够通过公开讨论、理性对话的方式增强居民对于决策的认同度。决策认同度的提升，能够降低公共决策的执行成本，降低矛盾激化的可能性。因此，在征地拆迁处理不善常常导致群体性事件，甚至产生暴力冲突的情况下，协商民主决策就有助于舒缓群体性事件以及暴力行为的发生。

---

① 参见朱圣明：《参与式预算之中国地方经验——以温岭市2010年水利部门预算民主恳谈会为例》，收入《自主治理与扩展秩序：对话奥斯特罗姆》会议论文集，2012年11月1日；《行业工资集体协商的博弈论分析——基于温岭新河羊毛衫行业的实证研究》，收入《“建设服务型政府的理论与实践”研讨会暨中国行政管理学会2008年年会论文集》，2008年12月。

二 协商民主决策对于决策质量的改善

案例概述：厦门 PX 项目，投资超过百亿，由于毗邻人口密集区域，存在环境污染的隐患。从 2004 年 2 月国务院批准立项，到 2007 年 3 月 105 名政协委员建议项目迁址，该项目进入到公众视野，该年 6 月 1 日厦门市民集体抵制 PX 项目，从而导致厦门市政府宣布暂停该项目。最终，通过两次环评、公众座谈而决策该项目迁址改建，该事件成为地方政府与公民群众良性互动的案例。

江苏启东事件，由于江苏省南通市政府对日本王子制纸排海工程项目的闭门式批准，当地居民严重不满，数万名群众于 2012 年 7 月 28 日冲击政府，占领市政府大楼，成为近年来影响巨大的群体性事件。在民众示威的过程中，发生了民众掀翻汽车、捣毁市政府办公电脑等暴力行为。

背景介绍。以生态环保为触发点的群体性事件近年来也日渐成为舆论所关注的焦点，且其比例有逐步上升的趋势。此类事件，又往往以城市背景下较为容易发生。因为，相较于乡村社会而言，城市市民对于其生活环境的生态维持意识更为强调，有着更为敏感的环境维权动机。而其主要的参与者，也是以带有城市中产阶级特征的群体为核心。正因为这种城市文明背景、中产阶级主体，所以相较于其他类型的群体性事件，环保群体性事件被普遍认为带有温和性的特点，一般都会比较节制，在这类群体性事件的演变过程中，极端化情境或者暴力行为都比较少发生。①

然而，2012 年爆发的四川什邡事件以及江苏启东事件，却对这种既有的印象与论断提出了挑战。无论是什邡事件还是启东事件，都是源于当地居民对于政府强行上马项目之环境风险的担忧，属于典型的环保群体性事件。然而在当地政府对于民意的习惯性忽视以及矛盾爆发后的强硬性应对面前，群体性事件的参与者也很快在群体聚集效应中产生了非理性应对的行为取向，最终演变成了与当地政府的直接性对抗。

因此，更为合适的判断应该是在环保群体性事件中，由于参与主体教

---

① 王金红，黄振辉：《基于互联网中中产阶层的维权抗争——以广州 F 区居民反对垃圾焚烧发电厂事件为例》，引自肖唐镖，郭春甫主编：《维权表达与政府回应》，学林出版社 2012 年版，第 191 页。

育程度较高等因素的影响，其可协商性的特点会更为明显。然而，在当地政府不能及时展现出协商意愿并展开行动的情况下，其他错综复杂的因素①也会对环保群体性事件产生刺激，诱发其中的极端化因素，并最终导致暴力冲突的发生。

解决过程。2007 年厦门 PX 项目事件是中国环保群体性事件中的标志性事件，同样被学者视为通过协商民主决策化解危机的典型。尽管这一事件中当时的厦门市政府处置得当，成功化解了危机。但仔细考究这一群体性事件的过程，却并非没有极端化、暴力化的可能。从整体而言，参与游行示威的厦门市民表现克制，但在 6 月 2 日的事态演变中，仍旧发生了游行者与警察之间的推撞与冲突，发生了暴力行为。这种迹象的出现，尽管存在着一定的偶然性因素，也有着特定情境中非理性化的催动，但就其根源而言，却是厦门市政府在 PX 项目的上马过程中，采用内部闭门决策的方式，没有考虑当地居民的意见与顾虑，也因此未能有更为科学、合理的选址决策，从而导致了不满情绪与抗议行为。

在厦门 PX 项目事件中，群众情绪得以平和，事态得以舒缓的关键，是发生于当年 12 月 13 日、14 日，厦门市政府召开的 PX 项目区域环评公众座谈会。这次座谈会由市政府副秘书长朱子鹭主持，106 名市民代表参加，并特邀出具环评报告的中国环科院专家与会旁听。在座谈会的现场，近九成市民代表反对 PX 项目落户厦门；在近百名人大代表和政协委员中，15 人举手发言，14 人持反对态度。反对 PX 理由主要是：PX 项目与厦门海港型风景旅游城市定位相矛盾；PX 项目本身的巨大污染以及不可预期的泄漏或爆炸事故等。有位飞行员身份的代表特意补充其他忧虑，比如海沧南部地处厦门航空港主航道，万一出现飞机事故，后果不堪设想。这次座谈会召开后，最终影响了政府的相关决策，12 月 16 日，福建省政府和厦门市政府决定顺从民意，将该项目迁往漳州市漳浦县的古雷半岛兴建，事态得以最终平息。②

---

① 所谓错综复杂的因素，在不同的案例中各不相同。它可能是其他社会阶层以及边缘群体的卷入，也可能是地方利益长期矛盾的借机爆发等。其所共同的是，能够诱发群体性事件向着极端化、暴力化的倾向演变。

② 高新民，吴桂韩编：《领导干部应对群体性事件案例选评》，中共中央党校出版社 2011 年版，第 48 页。

案例比较。与厦门 PX 项目事件中通过协商民主决策而影响政策结果、改进政策质量最终化解了矛盾相较，2012 年的江苏启东事件中，当地政府在事态萌发之初缺乏回应性，对于关涉当地经济发展收益与环境成本分担的项目建设上决策轻率，引起了当地地域性矛盾的激化，最终造成了事态的急速爆发，也就更加失去了应对的可能。因此，这是一件缺乏协商民主决策从而在重大项目建设政策上激化当地矛盾最终造成重大群体性事件的典型案例。实际上，在 2012 年的 6 月 9 日，也就是启东事件爆发的一个多月前，当地居民就有一场自发的、小规模的和平示威游行，但却完全未能引起当地政府的重视。一意孤行的闭门式公共决策，有着偏袒特定地域的政策设置，未能做到利益与成本的合理分配，自然不是高质量的决策，也因此衍生了当地居民的不满，在诸般因素的共同发酵下酿成了严重的后果。

厦门与南通，均处于东南沿海地区，经济社会发展水平相类似，在其所面临的环保群体性事件中所导向的不同后果，在一定程度上能够凸显出协商民主决策对于治理群体性事件及其暴力行为的重要性。厦门市 PX 项目事件顺利解决后，主持了这场公众座谈会的朱子鹭先生就认为，这是厦门市有史以来第一次大规模且大张旗鼓的公众座谈会，也是政府与民众互动新模式的初步体验，① 也确实取得了积极的政策效果。在 2015 年的十二届全国人大三次会议期间，新任环保部部长陈吉宁在回答记者提问时强调，“希望各级政府提高自身决策的科学化和民主化水平，特别是在这类项目（PX 项目、垃圾焚烧站项目等——笔者按）的前期，在规划选址、公众参与、信息公开等方面加大力度，认真听取公众的意见，保障公众的权益，妥善处理好这类项目的‘上马’问题”②。在关键而必要的时刻将协商民主的做法引入到公共决策的过程之中，从而改善公共决策质量，因此对于预防群体性事件及其中暴力行为的发生，就有着极为重大的现实意义。

需要强调的是，公共决策质量的提升与民众对于决策认同度的增强具有

---

① 高新民，吴桂韩编：《领导干部应对群体性事件案例选评》，中共中央党校出版社 2011 年版，第 51 页。

② 《陈吉宁回应 PX、垃圾焚烧项目：处理不好会引起群体事件》，中国新闻网 http：//www. chinanews. com/gn/2015/03—07/7109928. shtml，2015 年 3 月 7 日。

相关性。就已有的案例而言，很难对这两个因素进行完全剥离。但就第二个案例概述中所展现的事件过程来看，经过协商民主决策，公共政策作出了明显的改变，而这种改变的确通过吸纳专家与民众意见而表现为决策质量的提升。民众在一开始所产生不满的根源，在这两个案例中都是直接指向决策结果的不公平、不合理而言的。因此，决策质量的提升，意味着作为矛盾根源的问题得到了解决，从这一解决中，当地民众获得了对于新的、考虑到其诉求的决策表现出了满意与认同。因此，在这里的案例中，民众认同的增强是伴随着决策质量的提升而产生的。通过协商民主决策带来的政策质量的提升，对于治理群体性事件及其暴力行为具有直接性的关联。

三　推进协商民主决策机制的路径

群体性事件自20世纪90年代以来逐渐成为中国社会演变过程中亟待应对的难题，正如本章一开始所分析的，在很大程度上是源于目前的政府政策流程中利益表达机制的不健全。就积极性的一面，有学者观察到在目前各级政府的政策流程中，相应领域的专家能够发挥影响政策设计的作用。① 但是，难以否定的是，社会各阶层尤其是弱势阶层的普通公民，其表达自身利益诉求的有效渠道是极有限的，因而对于相应公共决策的影响力更为微弱。最终，直接对于政策结果的不满或者间接对于政府本身的不信任，就成为了诸般群体性事件爆发、极端化，以至于频发暴力行为的根源。协商民主的嵌入，恰恰有助于破解地方政府公共决策中的这种困局，重新塑造地方政府治理的政策生态环境，从而缓解政府与民众之间的矛盾与冲突根源，避免群体性事件及其暴力行为的发生。

具体而言，本章通过案例分析，强调协商民主可以通过两种因素而有助于治理群体性事件，并预防其中的暴力行为倾向。这一方面是协商民主决策本身带来了民众对于政策决策认同度的增强；另一方面是协商民主决策提升了政策决策的质量。

当政府的决策机制由于不够透明而不能为民众所信服的时候，通过协商民主的嵌入，改变地方政府的公共决策流程，从而增强民众对于相应决策的参与感，就能够在决策本身没有明显改变的情况下，带来民众对于决

① 参见朱旭峰：《政策变迁中的专家参与》，中国人民大学出版社2012年版。

策的认同感提升，最终消弭群众以极端行为表达抗争的愤懑情绪基础，从而能够预防暴力行为的发生。

而如果是政府本身的决策造成了严重的利益矛盾或为民众所感知、预期的不公正后果，而民众的寻求改变政策的意见又难以通过既定的制度性渠道输入到政策流程中去，当此之时，协商民主的嵌入，就能够在具体的政策过程中吸纳民众意见，从而寻求更为优良的、能符合诸方利益诉求的政策方案，由此而带来的决策质量的提升，就能够断绝群体性事件所围绕的那个具体的矛盾根源，由此也能够预防暴力行为的发生。

合而言之，民主恳谈或公众座谈会在政府决策中的运用，有利于寻求公共利益并将之落在实处。它亦能够通过讨论、审议、对话等过程赋予立法和决策合法性。① 让民众在政府决策中开始发出自己的声音，充分自我表达，这在满足了公众对社会事务和公共政策的知情权、参与权、表达权和监督权的同时，也能够提升民众对于所讨论政策的满意度，将政府的公共政策奠基于更为充分的民意基础之上。而多元的、差异的观点得以呈现，就可以弥补政府之前在思考相应公共政策过程中的知识不足，并且理性而热烈的讨论过程，也可能为解决问题、进行决策提供新的更为合理的思路，这就为改善政府的公共决策提供了更为科学的基础。所以，协商民主在决策过程中的嵌入与运用，能够促进公共决策真正做到民主化与科学化，使之既能够通过协商本身获得民众支持，也能够通过吸纳民意改善公共政策本身的质量。由此它也就能够在寻求善治、凸显公共性的价值追求中培育一个更为真实的和谐社会。②

民主恳谈模式、公众座谈会形式实现了一定程度的规范化与制度化，但如果按照协商民主严格的制度化决策流程而言，也仍旧存在不足。不过，从另一个角度而言，能够做到持之以恒，将之转变为政府施政的常态机制以及官员所习惯的工作方式，这种体现在行政过程中的民主也就有着特定的价值。在新中国的政治语境中，“民主”一个很重要的含义就是党政干部的一种坚持群众路线的工作作风，有着特定的反官僚主义的意图。

---

① 陈家刚：《协商民主与当代中国政治》，中国人民大学出版社 2009 年版，第 3 页。

② 周国文：《善治、公共性与协商民主：一个发育的和谐社会的政治合法性》，引自肖唐镖，郭春甫主编：《社会稳定研究：城乡之间》，学林出版社 2011 年版，第 72—87 页。

在改革开放步入深层的情势下，激活、恢复这种工作作风，就有利于政府回应性的提升与执政能力的增强，也有助于缓和使得部分地方政府深陷其中的社会冲突。[①] 它一方面有利于政府官员趋向民主治理；另一方面也能够重新调动进而培养公民的参政热情与议政素养。如果协商民主能够在政府的决策施政过程中得以更深程度的制度化与规范化，它就能够在机制上成为一种独特的民主进路，对于形塑政府治理体系与提升其治理能力而言有着不可低估的作用。正因如此，厦门大学的曾华群教授也肯定了厦门市政府公众座谈会的做法，将此举视为民主政治的实践，必将在厦门历史上留下痕迹。[②]

在未来的群体性事件治理中，要在公共决策的源头上断绝群体性事件及其暴力行为发生的可能，主政者就应该积极探索，做到以下四点。

第一，划定并逐步扩展协商民主决策的政策适用范围。公共政策向来讲求公平与效率的统一。最为重大的公共政策问题，一般需要政治审议部门的公共讨论；但毫无疑问，行政部门在绝大多数公共政策中扮演着主导角色。在中国特色社会主义政治体制中，政府尤其是地方政府主导政策走向的能力更加强大。但即便是高素质的地方政府，在愈亦复杂的地方事务治理中，在愈亦高涨的公民权利意识面前，也很难通过传统的闭门决策的方式实现良好的决策与治理。涉及人民群众切身利益的公共决策，更加是稍有不慎，就容易带来或诱发激烈的社会矛盾，造成群体性事件的爆发以及其中暴力行为的频现。所以，在未来的群体性事件治理中，首先需要避免的，就是仅仅因应于特殊的抗争事件临时采取协商方式。各级地方政府应该列出清单，在何种类型的公共事务决策中，是必须采取协商民主决策的方式；而在何种类型中是可以选择采用协商民主决策的方式。同时需要配合以一定的绩效激励机制，从而使得具体政策主导部门有更为充足的动力来落实协商民主决策，并逐步扩展协商民主决策的适用范围。最终的目标是，与人民群众有着密切关系的公共决策，都要通过协商民主决策的方式为公民有序的政治参与提供机会。这也正是 2015 年 2 月 9 日中共中央

① 罗依平：《协商决策：我国政府决策模式创新的必然选择》，《理论探讨》2008 年第 2 期。

② 高新民，吴桂韩编：《领导干部应对群体性事件案例选评》，中共中央党校出版社 2011 年版，第 51 页。

印发的《关于加强社会主义协商民主建设的意见》中特别强调的扎实推进政府协商必须“探索制定并公布协商事项目录”的要求。

第二，积极推进协商民主决策的规范化、制度化。目前在基层治理中，各地涌现了许多协商民主决策的做法，但形态大多比较初级。只有在温岭等地实现了一定程度的制度化。而事实也证明，协商民主在公共政策中的运用，越能做到规范化、制度化，其治理效果越为突出；越是比较随意，其效果就更容易反复。在中央所印发的《关于加强社会主义协商民主建设的意见》中，恰恰是将“推进协商民主广泛多层制度化发展”作为协商民主整体建设的目标。从议程征集、到公民遴选与培训、再到公开讨论以及最后的政策决定，在整个流程中，如何进行制度设计，从而使得每个阶段的协商民主实践都能做到规范化、实现执行效度，是一个需要各地政府根据自身情况积极探索与创新的课题。

第三，积极发挥协商民主决策中的专家角色。在我们的公共决策体制中，专家已经发挥了一定程度的作用。但在协商民主决策中，也仍旧需要专家发挥作用，需要专家发挥更为特殊的作用。如在厦门的案例中所显示的，在公开座谈会展开过程中，专家可以提供更为专业的知识背景，而这些知识又与最终寻找到最佳的公共决策方案密切相关。参与协商的一般公众，就必须依据于相应领域专家所提供的客观知识而与政府、相互之间展开讨论。缺乏专家所提供的相应的知识作为基础，讨论的“寻求更加论证”的理性准则就很难得到落实，通过协商而对公共政策实现真正有效的改进就是缺乏知识基础的。

第四，寻求协商民主决策与选举因素的制度匹配机制。选举从来就是一种增强政府回应性的较为有效的政治技术。在我国的政治体制中，在各个层面已经存在了不少的选举性因素。但令人遗憾的是，目前从基层到党、人大等各个层面的选举设计，其制度潜能并未能得到充分的发挥，有虚置的嫌疑。所以，如何有效激活这些选举因素，增强制度回应性，是我们的体制优化所必须考虑的问题。而协商民主决策作为一种新的治理思维取向，恰恰可以与选举因素相配合，形成相互匹配的制度组合，从而相互激发，降低纯粹选举民主的不可控性。这将有可能是我们民主化发展的独特进路序列与结构形态，也将是未来地方协商民主实践中的重要制度创新点之一。

第三节　协商民主谈判机制的构建

上一节是从公共决策的角度讨论协商民主对于群体性事件暴力行为的预防作用，这是协商民主嵌入到既定制度体系的重要方面。但一旦群体性事件已然爆发，如何通过有效的谈判控制事态，遏制暴力行为的恶化，也是群体性事件治理中必须加以正面应对的问题。协商民主嵌入到谈判过程之中，诉诸于对理性化氛围的维系，进一步在这种理性化的氛围中通过谈判引导各方达成一个更为符合公共利益的解决方案，就能够有效遏制暴力行为，并最终实现对群体性事件的有效治理。本节将采用三组案例，其中浙江省松门镇 L 教堂案例与云南孟连事件案例，分别处于经济发达、欠发达地区，引起冲突的矛盾类型也并不相同，但通过协商民主谈判的运用，在结果上都导致了矛盾双方的冲突得以逐步化解，暴力行为得到有效遏制的绩效。而“瓮安事件”则作为反面案例而引入本节的讨论，说明协商民主谈判的缺失时会对控制群体性事件事态产生消极影响。

一　有效协商与理性氛围的维系

1. 案例概述：浙江省温岭市松门镇的 L 教堂始建于 1939 年，由于年久失修，20 世纪 90 年代已经被鉴定为危房。1992 年经相关部门批准可另辟新址重建，并要求在新堂建好后注销老堂。但在相邻的 D 村建造新教堂的过程中，因被举报新教堂选址占用了农保地，而为县委办发文（〔1992〕5 号）要求停工。1994 年新教堂虽然最终落成，但 L 教堂有部分教民始终不愿意迁入新教堂。他们以 1992 年的县委办发文为据，始终不承认新教堂的合法性，而主张另建新堂分而治之。新老教堂由此产生了长达 20 年的纠纷，双方上访不下 60 次，自行协调 100 多次，但均以吵架甚至肢体冲突告终，始终无法解决。由于涉及 4000 多名信众，所以也成为了该地宗教管理部门的棘手难题，严重威胁到了乡村的社会稳定。2013 年，通过民主恳谈会，成功缓解了双方的冲突，使得这一历时久远的社会冲突得以平缓解决。

解决过程。松门镇人口共 7 万人，其中宗教信徒达 2 万人，而以信奉基督教者为主，全境共有大小教堂 11 座。一些教堂是在基督教开始在本地传播的20世纪二三十年代就建立的，随着改革开放后当地宗教力量的复苏与快速发展，诸如一些老教堂因年久失修而成为危房、新建教堂用地指标批复相当困难、本地教职人员良莠不齐、不同派别宗教组织之间时有摩擦等，均成为当地社会治理亟待解决的问题。

L教堂的案例，可以说是这些涉及教民冲突的事件中最为棘手的一件，时间跨度长，导致的纠纷也很突出。双方的自行调解均以失败告终，又考虑到其长期产生的消极社会影响，在温岭市委、市政府直接过问下主持召开了民主恳谈会，希望通过民主恳谈的方式，最终解决这起纠纷。考虑到实际的情况，在恳谈会开始筹备之后，就积极邀请与这起纠纷密切相关的各方参与恳谈。这主要是包括三方，即老堂的代表、新堂的代表以及规划与国土等相关部门的代表。除此之外，还特地设立了主持人团队，其主要职责是维持恳谈会现场的秩序、把握会谈的进程。其中，主持人由该镇主管政法工作的副书记来担任，也体现出明显的官方色彩。

在具体的恳谈过程中，新堂与老堂代表分别陈述了自己的意见。老堂代表希望能够与新堂分立，由己方另外择址来建设教堂。其理由是：目前已建的新堂违反了县委办1992年5号文件，并因此被处以2万元罚款，因此本身就带有不合法性质；从事实来看，尽管在新堂落成后，部分教徒将宗教活动迁徙到了新堂，但老堂也一直没有停止宗教活动，是始终存在的，这个事实应当受到尊重。而且由于新老教堂双方教众由于合并问题长期纠纷，怨气难以纾解，合并更加困难，分开反而能够有利于和谐；而且从传播福音的角度，重新设立教堂也是有利于传教事业的。新堂代表则坚持两堂应该合并，其理由主要为：老堂也有着非法的性质，因为一开始民宗局就明确规定新堂建好后，就应该以1.57万元的价格腾出并出让老堂；作为宗教权威机构的基督教两会未能尽到职责；根据教义，基督兄弟姊妹彼此相爱，不能分开；只要能合并为一家，新堂负责人可以退出职位，通过选举来产生新的当家人。

作为第三方的政府职能部门，则根据现场争议双方的需要，在取得主持人同意的情况下对相关的政策进行解释，并发表自身的观点。其中，松门镇规划分局的代表表示，任何新的教堂建设都应该符合村庄规划。而在这一事件中，老堂所在的村在做规划时，已经留出了一块公建用地，这为老堂的迁建创造了条件；同时，我国宗教法没有规定距离太近就不能再建教堂。而国土分局的代表则认为，老堂重新择址建设基本符合用地规划，而且部分手续已经办好；而公建用地到底能否建教堂，这只需要老堂与村民协商好就可以。政府职能部门对于相关政策的解释与表态，对于澄清一些事实，为争议双方寻求现实的解决方案提供了一定的知识基础。

在各方都充分表达自身的观点与理由之后，主持人宣布暂时休会半小时，三方代表在原地等待。此时，参加恳谈会的有关政府领导在后台进行紧急磋商。半个小时之后，主持人将通过本次恳谈会所达成的结论交由温岭市民宗局的局长来进行宣读：双方应该尊重历史，但更要面对现实，从历史的角度而言，两堂应该合一，建新拆旧是有道理的，但现实的情况则是，两堂已经分开20年之久，合的可能性并不大。而这个结论也得到了参与恳谈会的多数新堂代表的同意，由此而成为争端双方可以接受的共识。此外，目前的宗教场所批准比较困难，民宗局将尽可能按照相关程序向上级报批。

对于以上的两点结论，新老教堂代表并未再提出异议，民主恳谈会于是顺利结束，两派教众长达20年的历史纠纷得以解决。而温岭市宗教局最终批准老堂重新择址建设的新教堂为合法的宗教活动场所。

解释机制：威信空间与理性化。L教堂的案例，最值得关注之处，在于新老教堂信徒双方自行进行了多次调解都无法解决问题，但是由政府所主持的民主恳谈[①]，却能够成功的化解双方的矛盾，提出为双方都接受的最终方案，使得20年的积案一朝化解。

固然，双方的纠纷之所以长期得不到解决，也与当地政府面对宗教事务过分谨慎，宗教用地规划长期得不到落实有关。所以，政府的态度趋于明确，相关职能部门对所涉政策进行充分解释，消除了双方对于政府不同趋向的顾虑，为双方寻求理性的解决方案提供了基础。但是，相较于许多群体性事件中，原本是不同社会群体或阶层之间的冲突却很容易演变为民众与政府的冲突不同，围绕L教堂的争端则并未导向对政府的完全不满与抗议。所以，这就为当地政府通过民主恳谈化解矛盾提供了威信空间，

---

① 政府的主导性被视为基层商议式参与的中国特色。参见郎友兴：《商谈民主与中国的地方经验：浙江省温岭市的“民主恳谈会”》，引自陈剩勇，何包钢主编：《协商民主的发展：协商民主理论与中国地方民主国际学术研讨会论文集》，中国社会科学出版社2006年版，第211页。

这里的权威一方面来自于政府本身在处理纠纷时的权威性；另一方面也来自于民主恳谈这种协商形式在当地所形成的公信力。所以自行调解解决不了的事情，政府通过规范的民主恳谈就能够引导双方走向争端的解决。

这个案例所具有的普遍的启示意义在于，政府在调解社会冲突中的威信空间，其实都是多少存在的。帝制时代的地方官府最重要的民政事务就是断讼，而从政治文化的角度讲，国人的规则意识要更为突出。在温岭这个地方，由于经济发达，社会矛盾并非特别激烈，以及政府官员从政素养的较为优良，使得当地政府的威信空间更为充分，在介入社会纠纷的处理过程中更为有效。即便是在其他条件没有如此有利的地方，在群体性事件刚刚爆发的阶段，社会冲突演变为直接针对政府的抗争也需要一定的时间，这个时间就是政府表现出积极态度，通过协商谈判稳定局面，遏制暴力趋势，最终化解冲突的良机。在这个阶段，就特别需要政府善加运用自身的威信资源，将协商谈判的效用充分发挥。

面对群体性事件中情绪激动的争端方，要保证协商过程始终在坚持理性化原则的基础上而展开绝非易事。它需要一系列的规则与程序的细节性设置。这在L教堂争端的案例中也有所体现。首先就是主持人制度的设立。保持中立的主持人，其维持秩序、理性引导作用的充分发挥，就能够确保争端双方激烈的言语冲突不至于导致敌对情绪的蔓延与交流的中断，反而有助于促进双方各自反思，形成思想碰撞，产生新的、更为合理的思考。同时在一开始，主持人就明确了本场恳谈的主题是“两堂是否合并，不合并该如何建设”，并在过程中促使双方围绕主题发言，避免话题分散而效率不彰。此外，恳谈地点的选择也有着特别的用意。最终择定的恳谈地点是松门镇教堂会议室，这更有利于为信徒营造一种理性、平和的交谈氛围，同时由于离镇政府较近也对于镇遏极端情绪能够起到作用。对于恳谈过程的全程录像与会议记录，更加能够增加协商过程的透明性与公正性，增加争端方理性对话的信心与动力。

应该说，在整个恳谈的过程中，围绕争端的观点差异性、理性交流以及偏好转换都得到了一定程度的体现，所以它大致是符合协商民主的标准，与传统的谈判模式有所区别。而在这场恳谈会之后，在当地政府对于各方代表的后续走访中，已作出妥协姿态的代表绝大多数对于恳谈结论持肯定态度，表示不会再上访、不再组织闹事。

2. 案例概述：孟连事件：2008 年 7 月 19 日，普洱市孟连傣族拉祜族佤族自治县发生一起群体性突发事件，执行任务的公安民警被不明真相的 500 多名群众围攻、殴打，冲突过程中，民警被迫使用防暴枪自卫，2 人被击中致死。事件发生后，党中央、国务院和省委、省政府高度重视，社会广泛关注。通过各级党委政府的努力和社会各界的支持，经过 4 天的艰苦努力，目前，事件处置工作取得了初步成果，局势较为平稳，伤亡人员得到妥善安置，群众情绪基本缓和，整个事态朝着好的方向发展。

在这个案例中，尽管云南地处西部，孟连经济发展水平与浙江温岭存在明显差距。但孟连事件的案例就说明，无论经济发展水平的高低，在群体性事件的处置过程中，积极谈判过程的展开都是使得群体性事件得以平息、暴力行为得以遏制的关键环节。

7 月 19 日孟连事件的爆发，直接上升为警民激烈冲突的程度。然而不到一天，云南省委就全权委托省委常委、省政法委书记孟苏铁以及副省长曹建方带领工作组奔赴孟连县。并在 20 日当天，在勐马橡胶公司的大会议室里与 100 余名胶农代表展开对话。这次对话也成为了孟连事件事态演化的“拐点”。在接下来的几天内，虽然聚集的胶农数量有所回升，但大致情绪稳定，未持续发生极端暴力行为。在此，也可以看到，当群体性事件爆发之时，把握威信空间的时机，迅速展开有效的对话与谈判，对于控制事态、遏制暴力行为有着明显积极的作用。

对于这一事件更为深入的观察，也同样发现，权威与平等因素对于维系谈判过程中的理性化氛围共同发挥着积极作用。在孟连事件的处置过程中，普洱市政府由于之前一直坚持对于胶农的强硬态度，无视胶农群体的正常利益诉求，因此在群情激愤的胶农面前失去了权威。在 7 月 21 日，普洱市市长沈培平与孟连县委书记胡文彬等领导再赴现场协商善后问题的时候，死者家属坚持要求中央领导来解决问题，并提出高达 1000 万元的“天价索赔”，从而导致协商无果而终。与之形成鲜明对照的是，作为更上一级的省级政府代表却更容易得到胶农群体的信任。7 月 20 日，云南省政法委书记孟苏铁与胶农代表一个小时多的对话就稳定了胶农群体的情绪，控制了事态。而在随后普洱市政府所主导的善后协商陷入困局之时，在 7 月 22 日上午，由云南省委政法委副书记马继延所主导的谈判却能够在仅仅两个多小时的对话后说服胶农“领袖”配合政府做好善后事宜。

与此同时，权威之发挥作用，之所以能够使得胶农对于上级政府权威的信任转化为现实的对话与合作，也同样需要对平等性因素的强调。正如在20日的谈判中一位胶农代表所反映的，胶农的正当利益诉求长期得不到政府的平等对待。而为了促进对话谈判现场的平等与互信的氛围，孟苏铁书记在奔赴谈判现场时几乎是单车前往，没有带领大批警察护卫人员。而在谈判的过程中也极为诚恳，坦承当地政府之前工作的失当，并为此向胶农深深地鞠躬表示道歉，这种作为为群众所认可的政府权威而又能够“屈身俯就”，以平等的态度与相关群体对话的态度，对于抑制群众情绪的激化，塑造谈判过程中的理性化氛围常常是有效的。

而事实上，孟连事件中的谈判过程的确体现了理性协商的形态，对于作为各方争议核心的橡胶利益分配调整问题，孟苏铁在对话中表示，政府将成立由干部、胶农代表、会计师和律师参加的工作组，深入调查研究，最终拿出各方都能接受的方案，一定让绝大多数胶农满意；而非是直接在现场对胶农的诉求做完全的妥协。而在善后过程中，对于死者家属的“天价索赔”，政府也是以持续的理性协商的方式来加以解决的。因此，孟连事件的谈判过程具有一定程度的协商民主性质。

在孟连事件的治理过程中，时任云南省委副书记的李纪恒曾在普洱市领导干部会议上讲了一番令闻者触动的话：“对共产党充满感恩之情，待人温和善良的傣族群众，拿起了刀斧棍棒与警察对抗，用暴力维护自己的权益，引发了冲突事件。这件事情必须引起我们当政者的深刻反思，必须引起各级干部刻骨铭心、触及灵魂深处的反省。”① 而其中所闪现的协商民主谈判的积极效用，则是尤其需要面临群体性事件之治理的地方党政干部引起重视的。

二　缺失协商与暴力行为的蔓延

案例概述　瓮安事件：2008年6月28日下午，因对贵州省瓮安三中初二年级女学生李树芬死因鉴定结果不满，死者家属聚集到瓮安县政府和县公安局上访。在有关负责人接待过程中，一些人煽动不明真相的群众冲

① 高新民，吴桂韩编：《领导干部应对群体性事件案例选评》，中共中央党校出版社2011年版，第72页。

击县公安局、县政府和县委大楼，最终酿成严重打砸抢烧突发事件。该事件被《瞭望新闻周刊》认为，无论从事件参与人数、持续时间、冲突剧烈程度、造成的影响看，均为近年来中国群体性事件中的“标本性事件”。

案例分析　震惊全国的瓮安事件在某种意义上从反面论证了本节的核心论点。从这个案例中，可以吸取的教训是，在事件发生之初，由于未能及时展开协商民主谈判，尽量维系理性化的对话氛围，是导致谣言泛滥、不明真相的群众不断聚集并义愤化的重要诱因。

在瓮安事件发生的整个过程中，至少存在两个时段是避免“6·28”事件发生和扩大、暴力行为加剧的关键时段，然而由于当地政府反应迟钝，未能及时与李淑芬家属以及卷入该事件的群众开展面对面的谈判与对话，遏制事态恶化的良机终于都被错失。

首先，从6月22日到6月28日事态暴力化之前，在长达7天的时间内，县公安局与有关部门始终未能展开积极的协商谈判，李淑芬家属始终不能同意安葬死者。在长达一周的时间内，李淑芬的遗体始终被停留在事发的河边，每天都有成百上千的当地人去看，由此成为滋生谣言的温床。加上当地政府对此种情况完全不够重视，未能通过公开媒体渠道对于群众中流传的议论与疑问提供明确的解释并澄清相应的谣言，从而导致相信谣言的群众越来越多，出现了要集体闹事的迹象，暴力行为的发生已然出现征兆。

其次，在6月28日下午4点到晚上8点的4个小时内，当地大批群众开始聚集上访，一场大规模群体性事件已然有山雨欲来之势。然而在这最为危急而关键的四个小时内，无论是当地县委、县政府或者公安局的负责人，还是黔南州委、州政府的领导，均没有人出现在现场群众面前。相较于同年孟连事件中云南省政府的迅速反应而言，瓮安事件中的当地政府迟缓到完全失责的地步。事后对于多位现场目击者的采访，都认为，如果当时政府能够有主要领导出面接待上访群众，与群众面对面交流，当时的局面就不至于完全失控，大规模暴力性的冲突也不会发生。[①] 根据之前两个案例的分析，这恰恰是因为，通过协商民主谈判对于理性化氛围的维

① 高新民，吴桂韩编：《领导干部应对群体性事件案例选评》，中共中央党校出版社2011年版，第63页。

系，就能够在一定程度上削弱群体激愤化的程度，从而遏制其中暴力行为的发生。

三　推进协商民主谈判机制的路径

通过上述几个案例的分析，可以初步呈现出本节的核心论点，即协商民主谈判能够通过维系理性化氛围从而作用于群体性事件以及暴力行为的治理。协商民主谈判在纾解群体性事件中的作用，就在于为争端各方提供了一个理性表达的空间。通过一系列制度设计的安排，使得围绕争端事项的各种观念都能够在这样一个平台中得以呈现，并且通过尽量使之按照理性的方式进行表达，就为自我反思以及对方接受自身的观点提供了机会。由于各自的话语都能够在这个平台中得到尊重，这种宽容的氛围也会阻止事件的升级，使得各方在认为自身得到尊重的情况下愿意与参与协商的各方共同寻找解决问题的合理方案。由此发生极端暴力事件的概率就会降低。

通过本节的案例分析，可以发现，与西方协商民主理论更加强调基于公民间的平等协商以解决社会冲突不同，在当代中国语境中的群体性事件治理中，协商民主谈判中政府往往是最为重要的调解性力量。对于群体性事件及其暴力行为的化解，其所依赖的理性化氛围，首先依赖于政府发挥其权威，通过对其权威的充分展示与合理运用，是促使群众情绪由愤懑趋向理性的一种重要的影响性力量。与此同时，对于权威的运用亦不可走向泛滥。在展示权威的同时，体现出对于民众的尊重，一种平等、开诚布公的姿态促进各方对话，这种平等性的因素，也同样对于维系理性化，遏制暴力行为有所作用。而在这个协商民主谈判的过程中，通过对于各种对话规则与程序的技术性设计，就更加有利于向各方引向相互尊重、理性对话的氛围之中。故而，政府权威、平等对话以及技术嵌入，这些因素在群体性事件爆发的特定阶段的及时运用，是培育理性化氛围遏制暴力行为的重要基础。基于本节内容，从谈判过程中来遏制群体性事件及其暴力行为，主政者就应该做到以下四点。

第一，敏锐把握时机，及时展开协商民主谈判。任何群体性事件的爆发以及不断升级，都是一个过程。在对事态不能有效控制的情况下，已经爆发的群体性事件会趋于极端化，暴力行为就很可能发生。但是在地方政

府的应对实践中，往往在突然爆发的群体性事件面前反应过于迟钝，在开始的阶段不能采取有效措施，有时在慌乱中甚至粗暴地以强力部门镇压的方式加以应对，多半会激化矛盾，造成一发不可收拾的局面。更为正确的做法，是形成公共危机管理的意识，在群体性事件爆发之初，就能够敏锐地把握时机，快速成为危机管理领导小组，及时与核心矛盾方展开协商民主谈判，从而阻遏群体性事件的极端化、暴力化。对时机的把握，在处置群体性事件过程中是必须的。

第二，政府要善于维护自身的权威，并在处置群体性事件中积极运用这种权威。协商民主理论到目前为止，更为强调的是在自由平等的沟通氛围中，理性的对话成为可能。但在中国本土的协商民主实践中，权威主导协商所发挥的积极效用也是值得注意的。松门镇 L 教堂案例中，恰恰是具有平等身份的两派教民，相互之间的冲突经过了非常久的时间也无法解决，而一旦政府主导运用民主恳谈来促进双方和解，效果就达到了。这大致是跟我们既定的政治体制实践方式以及长期的政治文化传统有关，也是我们在具体治理群体性事件中所应该注重的特殊国情以及本土方案。在日常行政过程中，善于维护地方政府的权威形象，就能够为地方政府面对群体性事件时积累权威资本。而这个权威空间的存在以及有效扩大，就能够为政府主导群体性事件中矛盾的化解起到关键性作用。

第三，注重谈判中的平等因素，以平等促进理性。仅仅只有政府所代表的权威因素在发挥作用，这种情况也是比较少的。孟连事件中，权威的介入，是以平等化的姿态而呈现的。这也就意味着，与权威因素相关的，平等因素的引入，对于增进争端各方的信任，从而推动理性对话的展开，是非常有帮助的。在哈贝马斯等西方审议民主的理论大家看来，如果缺乏了自由与平等因素，对话的真实有效是不可能得到确保的。中国实践中比较突出的特点，是平等与权威因素是交织在一起的。善于培育与运用权威，恰恰是通过营造平等而真诚的讨论氛围为基础的。

第四，积极运用治理技术，通过技术嵌入来维系谈判过程中的理性化氛围。所谓治理技术，是在理论与实践知识之外的一种特殊的知识类型，“在具体的研究对象上，治理技术特别关注联结国家与社会、政府官员与普通公众的技术和方法，关注能够完善和健全国家治理体系的路径和计划，关注可以改善和提高政府治理水平的实务知识和行动方案，关注适应中国国情的社会治理手段和成功经验”[①]。如在松门镇 L 教堂的案例中，谈判地点的选择、会议室的布局、主持人制度、公开录像等，这些细节性因素恰恰对于维系谈判过程的理性化氛围有所帮助。因此，很值得主政者在处置群体性事件的过程中悉心采纳。

值得强调的是，通过协商谈判，也是引导各方超脱于自身的利益纠结，从公共利益的角度来审视事件，由此更加能够提醒争端方自身在解决问题中负有的责任，那这种对于公共利益的强调，这是协商民主之区别于选举民主之处，也是有利于参与各方在理性思考基础上的偏好转换，从而寻求到能够为各方所认可的公共利益指向。故而通过这种形式对于争端的解决，就会带来更为积极的社会效用。

然而，对于协商民主谈判在内的协商民主实践在治理群体性事件中的作用，在积极肯定的同时，同样也不能有过高的期待。因为典型、完善的协商，既需要政府的制度设计，也同样需要参与各方对于协商价值的认同与坚持，这些条件的完全满足并非一件容易的事情。比如博曼所指出的，协商民主有效运行，就要求“公民社会的丰富社团生活”以及“允许公共舆论表达出来和传播的技术、制度和交往的基础设施”，这些都构成了协商民主良好运行的基础条件。[②] 恰恰这些对于提升协商民主实践质量重要的基础性因素，在许多地方都存在着很不充足的状态，这也就决定了我国许多地方，即便在治理群体性事件过程中，对于协商民主的运用尚为初步，制度化与规范化程度都有待提升。反过来从积极的角度来审视，这也就意味着地方各级政府在运用协商民主治理群体性事件、对治暴力行为这一思路上有着广阔的实践突破与制度创新的空间。更为深入的对于其间因果关系的分析也将依托于具体实践的拓展而更为可能。

---

① 谈火生，霍伟岸，何包钢：《协商民主的技术》，中国社会科学出版社 2014 年版，第 2 页。

② ［美］詹姆斯·博曼：《公共协商：多元主义、复杂性与民主》，黄相怀译，中央编译局出版社 2006 年版，第 3 页。

第三章　群体性暴力的法律治理

如何以制度化的方式疏导民众日益高涨的利益表达诉求，如何提升政府应对群体抗争事件的法治化治理能力，尤其是如何防范和避免群体性暴力的出现，是处于社会转型中，政府治理如何转型所面对且迫切需要解决的理论课题。围绕这个议题，本文第一节将主要从法律治理的角度探讨发达国家是如何应对民众集体行动的，尤其是如何克服和规制集体行动中的暴力行为；第二节基于发生在我国广东省的“乌坎事件”这一典型案例，剖析既有法律在应对群体性事件与暴力过程中的缺位与失灵现象；最后在第三节部分，就如何有效防治群体性事件与暴力提出治理思路和对策建议。

第一节　发达国家民众集体行动之暴力行为的法律治理

发达国家民众集体行动通常以集会、游行和示威的方式呈现出来，它属于公民的宪法表达权利，并构成现代民主政治生活中不可缺少的一部分。民众集体行动的大量出现，使防治暴力行为成为政府治理的核心所在。窥诸各发达国家和地区，频发的集体行动通常非但没有使政府陷入“维稳”的重压之下，也没有使社会陷入无序和混乱，反而在公民与政府之间形成了一个双方良性互动的公共领域，使社会保持充满活力的同时又享有高度的稳定性。如何在保障公民行使表达权利的同时，又保持良好的公共秩序和稳定？其原因固然很多，但法律在规范公民表达行为方面，无疑起到了至关重要的作用。本节从治理暴力行为的角度切入，系统探讨发达国家约束民众集体行动的法律规范，以期对我国政府提升应对群体性暴力的法律治理能力提供借鉴和启示。

发达国家规范集会、游行和示威的具体法律或相关判例中，防治暴力行为的限制性规定主要有：禁止携带武器、禁止暴力行为或暴力倾向行为，以及对可能刺激或挑起暴力行为的限制或禁止。下文将逐一展开讨论。

一 示威抗议与禁止携带武器

“禁止携带武器”系宪法和人权公约对集会、游行和示威之和平义务的具体化，在一些国家规范集会、游行和示威的法律中对此还有更为明确的规定。如德国《集会法》第 2 条规定：“任何人未经官署许可，不得于公开集会或游行时携带武器或性质上足以且用以伤害人体或毁损物品之其他物件。”韩国《集会示威法》第 16 条和第 17 条均分别规定集会或示威组织者和参加者“不得携带或使用，或要求他人携带或使用枪械、爆炸物、刀剑、铁棒、棍棒、石块或任何其他危及或伤害他人人身安全或生命的器具”。由这些法律规定可以看出，对禁止在集会、游行和示威中携带武器的规定已属相当明确，但唯对何为“武器”这一概念本身，还需要作更为详细具体的解释。

依法律规定，至少存在三种不同意义上的对“武器”的理解。一种是通常意义上的武器，其本身属性即是作为一种攻击性和破坏性的工具来使用，比如枪械、管制刀具和爆炸物等。另一种是可作为伤害他人或毁损物品的武器之用的器物。这些器物本身不具有武器的属性，但是可以作为武器来使用。不过，在对这一类器物的限定上应做严格的解释，否则便会无限扩大禁止携带物品的范围。因为就任何有形的物品来说，均可以用之于伤人或毁物，比如脚上穿的鞋子、下雨时携带的雨伞等。故德国《集会法》在这方面的规定更为严谨，其规定所禁止者必须是“性质上足以且用以伤害人体或毁损物品”，这一限定同时规定了两个要件，一定客观上其性质应为足以用来伤人或毁物；二是主观上有用之于伤人或毁物的目的或意图。客观上的要件用于衡量物品的攻击性，比如有些物品如鸡蛋或番茄，其可用来做伤人或毁物之用，但是否就该禁止携带这些物品呢？有德国学者就认为毁损物品的解释必须是使用足以对物品造成重大损害者，始足当之，番茄、鸡蛋不能认为其属于武器之列。[①]主观上的要件应视物品的使用目的而定，倘若该物品的使用为集会游行不可或缺，比如标语牌，则应许可，倘若超过该目的的使用，自得禁止或限制。[②]

前两种武器均为具有攻击性的对人或物具有伤害作用的器物，而第三种则是非专用于攻击伤害使用的而是作为防御使用的武器，即防御性武器，也称为防御装备。在欧洲国家，由于示威者为了抵抗警察行使公权力(执行解散命令时)，往往会携带安全盔，甚至佩戴防毒面具来对抗镇暴警察之警棍及催泪瓦斯，因而引发使用这些“防御装备”的问题，德国学界多持反对许可携带这种装备。[③]德国立法者亦在1985年7月18日修订《集会法》时，增订第17a条，明文禁止携带此种防御装备。该条第1款规定：“户外公共集会游行或其他户外公共活动，或前往各该活动途中，携带防御性武器或可充当防御性武器的器具，依情况可确认，其系以之防御公权力人员执行措施者，禁止携带之。”禁止携带防御性武器，除了系保护公职人员（主要为警察）执行公务的法益外，另外的目的也是为了避免非和平的暴力集会游行的考虑，因为携带防御性武器，即具有很大的可能将防御性武器转为攻击性武器之用。

防御性武器包括机械性与非机械性两类[④]，机械性防御性武器系指在发生冲突时，依武器使用目的、构造结构或其特质有保护身体免于遭受武器伤害的功能，如盾牌、盔甲或警用防护装备。非机械性防御性武器是指客观上含有防备攻击效果，而携带者主观上也将其用于防御行政机关执行措施的器具，比如摩托车安全帽、护垫、防护衣等。在防御性武器中，机械性防御性武器较好界定，对于非机械性防御性武器的界定，则可能会有扩大泛化之嫌，必须加上主观上用于抵御行政机关执行措施的限定要件。因此对于纯粹用于象征性意见表达或纯粹基于艺术表现目的而使用或携带

---

① 李英毅：《集会自由的概念及其限制之研究》，辅仁大学法律学研究所硕士学位论文，1991年，第75—76页。

② 李震山：《集会游行之和平原则与集会自由权之保障》，《警学丛刊》1992年第1期。

③ 陈新民：《示威的基本法律问题》，引自陈新民：《宪法基本权利之基础理论》（下册），元照出版社2002年版，第402页。

④ 参见施宇轩：《现行集会游行法之检讨：以集会自由保障为中心》，台湾大学硕士学位论文，2008年，第37页。

的防御装备，则不属禁止之列。此外，因为携带防御武器也可用来抵御破坏集会游行分子的非法干扰或人身伤害之用，宪法和法律亦明文保障和平的集会不受干扰，因此德国《集会法》在第 17a 条第 3 款还另行规定了禁止免除的保留条款，即“若无危及公共安全或秩序之虑，主管机关得例外解除携带防御武器的禁止令”。

至于如何发现集会、游行和示威参加者是否携带有法律所禁止之武器，《德国联邦与各邦统一警察法标准草案》则赋予警察设置管制站以便进行盘问和检查的权利。[①] 依该法律的授权，警察可于集会场所的周边或于游行示威所行进的路旁设置管制站对集会游行参加者是否有携带武器进行检查。当然，警察的这一盘查权的行使应严格遵守法律对于何为应禁止携带之武器的界定，不可做任意扩大解释，更不可过当行使盘查权以免刺激集会游行参加者而引起冲突或失序。

二 示威抗议与禁止暴力行为

集会、游行和示威的主要目的在于表达观点、意见或诉求，有些游行示威为了吸引公众的关注，会故意制造暴力或以偏激的方式来表现，造成他人人身或财产的损伤，破坏公共治安与秩序。故规范集会、游行和示威的法律均会明文规定禁止在集会、游行和示威中使用暴力，也是施加于游行示威者之和平义务中最为主要的内容，即观点、意见或诉求应当以和平的方式进行表达。若集会游行中出现有使用暴力的行为，可依法将其解散或驱离。在此有三个方面的问题需要进一步加以明晰：①如何界定暴力行为？静坐示威是否构成暴力行为？②“零星暴力”的容忍问题，即集会游行中少数人的暴力行为是否应当容忍？③本身非为暴力行为，但属易引发暴力行为的暴力倾向行为，是否应予禁止？前述携带武器的行为即属此类，另外常见的行为则涉及集会、游行和示威中穿着制服和蒙面伪装的情形。

1. 静坐示威的合法性

“暴力”一词是刑法中运用相当广泛的一个概念，暴力概念在法之上

---

① 该法第 9 条第 1 款规定：为防止危害，警察得“于警察为防止刑事诉讼法第一百条 a 或集会法第二十七条所指之犯罪行为所设之管制站”实施检查。

的界定，亦主要由刑法加以规定并据此进行法律解释。各国和地区的刑法中均规定有大量的与暴力行为有关的罪名，但在这些众多的罪名中，对于暴力概念的使用并不相同，其内涵有宽窄之别。以日本刑法为例，最广义的暴力概念规定于骚扰罪（第 106 条）中，暴力意味着向人或物行使有形力量；其次广义的暴力概念，在妨害执行公务罪（第 95 条 1 项）和强迫罪（第 23 条第 1 项）中被使用，限于对他人行使有形力量，但不必直接针对他人之身体，也包括对他人行使的间接暴力；较之狭义的概念则是暴力罪（第 208 条）中对暴力的定义，即必须是向他人身体行使有形的力量；最狭义的暴力概念，为强盗罪（第 236 条）所定义的暴力，其需具备足以压制他人反抗的强度。[①] 由此可见，根据各罪行构成要件的不同，其所适用的暴力概念亦有所不同。若集会游行中出现有暴力行为，分析该暴力行为和刑法中各罪行的构成要件，判断该暴力行为构成何种犯罪应无问题。

唯值得探讨的是在欧美国家大量存在的静坐示威问题，如在 20 世纪 60 年代，美国出现了站抗（stand – ins）、读抗（read – ins）、祈抗（pray – ins）、睡抗（sleep – ins）、教抗（teach – ins）、躺抗（lie – ins）以及挤抗（wade – ins）等各种形式的示威抗议方式[②]，由于这些示威活动具有公民不服从（civil disobedience）的属性，且系倡导非暴力（non – violent）的抵制行为，其中最为著名的即马丁·路德·金（Martin Luther King, Jr.）所领导的黑人民权运动。那么，对于此类的静坐抗议活动，能否适用刑法中的暴力概念，并予以刑罚规制呢？

静坐示威的显著特征在于以身体或物体占据某一场所，比如包围街道、阻挡交通或商店营业等，因此尽管是一种消极的非暴力抵抗，但此类行为对他人自由权的行使却会构成较大妨碍。而且在西方国家各种形式的静坐示威非常普遍，政府当局不得不对此加以规范。德国于 1969 年 8 月

① 参见［日］前田雅英：《日本刑法各论》，董璠舆译，台北：五南图书出版公司 2000 年版，第 46 页。另对我国台湾地区刑法中暴力概念的使用分析，可参见周治平：《“强暴”义例》，引自蔡墩铭主编：《刑法分则论文选辑》（下），五南图书出版公司 1984 年版。

② 参见杨日旭：《美国宪法上的集会自由权》，引自杨日旭：《美国宪政与民主政治》，黎明文化事业公司 1989 年版，第 151 页。

8日宣判的"Lapple Urteil"案即是针对静坐示威而由联邦普通法院所做的一个判决。[①] 该案系德国科伦市一学生团体为抗议公车涨价，于市区内两个最重要的十字路口的电车轨道上静坐抗议，时间持续一个小时以上，致使市区电车停驶，交通瘫痪。Lapple为该学生团体主席，被法院判定触犯德国刑法第240条的强制罪。法院认为，示威者虽未有积极的攻击行为，但在电车轨道上静坐示威，致使电车司机为避免发生车祸而"被迫停车"，已造成"强制的后果"，故应承担"强暴胁迫"的责任。该案对刑法中暴力的概念进行了扩张解释，暴力不必严格限定为施加物理上的身体实力，造成心理上的强制效果亦属暴力。该案也由此成为德国日后处理许多静坐示威案并判定静坐示威应负刑事责任的理由。[②]

但是，如此对暴力概念的扩大解释，必会导致对公民集会、游行和示威权利的行使造成不当限制，由此在德国也引发了对静坐示威苛以刑事责任是否合宪的讨论。德国于1986年11月11日判决的著名的"Mutlangen"案[③]，即为联邦宪法法院针对该问题所作的重要判决。该案支持了"Lapple Urteil"案中的审判理由，认为将静坐示威所造成的强制效果类推为暴力，并不违反基本法"类推禁止"的规定。但是由于该案所做成的是"四比四的同票表决"，法院虽认可这一扩展解释，但对于是否将静坐示威依强制罪进行处罚，宪法法院乃持保留态度，并未予以明确认定。因为静坐示威的种类和形式多样，何种静坐示威构成为刑法上应予处罚的罪行，应根据具体个案而定，难以也不宜给定一个统一确定的标准。不过，德国宪法法院的这一判决，无疑也明示了静坐示威并非是不可加以制裁和处罚的，示威者虽可主张其拥有示威的基本权利，但是也应在示威所采取的行为方式上自觉保留一定的限度，并在示威过程中加以约束和克制。

2. "零星暴力"的容忍

集会、游行和示威属多数人的聚合行为，其中有少数人不守秩序，出

---

① 对该案的详细叙述参见陈新民：《示威的基本法律问题》，引自陈新民：《宪法基本权利之基础理论》（下册），台北：元照出版社2002年版，第410—412页。

② 陈新民：《示威的基本法律问题》，引自陈新民：《宪法基本权利之基础理论》（下册），元照出版社2002年版，第413页。

③ See BverfGE 73，206. 该案的英译判决全文参见 http：//legislationline. org/topics/country/28/topic/15，2014年6月10日。

现一些零星的暴力行为在所难免。立法者也对此有所预见，故在法律中规定有集会、游行和示威组织者应负责维持秩序的义务。比如韩国《集会示威法》第 16、17 条分别规定了集会、游行和示威组织者和主持者应负责维持秩序的事项。这些相关规定表明，当集会、游行和示威中出现少数人不遵守秩序，有零星的暴力行为时，应由集会、游行和示威的组织者制止和规范这些失序行为，只有在当其无力维持时，应请主管机关维持。即使是集会、游行和示威组织者无力维持秩序，主管机关也仅仅应将少数妨害秩序的参加人逐出集会（如德国《集会法》第 19 条第 3 款的规定），而不得径自解散整个集会。因此，少数人的暴力行为，并不会立即导致集会、游行和示威被解散。唯有当多数人的行为已出现暴力，或少数人的零星暴力行为扩散至整个集会游行，或者少数人的暴力行为受到集会、游行和示威组织者的支持或默许，才应认定为非和平集会游行。否则，若因少数人的暴力行为，致使其他大多数和平参加集会游行的人，都丧失宪法所保障的集会自由权，显然非属宪法和法律保障和平集会游行的本意。[①]

3. 暴力倾向行为的禁止

集会、游行和示威中穿着制服和蒙面伪装均较易导致暴力行为的发生，属于具有暴力倾向的行为。德国《集会法》第 3 条第 1 款规定："禁止公然或于集会时穿着表彰共同政治思想之制服、制服之一部分或类似衣物。"这是德国独有的对于集会示威权的立法限制，且该立法在学说上获得了大部分的接受与肯定，因为依据魏玛共和国时代的经验，穿着表彰共同政治思想的服装，会造成群情激昂之效果，对公共安全及公共秩序形成特别的危害，因而应予以禁止。[②] 该立法所谓的制服，主要是指在颜色、外观设计等方面类似或相同的服装。若一般性地禁止穿着此类服装，则会侵犯宪法所保障的表达自由权。因为借由穿着统一的服装本身就可以作为一种意见的表达或宣示，而且还可能是更为有效和有力的一种表达方式。

---

① 如德国联邦宪法法院于 1985 年 5 月 14 日所做的一个关于核能电厂示威案的判决即明白指出："不可以因一些零星个人或少数人的不法行为，而使其他大多数和平参加示威的人民，都丧失其宪法所保障之集会游行权利。"参见陈新民：《示威的基本法律问题》，引自陈新民：《宪法基本权利之基础理论》（下册），元照出版社 2002 年版，第 420 页，注 62。

② 李英毅：《集会自由的概念及其限制之研究》，辅仁大学法律学研究所硕士论文，1991 年，第 81 页。

如身穿统一的环保标识的服装举行宣传环境保护的集会、游行和示威等。因此，该条立法有一个对于禁止穿着制服的明确限定，即其所禁止的仅系“穿着表彰共同政治思想之制服”，而对于穿着表达社会、经济方面的公共关切之议题的制服则不属应禁止之列。

与禁止携带防御性武器的立法一道，德国立法者在1985修订《集会法》的增订第17a条中，明文规定了于集会游行中禁止蒙面伪装。该条第2款规定了两种予以禁止的情形：(1)参与各该活动（指集会游行）中之装扮，其足以且依情况系欲妨害身份之确认，或前往该活动途中有上述情况之装扮者；(2)于各该活动中或于前往各该活动时，携带物件其足以，且依情况可确定，会妨害身份确认。蒙面伪装的目的在于妨害身份识别，而禁止蒙面伪装，一方面系保障警察行使职权的法益需要，便利警察收集集会、游行和示威现场证据；另一方面则是为了维护公共治安的法益需要。因为根据群体心理学的研究，蒙面伪装的集会、游行和示威参加者，因其处于匿名状态下更易于或被诱致于出现暴力行为或具有暴力行为倾向。德国柏林地方行政法院即认为：“依据经验，使用蒙面伪装而隐匿者，有高度可能在示威中为破坏治安之行为。”①

然而，对于蒙面伪装的一般性禁止，仍应视具体情形而定。因为集会、游行和示威者蒙面伪装除系抗拒执法者收集证据外，还可能有多种原因。有的蒙面伪装系为单纯隐匿本身身份而不愿为他人知悉的需要，如同性恋者为争取自身权利而又不愿透露自身身份的集会、游行和示威即属此类，又如集会、游行和示威者担心参与抗议活动会导致私人或职业上的不利而需佩戴蒙面装备以隐匿身份也属该情形；有的蒙面行为本身系一种表现自由的行为方式，为抗议使用生化武器而佩戴防毒面具的集会、游行和示威即为此类。因此，判断蒙面伪装的合法性，关键应分辨其使用意图，否则便会造成对集会自由权的不当侵犯。德国集会法17a条第3款禁止免除的保留条款也同样适用于禁止蒙面伪装的例外免除，若主管机关认为蒙面伪装不会危及公共安全或秩序，即可以许可蒙面伪装。不过判断蒙面伪装是否会危及公共安全或秩序，仍需视其使用意图而定。

---

① Martin Kutscha，a. a. o.，S. 42. 转引自李英毅：《集会自由的概念及其限制之研究》，辅仁大学法律学研究所硕士论文，1991年，第82页。

三　示威抗议与暴力行为的预防

集会、游行和示威除参加者本身外，与之相伴随的往往还会出现其他两个主体，即反制性示威游行者或敌对观众以及出现在街头维持治安和执法的警察。和平性的集会、游行和示威因为反制者或怀敌对者的骚扰和挑动而引发社会治安破坏的情形并不鲜见。同样，由于警察在维持治安及执法中采取的措施不当而激起和平集会、游行和示威参加者的不满乃至愤怒，进而使和平的集会、游行和示威变质为暴力性的违法活动也时有发生。因此，探讨如何避免因其他主体的行为导致和平的集会、游行和示威出现暴力行为，亦十分重要。

1. "敌对观众"问题的处理

在欧美国家，某一群体组织的集会、游行和示威往往会伴随有另一群体的反制示威或敌对观众出现，因而公开冲突便有可能因集会、游行和示威权利的行使而在两个或多个对立的群体之间产生。而且由于反制示威或敌对观众的存在所具有的引发暴力危险的可能性，往往会成为政府限制举行集会、游行和示威的最好理由。比如在著名"黑格诉工业组织委员会"（Hague v. C. I. O.）案中，工业组织委员会向新泽西市公安主管部门申请集会许可而被拒绝，其拒绝理由即认为该工业组织委员会的集会会导致另一反对团体举行相应的集会，而这将可能导致暴动、骚乱和无序。[①] 由此导致的问题是，是否可以因反对群体的存在而限制甚至取消公民合法的集会、游行和示威权利？这便是西方国家普遍存在的"敌对观众"（hostile audience）问题。[②]

依据相关的法律规定，公民和平的集会、游行和示威权利受到法律的明确保障。如德国《集会法》第2条第2款规定："任何人均不得妨害合

---

① 参见 Hague v. C. I. O. 307 U. S. 496 (1939)，美国联邦最高法院最终判定新泽西市拒绝该工业组织委员会申请集会许可的做法违宪。

② 相关研究参见 Note，"Freedom of Speech and Assembly The Problem of the Hostile Audience"，49 *Colum. L. Rev.* 1118，(1949)；John Carson，"*Freedom of Assembly and the Hostile Audience: A Comparative Examination of the British and American Doctrines*"，15 *N. Y. L. F.* 798，(1969)；Note，"Hostile - Audience Confrontations: Police Conduct and First Amendment Rights"，75 *Mich. L. Rev.* 180 (1976). David G. Barnum，"Freedom of Assembly and the Hostile Audience in Anglo - American Law"，29 *Am. J. Comp. L.* 59，(1981).

法进行之公开集会或游行。”韩国《集会示威法》第3条第1款亦规定：不得以暴力、威胁或其他任何方式，妨碍和平性的集会或示威，或者扰乱其秩序。但是法律在保障公民和平集会游行权利的同时，也同样保障“敌对观众”因不满该集会游行而举办和平的反制性集会游行的权利。若双方的集会游行均是和平性的，则自不存在应对“敌对观众”的问题，但如若双方中的一方出现有挑衅性的言辞或行为导致暴力冲突或存在导致暴力冲突的可能时，政府该如何介入应对？

首先的一种情况是，当一和平集会、游行和示威的举行伴随有暴力冲突的发生或存在发生的可能性是源自于“敌对观众”的言论或行为时，西方国家普遍的主张是警察应当努力控制“敌对观众”以保障和平集会的顺利进行。其所依据的法理是和平的集会游行不得因为他人的非和平行为而变成为非法。对该法理的最早阐述源自于英国的“贝蒂诉吉尔班克”（Beatty v. Gillbanks）案，贝蒂是“救世军”（the Salvation Army）的领导者，该组织曾举行的一个游行招致了超过2000名暴徒骚扰而引致骚乱和失序。三天后，贝蒂坚持再次游行，警察命令其暂停游行，其拒绝听从该命令后被以“非法集会”之名逮捕。审判该案的法官费尔德认为，“救世军”成员于集会时其行为本身并未导致任何的混乱和破坏和平。对和平的破坏并非上诉人（贝蒂）行为的自然结果，而系由反对上诉人的他人所引起，因此不能因为某人知道其所从事的合法行为可能会导致他人行非法行为而被判罪。[①] 英国著名宪法学家戴雪（Albert. V. Dicey）对此案亦评论指出，“合法的公众集会不能仅仅因集会可能导致作恶者破坏和平而被治安官禁止或解散”。[②] 面对“敌对观众”所导致的破坏和平的情形，美国亦采纳此种法理。在“怀特诉佐治亚州”（Wright v. Georgia）案中，法院认为，“因他人引起无序的可能性不能正当化将人们从某一场所排除出去，因为他们拥有待在那儿的宪法权利”。[③] 因此，当暴力或无序只是由于受众的敌对引起时，一般情况下警察必须寻求控制住这一群体而不能驱散示威活动。[④]

---

① Beatty v. Gillbanks, [1882] 9 Q. B. D. 308, at 313—334.

② Dicey, *Introduction to the study of the law of the constitution* (8 th), London: Macmillan, 1915, pp. 272—273.

③ Wright v. Georgia, 373 U. S. 284, 293 (1963).

④ Note, “Regulation of Demonstrations”, 80 *Harv. L. Rev.* 1773, 1773 (1966).

但是在特殊情形下，警察仍然可以对和平的集会游行采取必要措施。此种特殊情形在德国称为“警察紧急状况”，其指警察经由对滋扰者为要求或采取适宜措施，仍无法防御对重要法益之现时且重大危害，此时可对非滋扰者采取措施。[①] 这种特殊情形在英美国家也同样存在，当“敌对观众”的规模和暴力程度无法预测时，警察有必要命令合法的示威解散以防止人身生命的损伤或其他无法弥补的后果，而且当对群体之间的暴力冲突频繁发生，社会执法力量疲于应对时，必须一般性地限制示威的权利。在此种情况下，宪法上的言论自由必须被暂时性地取代，以让位于维持社会公共秩序的需要。[②]

“敌对观众”问题的另一种情况是，因集会、游行和示威本身的煽动性言论而引起“敌对观众”的不满从而导致暴力冲突或存在导致暴力冲突的可能性。在这种情况下，警察通常会介入干预，中止或解散集会游行。而且如果暴力冲突和骚乱是集会游行本身所具有的威胁性、攻击性和冒犯性的言论和行为所导致的自然结果，则该言论和行为的作出者将被逮捕和判罪。那么此问题的关键即在于，如何判断某种言论和行为具有威胁性、攻击性和冒犯性并正当化警察对集会游行的干预？在英美国家，有两个可供判断的标准，其一是由霍姆斯大法官所提出的“明显且即刻的危险”标准，即“对言论自由最严格的保护也不会保护一个人在剧院中谎称起火而引起恐慌”，因而在此需判断的是“言辞的表达是否会产生一种明显且即刻的危险，并带来国会有权阻止的实质性危害”。[③] 其二是判断某种言论挑起即刻破坏和平的固有能力（inherent ability）。也就是说，警察或法院应以大众的知识水平判断示威者所发表的言论内容是否会挑起普通公众的暴力回应。[④] 若存在这两种判断标准所示的情形之一，皆均可正当化警察对集会游行的介入和干预，宣布停止或解散集会游行，以维持公

---

① Ulli F. H. Rühl, Die Polizeipflichtigkeit von versammlungen bei Storungen durch Dritte and bei Gefahren für die offentliche Sicherheit bei Gegendemonstrationen, NVwZ, 1988, S. 578. 转引自李英毅：《集会自由的概念及其限制之研究》，辅仁大学法律学研究所硕士论文，1991 年，第 74 页。

② David G. Barnum, “Freedom of Assembly and the Hostile Audience in Anglo – American Law”, 29 *Am. J. Comp. L.* 59, 94 (1981).

③ Schenck v. United States, 249 U. S. 47, 52 (1919).

④ 参见 David G. Barnum, “Freedom of Assembly and the Hostile Audience in Anglo – American Law”, 29 *Am. J. Comp. L.* 59, 72、95 (1981).

共秩序。

2. 警察处置行为的规范

警察对集会、游行和示威的处置与回应，是国家与公民互动中的重要一环。公民所采取集会游行的方式会影响到警察的处置行为和方式，同样，警察的处置行为和方式也会反过来影响到集会、游行和示威者采取何种行为方式的策略选择。① 而且警察在对集会游行的治安执法中如果应对措施过当或失范，更是有可能刺激集会游行参加者采取暴力行为而造成脱序。因此，就限制集会游行而言，若能借由通过规范警察的处置方式来进而引导和影响集会、游行和示威更多地采取温和的表达方式，则无疑会是国家和公民之间互动的双赢。而如何规范警察处置行为，则需要落实在警察执法的各个环节中。

警察执法的主要任务包括人权保障与治安维护两大部分，治安维护又具体分为防止行政危害的狭义危害防止与防止刑事危害的犯行追缉两项。② 为实现该两大任务，警察执法时最为重要的是应严格遵守比例原则，即（1）警察应就无数可行及适当处分中，选择对个人或公众伤害最小者为之。（2）处分不得招致与结果显然不成比例之不利。（3）目的达成后，或发觉目的无法达成时，处分应即停止。③ 在大陆法系国家，比例原则是对警察执法的最为主要的规范性原则，是否合乎比例原则经常成为审查警察行政行为是否具有正当性的衡量标准，其核心内容为警察在具体执法时应当考量所欲达成的法益与所使用的手段之间必须符合比例和适当，以免其过度行使和滥用行政权力。

就警察针对集会、游行和示威的处置工作而言，防止行政危害的方面除了通过许可制或报备制进行事先控制外，在集会游行进行中的警察执法主要包括：身份查证、摄影录像或以科技工具收集证据以及执行警告、命

---

① 西方国家警察处置集会游行的研究可参见 Donatella della Porta and Herbert Reiter (eds), *Policing Protest: the Control of Mass Demonstrations in Western Democracies*, University of Minnesota Press, 1998.

② 参见李震山：《警察法论：警察任务篇》，正典出版文化有限公司 2002 年版，第 40—41 页。

③ 《德国联邦与各邦统一警察法标准草案》：第 1 章第 2 条。

令、禁止解散等措施。[①] 其中每一项措施的行使过当，都会刺激集会游行的参加者，比如过当摄影录像的行为可能会导致参加集会游行者的排斥或以蒙面伪装的方式加以抗拒，而且摄影录像也会有侵犯个人资讯自决权、肖像权和隐私权等基本权利的可能。[②] 为此，德国《集会法》于 1989 年 7 月修订时专门增列第 12a 条以规范警察于集会游行中的摄影录像等收证行为，其规定："警察仅得于有事实根据足认为，公共集会参与者，会肇致公共安全与秩序之重大危害时，方准于公共集会中或公共集会相关之时，对参与集会者摄影及录音。"该规定对警察的收证行为进行了限定，警察非随时可对任何的集会、游行和示威进行摄像录音。另外在该条第 2 款和第 3 款也对摄影录音后的资料保存与销毁做了专门规定，以保障个人信息安全。又如警察在执行警告、命令、禁止解散等措施时，通常会涉及使用警械的适当性问题，对此更应于目的与手段的比例之间做严格的考量，《德国联邦与各邦统一警察法标准草案》于第 40 条至第 44 条就警察使用警械尤其是武器的使用进行了详细规范。目前在西方民主国家处置集会、游行和示威时，多使用较无杀伤力的水枪、催泪瓦斯等取代枪械、棍棒等伤害性警械工具。

在防止刑事危害的犯行追缉方面，警察处置集会、游行和示威主要体现为对施暴力行为的犯罪分子的当场逮捕。一般而言，依"法定原则"，警察负有对犯罪分子予以即刻逮捕之责，但西方国家基于处置群众事件的经验，赋予警察在刑事侦查行为上有一个特别"犹豫空间"，称为"侦查程序自由运用原则"。该原则的运用系基于"法益衡量"的考虑，为避免过激手段刺激群众，而暂时淡化执法的强度，其目的在于为保全更大的法益，防止危害过大，采取的一种暂时"软化"和"撤退"策略。[③] 在此需要强调的是，"侦查程序自由运用原则"仅为警察考虑具体执法情形时采取的一种权宜之策，系行政行为的暂时中止，待时机可行时再完成其执法职能。因此，该原则与比例原则的意旨是相契合的，但该原则切不可随

---

① 李震山：《警察行政法论》，元照出版公司 2009 年版，第 292 页。

② 参见李锡栋：《警察资料收集权之界限——以集会游行现场活动之资料收集为例》，《警学丛刊》2007 年第 3 期。

③ 参见李震山：《集会游行之和平原则与集会自由权之保障》，《警学丛刊》1992 年第 1 期。

意和过度使用，否则便有构成警察行政不作为的可能。

此外，为防止集会、游行和示威中发生暴力行为，1985 年德国联邦宪法法院在“Brokdorf”案中，创设了“互相合作义务原则”。[①] 该原则要求治安机关和集会游行的组织者或筹办人应在集会游行前及早接触，相互沟通信息和资料以建立信任合作的基础，并为确保集会、游行和示威的和平进行而共同商讨应对措施。且该判决强调指出，集会游行筹办者愈能合作（如即时报备），愈有可能减少治安机关的干预。[②] 强调警察与集会游行组织者之间的事先沟通与合作，具有协商民主的特点，其主要目的在于确保集会、游行和示威的和平有序进行，于警察现场应对和维持秩序也极有助益。通过事先沟通，警察能够更好地对集会游行的目的、方式和参加者的情况等方面进行了解，化解警察与集会游行者之间的对立心态，使警察于集会游行时更能居于保障集会游行举行的立场而非防备和压制的立场，以避免警察过当措施的发生。因此，“互相合作义务原则”对于警察和集会游行者而言，是一种互利双赢的结果，这也是双方能够达成合作的基础。[③]

四 小结

民众集体行动是现代民主政治中非常普遍的社会现象，而如何防治此种行动方式中的暴力行为则无疑构成对现代政府治理的重要挑战。在多元的民主社会，民众表达诉求和抗议的声音普遍高涨，政府对此的回应和处置应努力避免使公众抗议变成暴力抗议或通过成功的压制使公共秩序蜕变为死寂沉沉。为此，以恰当的法律制度安排引导民众抗议表达以和平有序的方式进行便不可或缺。综观发达国家限制民众示威抗议的法律规范，在保障公民表达权利的同时，更从治理暴力行为的角度对此种表达权利的行使给予了非常具体、细致和具有可操作性的约束。反观我国，尽管各种集体上访、群体性事件以及民众“集体散步”、“集体购物”和“聚众聚

---

① 李震山：《警察法论：警察任务篇》，正典出版文化有限公司 2002 年版，第 277 页。

② H. Scholler，李震山：《警察法案例评释》，登文书局 1988 年版，第 44 页。

③ 美国警察处置集会、游行和示威也特别强调双方的相互沟通合作，此种方式更有助于集会游行的和平举行。参见肖唐镖，王江伟：《美国政府对民众示威抗议的警务处置》，《中国社会科学内部文稿》2014 年第 1 期。

集”等形式多样的集体行动方式频现，但并无恰当的法律对此予以规制，甚至于“大闹大解决，小闹小解决，不闹不解决”成为一种较为典型的社会心态。

由此我们可以看到两种截然相反的现象：在发达国家虽然民众集会游行和示威抗议几乎天天发生，随处可见，但却很少出现暴力；而我国虽然民众很少真正行使到宪法赋予的集会自由，但各种形式的集体行动却频繁发生，并且往往出现暴力行为。造成这种反差的根本原因在于两种治理理念的区别，发达国家是从首先保障公民表达权利的前提下，对此种权利行使的方式进行具体规制；而我国是在维护社会稳定和秩序的前提下，没有很好地保障公民的表达。因而在疏导的治理理念之下，可以通过具体的法律程序设置来对公民的表达方式和行为进行规制，公民也能够通过法律很清楚地明了何种表达方式与行为是法律所允许的，长此以往，整个社会就能形成对于何者为正当表达的社会共识，这种社会共识是构建社会稳定的坚实基础；而在压制的治理理念之下，往往是依靠政府行政力量进行干预，并且往往要依靠强制机关的强制力量，而民众又切实需要表达渠道的宣泄，因而在强力干预之下很容易形成“刺激—反应”模式导致暴力发生。

因此，发达国家规范和治理集体行动对于我国的启示在于两个方面：一是要保障公民宪法上的表达权利，尤其是公民的言论自由和集会自由。尽管我国宪法第 35 条规定“中华人民共和国公民有言论、出版、集会、结社、游行、示威的自由”。但是，这些权利不应该停留于宪法文本的宣示性，更多的应当落实这些权利，让公民可以主张和行使。而是要在立法上限制公民行使表达权利的方式。在具体立法上，我国早在 1989 年就有《中华人民共和国集会游行示威法》的出台，对公民行使集会自由的权利做了很多限制性的规定。但是由于是在特定历史环境下的立法，这些限制集会自由的规定在实践中几乎成了禁止集会自由的规定。因而有必要对这部法律加以修订完善。

第二节 群体性事件中法律的缺位与失灵

本书认为首先应该着重从治理群体性事件的角度检讨：目前我国法律

在应对群体性事件时处于一种怎样的境地？若要有效防范和化解群体性事件与暴力，又应当如何调整和完善我国现有的相关法律法规？为此，本节提供了一项案例研究，讨论的案例是2011年9月发生并持续3个月的“乌坎事件”。位于广东省陆丰市东海镇的乌坎村，总人口1万多人，因地处经济开发区，经济发展迅速，人均收入水平较高。2011年9月21日，肇因于土地问题而爆发举世关注的“乌坎事件”，在持续了近3个月之后，至2011年12月20日因广东省工作组进驻乌坎而使事件出现转机，随后在双方对话协商的基础上，使这一时轰动世界的群体抗争事件得到了较为圆满的解决。而该事件的化解，也被称为是具有“时代意义和国家样本意义”①。抗争事件虽然得以成功化解，但留下的研究问题依然存在，本书所展开的讨论即建立在回顾“乌坎事件”这一典型案例所呈现出来的经验事实基础上。这项研究首先从文献回顾开始。

一 群体性事件与法律治理研究综述

国内学界对于群体性事件的研究大概从2005年开始逐渐多了起来，至今年正好十年，这期间产生了汗牛充栋的文献。相比于社会学界的研究兴趣在于解释群体性事件的发生机制，法学界对于群体性事件的研究则更多地聚焦于如何构建应对群体性事件制度设计。综观法学界的相关研究，大致可以以如下三种研究视角做一归类。

1. 群体性纠纷解决视角

群体性纠纷解决是民事诉讼法学界研究的热点话题，在国内群体性事件频发的背景下，解决现实问题的需要又进一步推动了该领域研究的升温。

顾培东教授剖析了我国非常规纠纷（群体性事件是其中突出的典型）解决机制，即党委、政府牵头，各部门全力配合的动员机制、以维护稳定为主要价值目标、以恩威并济和利益平衡为解决纠纷的主导方式、同时借用传媒发挥内扬外抑特殊功能。并指出这种机制已不能适应非常规纠纷解决的需要，提出应建立统一社会纠纷信息收集、分析和协调平台；强化司

---

① 胡耀邦史料网，“乌坎转机”的时代意义和国家样本意义——北京专家学者高度评价“乌坎事件”，http：//www.hybsl.cn/zonghe/zuixinshiliao/2011—12—26/28051.html，2015年2月20日。

法审判解决纠纷的能力；完善非司法纠纷解决机制，形成纠纷解决合力等举措。[①] 张嘉军分析了当今世界两大法系群体性纠纷解决机制的多元化发展趋势，建议我国的群体性纠纷解决机制应该朝着多元化方向发展，具体而言，应当完善代表人诉讼制度、引进团体诉讼和示范诉讼制度。此外，也有不少学者考察国外的群体性纠纷解决制度以资借鉴。如章武生对美国集团诉讼的分析[②]、钱颖萍对芬兰群体性纠纷解决机制的考察[③]、吴泽勇考察瑞典和荷兰的群体性纠纷解决机制[④]；而章志远等人通过比较多种群体纠纷解决制度认为，团体诉讼是化解群体性事件的有效路径。[⑤]但是，相反的声音也同样存在。例如，著名的民诉法学者范愉教授就指出："将群体性纠纷的解决全部寄托于诉讼和司法不仅是无法实现的幻想，而且事实上已经导致了诉讼上访增加的恶性循环。"[⑥]

2. 行政法治视角

行政法治视角的研究者更多的是从完善相关法律制度设计，约束政府权力行使，保障公民合法权益的角度提出解决群体性事件的对策建议。戚建刚教授认为目前我国政府对群体性事件的处置是一种"压制型"的治理模式，它以行政法"管理论"为理论基础，追求社会"刚性稳定"，以"行政强制"为手段。其提出应建立"回应型"的治理模式，该治理模式重点在于保障相对人有序参与群体性事件处理，为此需要建立健全团体性诉求表达机制和个体诉求表达机制、完善群体性事件中的信息公开制度、保障相对人有序参与的行政责任制度。[⑦]杨海坤教授认为，"官民"关系错位、利益表达机制不畅、权力运行机制封闭、权利救济渠道缺失、非法治

---

① 顾培东：《试论我国社会中非常规性纠纷的解决机制》，《中国法学》2007 年第 3 期。

② 章武生：《论群体性纠纷的解决机制——美国集团诉讼的分析和借鉴》，《中国法学》2007 年第 3 期。

③ 钱颖萍：《芬兰群体性纠纷解决机制介评》，《清华法学》2011 年第 2 期。

④ 吴泽勇：《瑞典的群体性纠纷解决机制分析》，《法学》2010 年第 7 期；吴泽勇：《论荷兰的群体性纠纷解决机制》，《河南大学学报》（社会科学版）2010 年第 5 期。

⑤ 章志远，高中红：《团体诉讼：群体性事件有效化解的一种路径》，《法治研究》2010 年第 10 期。

⑥ 参见范愉：《集团诉讼问题研究》，北京大学出版社 2005 年版，第 411、421、439 页。

⑦ 戚建刚：《论群体性事件的行政法治理模式——从压制型到回应型的转变》，《当代法学》2013 年第 1 期。

化的应急处置机制是导致当下群体性事件频发的主要原因，因而建议应当建立平权型的官民关系、疏通利益表达机制、建设透明政府、广开权利救济渠道、实现行政紧急权力法治化。①杨临宏教授则认为群体性事件的发生是法律程序失效的结果。法律程序失效是指国家设计用来化解社会纠纷的程序未能按照事先设计的制度发挥应有作用，比如合法的表达方式相关部门不理会、听证程序走过场、救济程序被虚置等。因而其认为化解群体性事件的关键如何使已有法律程序和制度设置有效运转。②

3. 宪法公民权视角

从宪法公民权角度研究群体性事件主要集中在呼吁应当落实宪法所保障的公民集会自由权，以实现公民诉求表达的法治化和制度化。许章润教授认为群体性事件多为公民大众基于联合行动而实施的公民集体行动，它属于公民权的基本宪法权能。群体性事件的化解应当落实宪法赋予的公民游行、示威、集会和静坐等集体表达权利，允许公民大众运用这些合法手段表达集体诉愿，进行公开利益博弈。③侯健教授指出，治理群体性表达事件应当具备法律和权利思维，应调整现行法律对集会游行示威限制过严的状况，使它作为有力的社会控制机制的同时发挥其作为有效的怨恨释放和利益表达机制的功能。④王江伟亦指出，从群体性事件作为民众以非规范化方式公开表达诉求的层面来看，法律治理需要兼顾保障公民表达权利和规范无序行为两个维度，应适度放开公民表达权利行使的许可限制，将公民的集体诉求表达纳入规范和可控的法治轨道。⑤戴群策和尹显英从宪政的高度，分析指出群体性事件暴露出社会各方面宪政意识的缺失，只有切实保障公民的基本权利，才是预防和治理群体性事件的治本之策。⑥邹东升等人认为，群体突发事件的处置应当坚持慎用警力、依法处置和人群保障的原

---

① 杨海坤：《我国群体性事件之公法防治对策研究》，《法商研究》2012 年第 2 期。

② 杨临宏：《群体性事件与法律程序》，引自《中国法学会行政法学研究会 2010 年会论文集》，2010 年 7 月 19 日。

③ 许章润：《多元社会利益的正当性与表达的合法化——关于“群体性事件”的一种宪政主义法权解决思路》，《清华大学学报》（哲学社会科学版）2008 年第 4 期。

④ 侯健：《群体性表达事件的法律治理》，《法商研究》2010 年第 3 期。

⑤ 王江伟：《公民表达权视角下群体性事件的法律治理》，《中共杭州市委党校学报》2014 年第 6 期。

⑥ 戴群策，尹显英：《群体性事件的宪政思考》，《学术研究》2009 年第 4 期。

则，从人权的程序保障与立法完善来健全群体性突发事件的处置对策。[①] 此外，也有学者指出群体性事件是政府与公民关系失衡的表现，其产生的法律根源在于基本权利口号化、政府行为自利化和刑事犯罪工具化。[②]

除了上述三种研究视角外，还有一些从法治的视角看待群体性事件的文献。如邱泽奇教授分析认为，人们可以诉诸法律的方式来解决群体性事件，但人们之所以选择不进法院，在于双方都认为法院不能解决问题。因而群体性事件的解决，更多地依靠于法治的社会基础的培育和形成。[③]胡宝珍和张光宇对事先防范群体性事件的法律问题、事中处置群体性事件的法律问题以及群体性事件处置后的法律问题进行了一一剖析，并在此基础上提出对策建议。[④]罗瑞林对我国宪法、刑法、行政法、诉讼法等关于群体性事件的相关规定进行了梳理，并指出既有的法律规范不能够满足对群体性事件进行有效规制的需要，因而需要加强相关法律制度建设以提高制度化解决群体性事件的能力。[⑤]

法学界对于群体性事件的研究视角，对于我们目前完善相关法律设计，预防和化解群体性事件非常具有启发意义。然而，不足的是，大多数法学学者的研究更多的是从规范研究的角度，从应然层面提出对策建议，而少有基于经验材料，分析目前我国法律在应对群体性事件中的状况，并从实然角度提出相应对策建议。因而，尽管已有的研究较为丰富，但依然为本文基于具体案例的研究留下了空间。

二 乌坎事件[⑥]

“乌坎事件”的发生演进过程，可以分为四个阶段：最初是因为当经

① 邹东升等：《群体性突发事件的依法处置与人权保障》，《贵州社会科学》2007年第6期。

② 高军，吕成：《群体性事件的公法根源》，《上海政法学院学报》2011年第6期。

③ 邱泽奇：《群体性事件与法治发展的社会基础》，《云南大学学报》（社会科学版）2004年第5期。

④ 胡宝珍，张光宇：《预防和处置群体性事件的法律对策研究》，《福建法学》2007年第3期。

⑤ 罗瑞林：《关于群体性事件的法律思考》，《政法学刊》2006年第4期。

⑥ 本文有关“乌坎事件”的经验事实陈述，主要参考以下文献整理而成：清华大学公共管理学院社会管理创新课题组：《乌坎事件始末》，《中国非营利评论》2012年第2期；同时参考了吴丽玮：《乌坎土地纠纷与宗族之争》，《三联生活周刊》2011年第49期。

济开发，导致出现征地和土地纠纷，然后村民因土地利益受损而多次上访无效，这是第一个阶段；第二个阶段是村民采取抗争行动，并与警察发生冲突；第三个阶段村民行动走向组织化和和平抗争；第四个阶段官方高层回应，与村民协商解决，事态平息。以下分别介绍每一阶段的概况并在第三部分对此展开分析。

1. 土地问题与村民上访

乌坎村位于广东省陆丰市东海镇，以渔、农为主，是一个靠海的行政村，城镇化程度较高。因地处我国改革开放的前沿地区，乌坎村也较早地卷入了我国市场经济发展的大潮中。其中最为突出的表现就是将村集体土地买卖转让用于开发经营，而由此造成的土地问题与纠纷正是此次“乌坎事件”爆发的深层次根本原因。

乌坎的集体土地买卖在20世纪90年代就已经开始。早在1991年11月，当时的乌坎管理区办事处将11700平方米的土地以每平方米10元人民币的价格转让给了陆丰县东海鸿峰商业经理部，双方并约定土地所有权永远归后者所有，甲方不得收回该土地。此后，于1992年10月乌坎管理区办事处又向陆丰县人民政府提交《关于申请成立〈乌坎港实业开发有限公司〉的报告》，陆丰县政府于10月15日批复同意成立“乌坎港实业开发公司”。该公司的成立也标志着乌坎大规模土地开发的开始，在此后接近20年的时间里，乌坎村集体土地不断流失。

但是，乌坎村的集体土地的转让和买卖并没有征求过村民的意见，村民对于村集体所有制企业的决策等信息也很少知情。使村民感到更为愤怒的是，他们作为集体土地所有者却几乎没有获得任何土地开发所带来的利益。2009年4月3日一张题为《给乌坎村乡亲们的信——我们不是“亡村奴”》的传单在村中广为流传，这一下便点燃了乌坎村民心中蓄积已久的怨恨。乌坎的年轻人成立了一个名为“乌坎热血青年团”的组织，通过QQ等网络方式维持联系，加入的成员有近千人，他们在网上对本村的土地腐败问题展开热烈讨论。

在得知其他地区村民每年因土地分红收益近百万元时，这些年轻人便不再停留于讨论该问题了，他们决定上访维权。他们约定于2009年6月21日赴广东省政府上访，原本约100人欲参加的上访行动因政府部门的劝阻和围堵，最终实际只有5人到了省政府门口。此后，乌坎村民又先后赴广东

省、汕尾市、陆丰市、东海镇政府等各级部门上访达11次，共上访过14个部门。至2011年3月14日，乌坎上访村民经历了屡次上访后最终认识到“上访没有用”。于是，他们决定动员更多的人参与集体维权抗争。

2. 集体行动与警民冲突

为了让更多的村民加入集体抗争的行动中，热血青年团成员通过电话或逐个走访的方式，联系了四五十个家中贫困、一贯不满村委会并与村干部没有关系的人。随着被动员参与的人数增多，他们决定在2011年9月21日发起召开村民大会。此时，村内流传着村干部与港商陈某勾结卖掉了村内仅剩的一块集体土地给碧桂园公司开发，并从中获得了几亿元的土地补偿款的消息。如此巨大的补偿款，而村民却没有获得分毫利益，这进一步加剧了村民的愤怒。

21日当天，超过2000人的村民队伍先是游行至距离乌坎村口大约两公里左右的合泰工业园，因有关负责人不在，聚集的村民分成两部分：一部分人堵塞了连接乌坎村与东海镇的东海大道交通；另一部分人则向陆丰市人民政府行进。在市政府大门口，陆丰市委副书记接访了村民，并强调与碧桂园合作的土地没有被卖掉。尽管村民随后离开了陆丰市政府，但对官方的表态并不满意。

为证实土地到底有没有被卖掉，村民当天下午便去村委会找村委会书记和村主任讨说法。村主任接待了村民，但言语含糊，主要是否定碧桂园项目的存在。村民认为其在敷衍，因为有村民看到有机器已经在土地上动工了。在双方对话的过程中，有些村民情绪激动，砸坏了村委会的牌子，宣传栏的玻璃、门窗、计生室。随后陆丰市政府新闻办公室主任向媒体澄清，碧桂园破土动工是村民误解，只是在勘测土地质量，不是动工。但村民并不信服该说法，再次涌向几个小时之前去过的合泰工业园区碧桂园施工现场，并有部分人动手打砸了施工现场的保安亭、工棚和挖掘机等设备。陆丰公安部门随后出警，并与东海镇党委、政府开展维稳工作。村民在砸完合泰工业园的施工设备之后，一方面阻断公路交通；另一方面把港商陈某的丰田畜牧场和海上餐厅以及另外的一个针织厂给砸了。针对村民的打砸行为，官方当晚抓捕了4个为首的村民，并以“打砸抢”罪名立案。

9月22日上午，为营救被逮捕的村民，热血青年团及部分村民围堵村委会，向村书记讨说法，但村干部没有出来对话。随后，乌坎村进驻了约200人规模的警察队伍。这迅速激化了村内酝酿已久的愤慨。“政府的这些干警、武警、特警是港商陈文清花钱雇来的”这种说法迅速在村内流传。

面对持有武装的警察，一些愤怒的村民拿石头砸向警察，警察也予以还击，警民冲突由此发生。冲突和混乱中有人举了一条“警察打死两个小孩”的白布（后来查明子虚乌有），随后此类“公安打死小孩、打死妇女、打死老人”的谣言迅速在村内散播。这进一步刺激村民与警察冲突的全面升级。村民冲击了乌坎边防派出所、砸毁六辆警车。双方冲突导致数十名村民受伤，62名干警被打伤。冲突也迫使政府答应释放被拘留的村民，并处理村民提出的有关土地补偿和村委会选举等方面的诉求。

3. 组织动员与和平抗争

经历了9月22日的警民大冲突之后，乌坎村民开始进入有组织的抗争阶段。村民请出了村内德高望重的林祖銮老人来指挥村民的行动。林祖銮是老党员，当过兵，也做过干部，还曾下海经商，阅历丰富，为人正直，在村内一直享有很高的威望。获得村民的要求后，他也欣然加入，愿意为村民出力。9月23日上午，林向全体村民做了第一次演讲，劝大家保持冷静，文明抗争。并在林的主持下，村民发起为受伤的村民捐款。9月25日，又组织选举出了临时代表理事会，林祖銮是理事会的顾问。由此，林祖銮、临时代表理事会、热血青年团便构成为此后乌坎抗争的“指挥部”。

这样一个实际“指挥部”的形成，使乌坎村民之前原子化的聚众抗争迅速转化为高度组织化的集体抗争。在这个组织化的抗争群体中，林祖銮与理事会和青年团的核心成员构成为组织的决策层，决策层作出的决定具体由理事会和青年团负责执行，将决策层作出的决策传达给村民。并且通过村民捐款的形式，为维持这样的组织化的运作提供经费。为了更好地整合和动员村民，乌坎还成立了妇女代表联合会和老年人联合会等组织。理事会、青年团、妇女联合会、老年人联合会等组织的成立，将村内各个层面的人都通过组织的方式联合在一起，成为一个高度组织化的群体。

为了塑造村民抗争意识以及使村民抗争的行动更为一致，在理事会的组织下，该村于10月1日至11月21日间召开了五次村民大会，主要目的在于：揭发和批判原村委会在选举、土地买卖和村集体企业经营等方面

的腐败违法行为；强调村民抗争的组织纪律，反对暴力行为；动员村民抗争到底。在广泛动员村民的同时，理事会也在与政府进行沟通。11 月 14 日，他们向陆丰市人大常委会提交了一份要求对乌坎村委干部违法卖地和操纵选举依法作出严肃处理的申诉书。

由于政府未能很好回应村民的诉求，村民决定于 11 月 21 日再次到陆丰市政府集体上访。而之所以选择这天集体上访也有着特别的意义，在 84 年前的 1927 年 11 月 21 日，彭湃在陆丰成立了中国第一个工农兵民主政权。在这样一个“敏感”的时点，尽管政府组织了各方力量做了很多劝说的工作，但仍然阻挡不了村民上访的行动。21 日当天乌坎临时代表理事会组织了超过 2000 人参与集体上访。林祖銮领导设计了上访的组织方式，对此次上访游行的组织架构、人员安排、行进方式乃至于游行的速度、参与者的服装、现场标语等都做了精心的安排和设计。并且在上访出发前，理事会召集了 300 多名志愿者用以维持上访游行过程中的秩序，并且约定如果遇到武警应当就地坐下，哪怕被打也不能还手。在精心细致的组织下，超过 2000 多名村民鸣锣敲鼓、浩浩荡荡列队行进到陆丰市政府门口，并在政府广场上集体静坐。

陆丰市代市长在政府门口接待了村民，当众表示会尽快处理村民的要求并回答了一些村民的问题，随后游行队伍返回了村里。这次集体上访没有发生任何冲突。

4. 官民对峙与高层回应

尽管 11 月 21 日的上访是一次完全和平的集体行动，但事后官方的一篇新闻报道则激起了乌坎村民的强烈愤慨。当晚，“汕尾党政信息网”刊出“陆丰市乌坎数百村民聚集市政府上访”的新闻稿，次日《南方日报》全文转载了此文。报道中“少数人组织”和“严厉查处违纪的人和事”等词句让村民极其不满。21 日大上访之后，乌坎也再次聚焦了世界媒体的关注。大部分境外媒体自发来到乌坎，其中也有受村民邀请而来的媒体。相比于大陆媒体，这些媒体更受村民信任。除了通过媒体宣传外，村民也通过微博、QQ 等各种自媒体途径将乌坎村民抗议的图片、视频、文字上传网络。

境外媒体的报道使乌坎真正成为了世界性的事件。为应对紧张局势，政府采取了五项行动，其中两项是：在进出乌坎的主要通道设置哨卡，盘查和阻止境外记者；部署抓捕组织策划乌坎事件的为首分子和骨干分子。12 月 9 日，陆丰公安局发布督促在“9・21”和“9・22”上访事件中的违法犯罪嫌疑人投案自首的通告。10 日当天，公安机关先后拘捕了“乌坎村村民临时代表理事会”副会长薛锦波以及庄烈宏、洪锐潮、张建成、曾昭亮 5 人。面对政府的强力行动，乌坎村民在林祖銮的领导下采取了一系列防御性措施，其中最为主要的就是“封村”，即在进出村的路口设置路障，并派年轻人在村内来回巡逻以防止警察进村抓人。路障的设置，意味着村民与政府进行坚决对抗。

11 日下午，村民接到理事会副会长薛锦波（时年 47 岁）的死亡通知，官方称，“薛锦波因身体不适被紧急送往汕尾市逸挥基金医院救治，抢救无效死亡，死因为心源性猝死”。但该官方说法难以让村民尤其是死者的家属接受。薛锦波的死亡，直接导致了官民对峙的白热化。理事会在村委会附近的旧电影院门口为薛锦波设立灵堂，每天有上千人在此聚集。村内的年轻人通过各种即时通信工具向外界发布乌坎的信息，而在乌坎的境外媒体也在不断地播报着村民的抗争。

在 12 月 17 日的村民大会上，村民要求政府在 5 天内归还薛锦波的遗体，否则将再次举行上访。12 月 18 日汕尾市委书记的一个讲话经媒体节选曝光，如抨击村民接受外国媒体采访是“借外力打自己兄弟……这些媒体信得过，母猪都会上树”等，在网络上引起巨大非议。19 日，村民当天下午理事会发起集会，号召村民第二天再度举行游行，要求政府释放被拘村民并归还薛锦波遗体。

不过，一触即发的官民冲突在 12 月 20 日迎来了转机。时任广东省委书记汪洋就依法依规处置村民诉求作出重要指示，省委向乌坎村派驻由时任中纪委委员、省委副书记朱明国担任组长的工作组进驻乌坎处理和回应村民的诉求。当天，朱明国在陆丰市干部群众大会上讲了五点内容，为处置乌坎事件定调。大致为：(1)群众的主要诉求是合理的，部分基层干部在工作中确实存在一些问题。(2)大多数群众的一些过激行为是可以理解和原谅的，党和政府不会追究他们的责任。(3)只要有诚意和政府一起来解决问题，什么事情都可以谈，政府保障出来与政府理性谈判的代表人员人身安全。(4)政府承诺村内只要不再从事违法犯罪行为，不再组织与政府对抗，不再被境内外敌对势力利用，不会进村抓人。(5)林祖銮和杨色茂等组织者和挑头者，只要在两个月内，多做促进问题解决的事情，不再组织村民妨碍进村解决群众合理诉求的公务，用实际行动悔过自首和争取立功，政府可以考虑从宽处理，不抓捕。若再有重大立功行动，可既往不咎。次日，林祖銮与朱明国进行了会谈，并对政府的答复表示满意。此后，乌坎重新举行村委会选举，产生了新的领导集体。

三　法律的缺位与失灵

尽管政府对“乌坎事件”处置获得了舆论的广泛好评，但从“乌坎事件”的整个演进过程我们不难看出，我国现有法律制度在应对群体性事件时存在诸多的不足和问题。

1. 权力运行监督的法律失效

“乌坎事件”的发展是长期社会矛盾积聚而成，正如时任广东省委书记汪洋所言：“乌坎事件的发生有其偶然性，也有必然性，这是经济社会发展过程中，长期忽视经济社会发展中发生的矛盾积累的结果，是我们工作‘一手硬一手软’的必然结果。”乌坎的土地问题由来已久，自20世纪90年代初乌坎对外出让买卖土地开始，至“乌坎事件”的爆发，期间有近20年的时间。在这么长的时间内，当地政府不可能不对其中存在的矛盾和问题有所察觉，而之所以长期放任之，深层次原因是地方政府追求经济发展，部分政府人员寻租牟利，而又缺乏有效的法律监管机制使然。

尽管我国于1998年颁布施行了《中华人民共和国村委会组织法》，广东也于该年的11月通过了《广东省实施〈中华人民共和国村委会组织法〉办法》，但就“乌坎事件”所暴露出的情况而言，该法律在农村地区的实施执行出现了较多问题。我国颁布村委会组织法的目的在于保障村民实行自治，发展农村基层民主，并且为实现该目的在法律中设置了具体的保障条款。这些保障村民自治的条款概况而言主要包括四个方面：民主选举、民主决策、民主管理、民主监督。而也是在这四个方面，乌坎的村民自治都出现了问题。村民认为村委会选举存在违法舞弊行为，要求重选；在村务决策和村务管理方面，村民更是无法参与。在村集体土地转让开发的过程中，村集体经济收益分配长期处于不公开、不透明的状态，作为村集体土地所有者的村民几乎未获得任何土地转让开发收益。也正是因为村级事务的运行为少数村委会干部所操纵，在缺少村务公开和村民参与的状况下，村民愈是难以行使民主监督的权利。

乌坎的村民自治状况或许仅仅是我国众多村庄中的一个个案，但也足具警示意义，尤其是对于沿海发达地区的农村而言，更是如此。在这些经济较为发达的地方，一方面随着城镇化进程的深入，各方面的利益矛盾更为复杂和显性化，土地问题是其中最为突出的，而在经济发展和市场经济的大环境下，村民对于自身的经济利益更为敏感，权利意识也逐渐提高；另一方面，与内陆地区相比，在这些沿海发达地区，本村人向外流动尤其是跨省流动较少，尤其是年轻人大都是在本地或本省工作，与本村的联系纽带更为紧密，加之年轻人眼界更为开阔，获取信息的渠道更为多元。在“乌坎事件”中，我们可以看到年轻人是冲在最前面的。因而在农村经济生态和主体构成都朝着呼唤更为公开透明的权力运行体制发展时，过去封闭的权力运行状况只会掩盖和聚集起越来越多的社会矛盾，而最终在某个时点以较为激烈的方式爆发出来。因而在这些经济发达地区，农村基层民主建设显得越发重要。

2. 维护权益救济的法律失灵

“乌坎事件”的发生是因土地问题而起，早在 1991 年当时的乌坎管理区办事处将 11700 平方米土地的所有权转让给了陆丰县东海鸿峰商业经理部就已经属于违法行为了。因为根据《中华人民共和国土地管理法》的规定：“中华人民共和国实现土地的社会主义公有制，即全民所有制和劳动群众集体所有制。任何单位和个人不得侵占、买卖或者以其他形式非法转让土地。”但尽管是一次非法的土地转让，相关职能管理部门并没有纠正这一违法行为以保护村民的土地权益。等到村民日渐感觉自己的土地逐渐要被买卖转让完了之后，他们逐渐为后代子女将来的建房和生存发展而忧心忡忡时，村民便开始走上了集体维权的道路。

乌坎村民的集体维权行动依据不同的行动方式可分为三个阶段：第一个阶段是“集体上访”；第二个阶段“集体抗议”；第三个阶段是“组织化的和平示威”。若以 2011 年 9 月 21 日作为“乌坎事件”的起点，那么第一个阶段则发生在“乌坎事件”发生之前，而且历时较长（2009 年至 2011 年）。在这个阶段，乌坎村民（主要是年轻人）先后赴广东省各级机关上访共 11 次，共到 14 个部门上访过，但其结果是最终使村民认识到上访是徒劳的。然后村民无奈地选择了动员更多的人参与集体维权的行动中，于是就有了后来“乌坎事件”的发生。2011年9月21日，2000多名村民来到合泰工业园和村委会讨说法，期间村民出现了打砸行为。两个月后的11月21日，村民在林祖銮的带领下，举行了一次和平的示威游行，最终到陆丰市政府门口示威。实际上，经历了这三个阶段后，乌坎村民的诉求并没有得到来自政府方面的满意回应，事情的转机是来自于更高层级政府官员对于“乌坎事件”的关注。由此我们可以看到，源自于土地纠纷的“乌坎事件”，其最终得以化解仍然是依靠行政的力量而非法律的方式。

那么我们应当反思的是，为什么法律未能够成为公民合法维权的武器以及解决纠纷的有效途径？是我们既有的法律救济渠道不足，还是既有的法律救济渠道失效？笔者认为，更多的在于后者。就“乌坎事件”而言，如果村民的土地诉求在第一个阶段的上访过程中就能够获得政府部门的满意答复和解决，或许就不会发生后来的“乌坎事件”。那么，在这个阶段为什么政府未能给予村民诉求很好的回应呢？这是我国信访制度在实践中的运行逻辑使然，应星教授对此作过很好的分析，他认为，在中国的科层制体制下，政府日常需要应对的问题非常之多，只有难以解决或非常紧要的问题才会纳入政府的议事日程。因而对于信访而言，上访比去信、重复上访比一次上访、越级上访比逐级上访、集体上访比个人上访所反映的问题更能够获得政府的关注和回应。[①] 因而相对于权利救济，信访的功能更像是一个筛选装置，仅将政府认为特别重要的事项纳入该程序运作中。其后果则会给人们造成非常负面的印象，那就是要把事情“闹大”，危及政府所关心的安定与稳定，事情才有可能获得关注和解决。而乌坎村民通过第一个阶段的上访过程，就是逐渐认识到了这个“潜规则”，所以他们便召集更多的人、采取更为激进的方式来维权。而最终事情的解决，恰也印证了这一“闹大”逻辑，当“乌坎事件”成为世界性新闻事件，舆论铺天盖地并且一边倒地支持村民的抗议行动时，政府不得已采取妥协的姿态与村民对话，并接受村民的诉求。

3. 法律维稳的工具主义

“乌坎事件”发生后，政府也确曾采取法律的方式来应对，但效果却

---

① 应星：《作为特殊行政救济的信访救济》，《法学研究》2004年第31期。

适得其反。9月21日村民的集体行动中，有过激的村民出现打砸行为，并阻挡道路交通，造成了较大的财产损失。地方公安部门也迅速采取了回应措施，当即抓捕了为首的4个村民，并以“打砸抢”罪名立案。但警方的这一出警行为，却刺激了村民再次采取抗争行动。次日，为了营救被捕村民，村民围堵了村委会。面对这一情况，当地再次派出200多人的警力进驻乌坎。非但没有起到很好的维持秩序作用，反而造成了警民流血冲突的恶果。

为什么会导致这样一种“刺激—反应”的后果，这恐怕是今后政府应对群体性事件需要面对的重要课题。不少学者都注意到，在实践中政府处置群体性事件，要么失之以宽，所谓“花钱买平安”、“人民内部矛盾人民币解决”，只要不闹事，什么都好商量；要么失之以严，只要一出事，哪怕是正当合理的诉求表达，先压住再说，这即镇压维稳的逻辑。政府的应对方式总是在这两个极端中摇摆。“乌坎事件”中也体现了这样的特点，乌坎村民集体抗争之后，地方警察迅速出警维稳，在事情闹的一发不可收拾，尤其是出现死人情况之后，政府不得不低下姿态，表示“只要有诚意和政府一起来解决问题，什么事情都可以谈”。为什么政府在应对群体性事件中会陷入这种“全赢全输”的零和博弈当中呢？孙立平教授提出过“转型陷阱”来做解释。[①] 也就是说，政府违反法治和规则的事情做得多了，后面想用法治的方式来解决问题会变得越来越难，而不得不又重新回到用行政的手段来解决。这种解释颇有道理，政府侵害民众利益在先，民众起而维权，哪怕采用激进暴力的方式，也可能会在道义上占有先天的优势。

笔者在此提供另一种解释，即政府法律维稳的工具主义。当群体性事件发生后，无论是政府采用法律的方式抑或是行政的方式（花钱摆平、协商谈判等），本质上都采取的是一种工具主义的态度，即试图迅速地恢复秩序，维持社会稳定。当然，政府如此行动的背后，更是受制于目前压力型体制使然。就政府工具主义地使用法律而言，政府在维稳过程中往往会忽略保障公民权利这一面，甚至难以在合法的公民权利行使与违法的打

① 《孙立平教授：乌坎所展示的长治久安之路》，人民网——时政频道：http：//politics.people.com.cn/GB/99014/16925434.html，2012年1月19日。

砸行为之间作出很好的切割。而对于公民而言，在面对政府采用法律的方式强力维稳之下，也很难将自身的合理维权行动与违法行为进行切割，甚至于认为采取过激违法的方式正是为了更好地捍卫自身合法权益。其造成的结果便是，若群体性事件发生，政府以维护社会秩序名义出警或逮捕违法者，必然会刺激民众更为过激行动的反弹。而要避免此种“刺激—反应”的循环发生，需要培养起政府和民众之间对于法治和规则的基本共识。这显然需要过程，但就政府而言，应当做到的是改变维稳思维，在保障公民正当利益诉求的前提下，对违法行为进行惩治。此次“乌坎事件”虽然因为高层的回应而得到较好处理，但仍然没有回到法治的轨道上对正当利益表达和违法滋事行为进行切分处理，这是需要警示的。

第三节　群体性事件与暴力的法律治理:思路与对策

那么，从对西方国家治理集体行动的介绍以及从对法律应对“乌坎事件”个案的剖析中，能够给我们带来何种启发，今后我们应当如何从法律的角度来治理群体性事件，尤其是对于群体性暴力的防范和治理。

应当认识到，“乌坎事件”是当地积聚已久的社会矛盾的总爆发，如果我们承认在当下社会转型期各种矛盾不可避免且仍然将广泛存在，且现有的体制机制无法充分吸纳和调和这些矛盾，那么，群体性事件的发生就总是不可避免的。另外，从已有的研究来看，群体性事件更多的是地方性抗争，虽然使用含暴力和低暴力的非法抗争手段，但更多是为谋求解决利益诉求的工具主义抗争行动，并未呈现出反政权反体制的特点。①因而政府对于群体性事件的发生不必过于敏感和紧张，甚至群体性事件仅仅是一种群体性意见表达的极端方式，其发生在客观上还有利于促进当地地方治理的明显改善。②由此可见，治理群体性事件与暴力的关键是如何将群体性事件这一公民表达利益诉求和集体维权抗争的行动方式转变为和平、有序、规范的群体意见表达并且可以通过法律的方式进行常态化治理。笔者

① 肖唐镖：《当代中国的“群体性事件”：概念、类型与性质辨析》，《人文杂志》2012 年第 4 期。

② 郑风田，刘杰：《从群体性意见到群体性事件：一个观念的澄清——基于贵州瓮安、湖北石首、河北威县的调查》，《中国农村观察》2010 年第 5 期。

认为，这可以从以下三方面着手。

一　树立应对群体性事件的法律思维

根据冯仕政教授的研究，毛泽东在1957年2月召开的最高国务会议上作的关于正确处理人民内部矛盾的讲话中所阐述的区分“敌我矛盾”和“人民内部矛盾”，即“两类矛盾学说”长期以来成为我国社会冲突治理的指导意识形态，但该学说在实践中的结果却不是缓和而是激化了社会矛盾。[①] 比如在“乌坎事件”中我们仍然可以看到这样一种处置观念的存在。乌坎村民在11月21日举行和平示威游行之后，官方媒体使用“少数人组织”、“严厉查处违纪的人和事”等话语的报道立即将政府与民众置于对立的境地，而且很容易唤起人民对于历史上政治斗争的记忆从而激化矛盾。而之后高层出面回应“乌坎事件”则是将其纳入“人民内部矛盾”的范围内来处理，又使得一些违法的行为也既往不咎。因而“两类矛盾学说”在社会冲突治理中所造成的结果便是使法律边缘化。

要改变这一窘境，就必须改变“两类矛盾学说”这样指导维稳的观念，回归法律的立场，将群体性事件这一具有政治性的概念表述还原为法律性的概念，具体而言就是承认公民的表达权利，将属于公民正当利益表达的行为予以保护，超越此之外的行为依法予以处置。也就是说，以法律为依据实现对群体性事件的分类治理。

但如前文所述，目前我国法律在应对群体性事件上处于一种失灵的状态。法律治理群体性事件很大程度上依靠《刑法》和《治安管理处罚法》，但这类法律有三点明显不足：(1)这类法律属管制性法律，保障公民权利的功能较少。(2)这类法律属事后惩戒，事先预防的功能较弱。(3)就社会效果而言，政府若运用这些法律来应对群体性事件，反而会激发群众与政府的对立情绪，使事件升级。由此造成的悖论是，甚至是对于明显违法的聚众破坏行为，一些地方政府基于“维稳”的考虑也不敢严格依法处理。法律治理缺席的另一个重要原因在于目前所使用的“群体性事件”一词太过笼统，大凡集会、游行、示威、罢工、罢课、请愿、

---

① 冯仕政：《人民政治逻辑与社会冲突治理：两类矛盾学说的历史实践》，《学海》2014年第3期。

聚众围堵、群体械斗、阻断交通等聚众集体行为，不论合法与非法，均涵括于“群体性事件”一词当中，并以抽象的“人民内部矛盾”定性之，由此法律的治理方式便让位于政治和行政的处理方式。欲发挥法律在治理群体性事件中的作用，应以法律的方式清晰界定合法与非法的集体行为，保障公民以合法的集会、游行和示威等方式进行公开的诉求表达，而对于聚众围堵、群体械斗和阻断交通等非法集体行为，政府应严格和善于运用法律的手段惩戒之，以发挥法律规范公民群体表达的分类治理功能。因而，在更新处置群体性事件的理念观念的同时，更要修订和完善我国的既有法律法规，将群体性事件纳入到法律的调整轨道。

二　制定和修改相关法律法规

广东发生的“乌坎事件”暴露出我国“权力运行监督法律失效”和“权利救济法律失灵”的两大通病，其病源在于民众的利益表达渠道不畅通，这也是我国大多数群体性事件与暴力发生的主要原因。若要使群体性事件的治理回归到法律轨道，畅通民众的利益表达渠道，为此至少有两部法律需要完善。

其一，加紧制定《结社组织法》。目前我国对社团组织的管理仅有国务院于1998年颁布的《社会团体登记管理条例》，并且管制性意味较浓，今后应当由全国人大着眼于社团组织的培育和发展角度加强这方面的立法。国内外的大量研究表明，社团组织的发展有利于成熟理性公民的培养，有利于化解社会矛盾和保障公民采取和平理性的表达行动。[①] 而“乌坎事件”也印证了高度组织化的集体行动能够保证和维持和平的集会游行。

其二，修改完善我国现行《集会游行示威法》。[②] 目前我国的这部法

---

① 肖唐镖教授通过对1189个群体性案例的统计分析发现：群体性事件中的组织程度与其暴力程度呈现负相关性。也即民众有组织的表达和抗议活动更易于和平、理性和有序。参见肖唐镖：《民众是碎片化还是组织化更有助于社会稳定——以群体性事件的暴力化为视角》，《中国社会科学内部文稿》2011年第5期。美国西北大学的William Hurst等人的研究发现，如果村庄具有调解能力的半自主性社会组织存在，集体上访的发生机会和规模会降低。参见Hurst, W., Liu, Y., & Tao, R. (2014). Reassessing Collective Petitioning in Rural China: Civic Engagement, Extra – State Violence, and Regional Variation. *Comparative Politics*, 46 (4), 459—482.

② 王江伟对如何修改完善我国的《集会游行示威法》已有专文论述。参见王江伟：《集会游行的事先程序限制——兼论我国立法之完善》，《西南政法大学学报》2015年第1期。

律几乎是一部禁止公民集会游行的法律，严重堵塞了公民的利益表达渠道，并且于社会秩序管理实际上起到的是一种副作用。群体性事件之所以令政府紧张的原因在于其突发性和体制外的集体行动，而若能适当放开集会游行的许可限制，那么公民的集体表达将能够通过法律的方式进行事前掌控（无论是采取许可制还是报备制，政府对于集会游行均能做到事先知悉），这样体制外的集体行动就能纳入法律保障和调整的制度化轨道。并且，事先赋予公民表达权利之后，公民在行使该权利中出现违法行为时，便可以用法律的方式即时处置，因为法律的明确规定可以对正当表达和违法行为做出很好的切割。

如何修改完善我国现行《集会游行示威法》，笔者认为，应当着重于以下三个方面。

第一，应将现有的许可制改为“原则许可例外禁止”的准则主义许可制。宜将现行立法第 12 条改为：“申请举行集会、游行、示威除有下列情形之一外，应予许可”。同时补充完善不予许可的情形予以列举，比如应再列举“多个集会游行申请在同一场所举行产生竞合和冲突的，对后者不予许可”、“不合申请事项规定的，不予许可”、“禁制区集会游行不予许可”等，同时设定撤销和废止许可的情形，以及在规定的应申请事项中删除会侵害表达自由本质内容的事项。总之，基于法律保留而对集会游行的限制，应符合比例原则，在开放许可与限制许可之间，不逾越所欲达成目的的必要限度。

第二，应对偶发性集会游行进行相应规定。在一般性许可制规定之下，再添加一项保障偶发性集会游行的规定。比如可仿行我国台湾地区 2002 年修改集会法的做法，在限定条件下的偶发性集会游行，可不受许可限制。虽然偶发性集会游行虽不受许可的限制，但并不意味着可以随时任意的举行，其仍需事先或即时通知主管机关（类似于报备），以便主管机关对偶发性集会游行有充分的准备。目前我国大陆虽禁止偶发性集会游行，但现实已出现有不少偶发性集会游行的事例，这些事例大多以突发性的形态出现，警察机关以被动回应方式维持秩序，而结局则多以违法失序收场，甚至出现严重的警察与群众之间的冲突。这种现象值得在立法上进行反思，并将偶发性集会游行纳入法律的调整范围。

第三，应将复议救济改为诉讼救济。固然我国台湾集会法对不予许可、许可撤销或变更等情形也只规定了行政复议救济，但台湾地区有实效性的司法审查机制可以弥补这一保障不足的缺陷。我国大陆因无实效性的司法审查机制存在，仅能靠扩大行政诉讼受案范围来提高对集会游行权的保障程度。而且复议救济改诉讼救济，不仅仅是保障公民的集会游行权利，更能使限制集会游行的界限和措施易被民众所接受。因为在现有法律规定之下，行政机关既当“守门员”（公安机关负责许可），又当“裁判员”（同级人民政府负责复议），即使是公平公正的“判罚”也难以令人心服。而对于不予许可或者许可后又遭限制或解散的集会游行，借由第三方的司法机关行使裁判权，民众较能接受，从而可以在实践中使民众了解集会游行的界限，合理行使该权利。

三 出台现场处置的可操作性法律规程

政府对群体性事件的回应方式往往会影响到民众的表达方式，在“乌坎事件”中我们也能看到因政府回应不当而导致事态激化升级的现象。西方国家有很多研究表明，政府回应方式的变化会形塑民众的集体行动方式。① 而在我国对于政府回应如何影响民众行动方式的逻辑机理的研究相对较少。笔者认为，政府现场处置群体性事件应当注意到三个主体对于群体性事件的影响。

首先是来自政府的影响。自 2008 年贵州“瓮安事件”发生后，“现场第一”原则已经成为处置群体性事件的第一法则，即事件发生后主要领导必须第一时间赶赴现场。不过，政府领导在赶赴现场之后该如何与民众对话、如何表达以及采取何种行动，都应该在总结既有经验基础上，形成可操作性的法律规范。笔者认为，有关处置群体性事件的规范政府行为的立法，应着重于完善三个方面：第一，明确政府主体。我们往往会看

---

① 参见：Pamela E. Oliver and Danniel J. Myers, “The Coevolution of Social Movements,” *Mobilization*, 2002, Vol. 8, pp. 1—24; Della Porta and S. Tarrow, “Interactive Diffusion: the Coevolution of Police and Protest Behavior with an Application to Transnational Contention,” *Comparative Political Studies*, 2012, Vol. 45, pp. 119—152. Donatella della Porta and Herbert Reiter (eds), *Policing Protest: the Control of Mass Demonstrations in Western Democracies*, University of Minnesota Press, 1998. 中文的梳理文献可参见肖唐镖，王江伟：《美国政府对民众示威抗议的警务处置》，《中国社会科学内部文稿》2014 年第 1 期。

到，在处置群体性事件中往往是多个政府部门共同参与，导致多部门执法甚至是相互推诿和卸责。因而，未来可以考虑通过立法的方式，明确应对群体性事件的政府主体，可以是专设的部门或工作组，将其常态化和制度化。第二，明确政府责任。主体界定清晰后，处置责任便好落实。但在考虑具体制度设计时，应当遵循权责对等原则。第三，明确政府现场处置程序。其中几个关键性环节必不可少。（1）政府负责人亲赴现场，作出正确合理的表态；（2）召开政府新闻发布会，在24小时内及时公布信息；（3）恢复秩序，通过与群众对话商谈而非武力压制的方式，使聚集民众离开现场。

其次是来自警察的影响。为维护社会秩序的考虑，群体性事件发生后往往会有警察到现场，可以说警察是处置群体性事件的重要主体和主要力量。但是现有法律关于警察应对群体性事件的规定原则性太强，操作性太弱。我国《公安机关处置群体治安事件规定》的第8条指出，公安机关处置群体性治安事件应当遵循五个原则，分别是：(1)在党委、政府领导下，会同有关主管部门处置的原则；(2)防止矛盾激化原则；(3)慎用警力和强制措施原则；(4)慎用武器警械原则；(5)依法果断处置原则。从这几个原则可以看出，其对于现场处置群体性事件的指导下并不强。以慎用警力原则而言，大多数群体性事件发生后，公安机关都会出警，那么，如何界定何为“慎用”，什么情况下属于“慎用”，以什么来衡量出警多少属于“慎用”，如何约束政府慎用警力，便是关键的问题。而且在迅速维护稳定和恢复秩序的压力下，地方政府往往会尽可能多地派出警力。因而，仅仅是原则性的规定远远不足以指导实践中的群体性事件警务处置。正如有学者已经指出：“当前公安机关处置群体性事件中碰到的执法难点，主要来自法律制度的缺陷和缺失。具体表现在现有的处置群体性事件的有关规定中，政策性、模糊性规定多，程序性、可操作性条款少，还未形成一个完整、规范的执法体系。”①因而，在应对群体性事件的警察出警方面，尤其需要有完整的、具体的和可操作性的规范性文件出台。

---

① 胡关禄，林维业主编:《新时期群体性事件研究》，中国人民公安大学出版社2006年版，第145页。

最后是来自媒体的影响。从“乌坎事件”来看，官方媒体的报道以及事件过程中的谣言传播对村民的刺激产生了较大的影响。可以预见的是，未来的群体性事件，年轻人参与和新媒体动员将成为一个特点和趋势。年轻人具有更为广泛的获取信息渠道，加之对于新媒体的熟悉和掌握，可以随时随地地传播信息，而这也将成为未来政府应对群体性事件的最大挑战。在互联网时代，相比于过去政府单一主导的舆论场而言，当前的政府治理面临着官方和民间两个舆论场，并且民间舆论场正在对官方舆论场的话语权和主导权构成越来越多的挑战。此外，更为值得警示的是，据 2010 年 7 月美国市场研究公司尼尔森发布的调查报告显示：“在整个亚太地区，中国网民最喜欢发布负面产品评论，也只有中国网民发布负面评论的意愿超过正面评论，约有 62% 的中国网民表示，他们更愿意分享负面评论，而全球网民的这一比例则仅为 41% 。”该调查所揭露的事实是，中国的网民更乐意关注负面信息，或者说对负面信息更加敏感。其对于政府治理的启示在于，若政府在处置群体性事件过程中，稍有不慎或行为失当，很容易在网上被聚焦然后迅速传播和放大，甚至深陷于民间舆论的声讨和责骂中，并导致民众对政府不信任程度加深，从而也给小道消息和谣言传播提供空间。因而，官方媒体在群体性事件的处置中，其如何作出客观公正的报道，以及如何引导权威和中立的信息在整个舆论中的传播，就至关重要。对此，应该相应地出台规范官方媒体报道和管控谣言传播的法律。因为在群体性事件的处置中，对于信息的掌握和引导很大程度上将成为处置事件成功与否的关键。

群体性暴力的发生，政府的回应是一个非常重要的变量，而要控制住这个变量，就应当在影响政府回应的因素即政府行为、警察行为和媒体行为三个方面进行具体和可操作性的立法。

目前我国法律在应对群体性事件上存在诸多缺陷和不足，甚至出现某种程度的“治理失灵”现象，其根源在于以行政力量主导的“压力型”维稳体制使然，目前这一维稳体制正受到越来越多的批评，学界在呼吁应“以利益表达制度化实现长治久安”，政府也在大力倡导“运用法治思维和法治方式化解社会矛盾”。随着依法治国的推进，群体性事件与暴力的化解终将步入制度化的法律治理轨道。

第四章　基层治理中的政治信任重建

"我们处在一个信任危机的时代，信任作为一种资源从来没有像今天这么稀缺过。恰恰是由于信任这一资源的缺失，导致了人类在其他资源方面的浪费……由于这些原因，政府赖以实现行政目标的某些行政行为以及政策工具经常面对的是公众的冷漠甚至怀疑。"[①]这是一位学者对我们时代的忧思。首先，这里提到的"公众的冷漠"实际上表达了一种公众对政府信任的缺失状态。因为公众对政府信任是各种社会信任中最重要的一种信任，"如果政府的所作所为让民众感到失望，人民不再相信政府，政府就可能因信任的匮乏而造成执政成本高昂、合法性降低，甚至对国家带来衰退与败亡"。[②]而事实上，在当前中国民众与政府之间出现了一定程度的关系紧张，引发了不同程度的政治信任危机。[③] 这种政治信任危机引发的社会"仇官"心态或官民对立状态，已经成为威胁当前中国政治稳定的重要因素。例如，中国社会科学院发布的2013年《社会蓝皮书》显示，每年我国的群体性事件达数万起，这些事件背后既有复杂的利益矛盾也与信任缺失有关。[④] 换言之，"对公权力信任感的缺失是造成大规模群体性社会事件的重要诱因"。[⑤] 学者们基本上都同意当前中国政治信任缺失与群体性事件频发之间具有因果关系，甚至断言"近年来爆发的群体性事

---

① 程倩：《论政府信任关系的历史类型》，光明日报出版社2009年版，序言2—3页。

② 李德国，蔡晶晶：《当代西方政府信任危机述评》，《广东行政学院学报》2006年第6期。

③ 程倩：《政府信任关系：概念、现状与重构》，《探索》2004年第3期。

④ 孙芳兰，尹子明：《当前我国政治信任的流失与建构》，《江西社会科学》2014年第3期。

⑤ 于建嵘：《以规则和信任化解官民冲突 》，《理论参考》2010年第8期。

件，肇始或者激化的原因，无不与官员信任直接相关”。[①] 官方也并不否认这种观点，如中国法制办副主任袁曙宏在 2014 年“中国改革论坛”上称，有些地方政府公信力很低，一遇到风吹草动，就有群体性事件，政府讲的话百姓根本不信，反而网上讲的、手机上讲的谣言都很信。[②] 在这种背景下，重建政府信任，即改善政府与公众的信任关系俨然成为现代各级地方政府自身建设的重要任务。围绕这些问题意识，本章分为三个小节展开讨论。其中，第一节主要从社会资本视角讨论政治信任的含义与重要性；第二节结合国情提出一个基层治理中“从人际信任到制度信任”政治信任重建的分析框架；第三节以浙江省柯城区“村情百宝箱”制度实施的地方经验为案例，讨论基层治理中构建政治信任的途径与方法。

第一节　政治信任为什么重要

国内学者对重建政治信任的讨论，基本上还主要停留在宏观层面或者抽象意义上的制度建设、治理绩效和道德建设等方面。其中讨论比较多的是通过各种制度建设来提高公民对政府的信任。例如，“建立和健全民主政治，加强法治国家建设，完善政府制约和监督机制”[③]。具体制度如健全官员问责制度、村民代表大会和乡人大制度[④]，规范权力运作、健全政治参与机制，[⑤] 以及有广泛公民参与的合作式治理的发展。[⑥] 并且在这个过程中不断提升村民的文化素质和政治参与的组织化程度。[⑦] 其次，在治理

---

① 王向民：《“U”型分布：当前中国政治信任的结构性分布》，《中国浦东干部学院学报》2009 年第 4 期。

② 袁曙宏：《叫百姓守法，政府要先守法》，新浪财经：http：//finance. sina. com. cn/hy/20141102/114120709309. shtml，2014 年 11 月 2 日。

③ 余世喜，李忠红：《构建政府与公民之间的信任关系》，《马克思主义与现实》（双月刊）2008 年第 3 期。

④ 杨善华：《关于中国乡村干部和农民之间信任缺失的思考》，《探索与争鸣》2003 年第 10 期。

⑤ 孙芳兰，尹子明：《当前我国政治信任的流失与建构》，《江西社会科学》2014 年第 3 期。

⑥ 李砚忠：《以合作式治理提高和谐社会建设中的政府信任》，《科学社会主义》2007 年第 2 期。

⑦ 谢治菊：《村民政治参与及其对基层政治信任的影响分析》，《广东行政学院学报》2012 年第 6 期。

绩效的维度上，强调“必须通过国家发展进步和人民群众生活水平日益提高的业绩来获得政治信任构建的实际支持”。①最后，强调通过提升各级政府及公务员的道德素质、重塑政府的道德形象来重建公众对政府的信任。②

以上这些讨论无疑大大丰富了这项研究，但是也必须有效地回应当前中国公众对政府信任的非对称结构性特征。即作为普通民众，通常对高层政府如党中央国务院和省委省政府的信任度较高，但是对市委市政府、县委县政府以及乡党委乡政府等基层政府的信任度却偏低。③对这种信任特征类似的描述与分析，如“差序政府信任”概念④和中国公众对政治机构的信任存在“中央—地方”的层化现象等。⑤这种特征也表明直接与民众面对面打交道的基层干部和基层政府，几乎承载了所有的政治不信任。因此，在政治信任与社会稳定的关系中，民众对基层政府的政治信任是起决定性作用的，也正是这种对基层政府政治信任偏低，是导致社会稳定出现问题尤其是大量群体性事件爆发的重要原因。由此，重建政治信任的研究应该立足基层政府的治理行为，着重探讨基层治理中形塑政治信任的诸种因果机制，并以此为基础讨论更具有操作性的构建政治信任的途径与方法。

一 政治信任的概念与结构

1. 政治信任的概念界定

学界目前使用“政府信任”与“政治信任”两个概念来描述这种公众对政府的信任关系或状态，而且均被视作公众与政府之间的一种互动关系，或者是衡量民众与政府之间关系的重要指标。一般而言，当公民对政府及其机构、决策的总体状况以及／或者独立的政治领导的评价为守信

---

① 齐卫平：《社会转型期中国政治信任的动态建构及其路径》，《中国浦东干部学院学报》2009年第4期。

② 程倩：《政府信任关系：概念、现状与重构》，《探索》2004年第3期。

③ 胡荣：《农民上访与政治信任的流失》，《社会学研究》2007年第3期。

④ 李连江：《差序政府信任》，载景跃进，张小劲，余逊达主编：《理解中国政治：关键词的方法》，中国社会科学出版社2012年版，第197—205页。

⑤ 孟天广：《转型期的中国政治信任：实证测量与全貌概览》，《华中师范大学学报》（人文社会科学版）2014年第2期。

的、有效的、公正的和诚实的时候，政治信任便产生了。①其中，“政府信任”通常是狭义一些的概念，同样是指公众与政府的互动关系，其中的“政府”仅仅指政府的公务人员、政府提供的公共服务的政策和政府机构。使用更为广泛的是“政治信任”概念，也更为周延。公众政治信任的对象首先从政府扩展到政治系统，“政治信任”因此被界定为公民对政府或政治系统将运作产生出与他们的期待相一致的结果的信念或信心。②随着新制度主义的兴盛，有学者把它界定为民众对于政府或政治制度所抱有的信心，相信他们会制定符合民众利益的政策并提供符合他们预期的政策结果。③ 综合起来，根据从抽象价值到具体实践的顺序，政治信任的结构可以排列为价值信任、政府信任、制度信任、官员信任和政策信任等。④同时，它不是一个静态的，而是一个历史的、不断调整、修复和发展的动态过程。⑤

2. 政治与信任之间存在着结构张力

政治信任讨论的是一种政治关系，不同于一般社会关系的地方主要在于政治关系中权力与冲突的特征更加突出，如沃伦所述“政治关系是那些面临联合集体行动的压力而在利益问题上带有冲突特征的社会关系，在那里至少冲突的一方借助于权力寻求对集体有约束力的决定和制裁决定”。⑥政治关系中这种权力运作与利益冲突的特征更容易滋生政治不信任，政治信任建构比一般的社会信任建构更加困难。这使得“在当代条件下，政治与信任之间的张力如何能够被缓和、分散或转变”的问题更加彰显。⑦因此在这种信任关系先天不足的政治环境里，政治信任的构建

① 佩里·K. 布兰登：《在21世纪建立政府信任——就相关文献及目前出现的问题进行讨论》，庞娟译，《经济社会体制比较》2008年第2期。

② 胡荣：《农民上访与政治信任的流失》，《社会学研究》2007年第3期。

③ 张书维，许志国，徐岩：《社会公正与政治信任：民众对政府的合作行为机制》，《心理科学进展》2014年第4期。

④ 王向民：《“U”型分布：当前中国政治信任的结构性分布》，《中国浦东干部学院学报》2009年第4期。

⑤ 熊美娟：《社会资本与政治信任：以澳门为例》，《武汉大学学报》2011年第4期。

⑥ 黄毅峰：《论政治与冲突的内在关系》，《四川行政学院学报》2009年第4期。

⑦ 翟学伟，薛天山主编：《社会信任：理论及其应用中国人民大学出版社》，中国人民大学出版社2014年版，第143页。

必须要想方设法地确立民众对现有制度容纳和化解他们的政治不信任的能力与表现具有足够的信心与依赖。

3. 社会资本与政治信任的内在关系

政治信任从20世纪60年代开始就一直是个颇受重视的研究政治行为、政治秩序和政治发展的关键概念，而20世纪80年代社会资本范式的兴起和发展，为政治信任概念的使用提供了更为清晰的理论定位和分析价值。由此，社会资本理论已经逐渐成为研究政治信任的主流范式。一开始，学者们首先把精力放在厘清社会资本与政治信任的关系问题上。围绕社会资本与政治信任之间的关系问题有两种对立的观点：二者正相关或者弱相关。[①]还有一种观点干脆就把政治信任看成是社会资本的重要组成部分，并集中体现了政府与公民个人、社会群体或组织的关系状况。[②] 本文认同这种观点，并以此建立一个以社会资本和政治信任为基础的分析框架。

作为社会资本的资源主要包括这样三类，即信息、组织和信任。既有文献就社会资本的定义基本上达成一个共识，即"在目的性行动中被获取的和/或被动员的、嵌入在社会结构中的资源"。[③] 作为社会资本的资源主要包括这样三类，即信息、组织和信任。首先，信息的流动和丰富程度对于任何个人或组织而言，都是至关重要的资源，直接影响了他们对于局势的判断以及行动策略选择的空间。其次，在现代社会，人们之间的互动或集体行动往往依托于某种形式的组织，组织资源的多寡构成了影响行动者策略选择的基础性要素。这里所谈的组织是一种可被利用的资源，是嵌入前面作为构成要素的结构性意义上的组织状态中的。最后，信任是行动者获得各种各样社会支持的最主要来源。总之，由这三种资源构成的社会资本总量的多寡对行动者们的行动成本、效率、方式以及结果均产生重要影响。[④]但是信息、信任与组织

---

① 详细讨论参见上官酒瑞：《国外政治信任研究的历史进程与理论聚焦》，《上海行政学院学报》2011年第4期。

② 程倩：《政府信任关系：概念、现状与重构》，《探索》2004年第3期。

③ 林南：《社会资本：关于社会结构与行动的理论》，张磊译，世纪出版集团2005年版，第28、95页。

④ Weisingera, Judith Y. Black, Janice, "A. Strategic Resources and Social Capital", *Irish Journal of Management*, 2005 Special Issue, pp. 145—170, 26.

这三种社会资源之间的逻辑关系还需要得到进一步的澄清。本文同意将信任视作三种资源中的核心要素，具有更为根本性的意义。以信任为前提，信息才能在不同行动者之间畅通快捷地传递和流动，组织活动才能有效地克服一些“搭便车”现象、降低各种交易成本从而更为顺利地进行下去。当然，更多的信息和组织资源也会反过来强化信任关系。

二　政治信任的功能与问题

1. 以社会资本理论的视角来看，政治信任的重要性主要体现在它是一种联结政治精英与一般大众的贯联型社会资本。社会资本概念的问题意识主要是探讨同一共同体内的公民怎样做到更有效率地组织集体行动，来解决他们共同面临的公共问题，并对政府施加影响以保证这些问题的解决。①因此，社会资本的使用范围可以跨越个人、组织、社区、国家甚至国际社会等不同层次或领域。例如，哈尔潘恩（David Halpern）提出社会资本应该分为内聚型、跨接型、贯联型三种类型。②其中，内聚型社会资本与特定性社会资本在内涵上是一致的。跨接型社会资本指涉一种微弱、松散，但却是跨接横越式的联结，以及一种社会润滑的特质。如具有异质属性的不同族群的结盟、工商协会、朋友的朋友。而贯联型社会资本，强调不同权力层次或社会地位的联结，例如政治精英与一般大众的联结，以及不同社会阶级的结合，或者说是描述拥有非常不平等的权力和资源的个人、社区的网络之间相结合的程度。一个社会所拥有的这些资源的状况又是通过内聚型、跨接型和贯联型这三种类型的社会资本在该社会里的分布状况体现出来的。一般而言，一个社会里，一般不缺内聚型社会资本，但对于政治参与而言，后两类社会资本的拥有量则更显得意义重要。因为，后两类社会资本，更倾向是一种准公共产品和公共产品，而不是私人物品或狭隘的“俱乐部物品”。例如，陈捷等发现通过对共通性社会资本的培育，尤其是开放型社会网络的培育（比如社区兴趣团体与慈善活动），能更为有效地推动社区建设的发展和提高社区居民委员

① 陈捷，卢春龙：《共通性社会资本与特定性社会资本——社会资本与中国的城市基层治理》，《社会学研究》2009 年第 6 期。

② David Halpern, *Social Capital*, Polity Press, Malden, 2005, p. 25.

会的治理水平。①

2. 在社会资本内部资源结构中，政治信任相比较信息和组织资源具有根本性的意义。如埃莉诺·奥斯特罗姆（Elinor Ostrom）等所称："各种社会资本的形式几乎都是通过增强行动者之间的信任而对集体行动的成功有所助益。"②在外部关系上，政治信任是指公众与政府之间的互动关系，因此，主要是一种更高层次的、联结政治精英与一般大众的贯联型社会资本。这类研究的议题包括政治信任的要素与发生机制、政治信任的影响因素（如个人信任、政治疏离、政治效能感等）和政治信任的功能（对合作行为、社会治理、民主社会等具有的规范意义与实践意义）等。③

3. 从经验的视角来看，当前政治信任问题嵌入转型危机和治理危机之中较为突出的问题。如果把这些问题放在更大的背景中去看，会容易发现它们主要是与当前的转型危机和治理危机有关。徐湘林对这两种危机的表现与关联作了清晰的阐述。其中，转型危机主要是指经济层面和社会层面的。首先，经济和社会关系发生重大结构性变迁从而产生了大量的经济和社会的矛盾和冲突。其次，这些矛盾和冲突不能在经济领域和社会领域自我矫正，需要国家通过各种治理手段进行干预。而当作为治理者的政府（国家）在特定时期无法有效地对社会矛盾和冲突进行控制和管理时，就出现了严重地影响到政府统治能力的治理危机。④ 对于这种转型危机，学者们多是把它作为一种宏观背景因素，且主要致力于治理危机的探讨。例如，有学者细致地将近年来出现群体性事件中的政治不信任概括为四种类型：利益型政治不信任、官员腐败型政治不信任、决策失误型政治不信任、"假大空话型"政治不信任。⑤这些

---

① 陈捷，卢春龙：《共通性社会资本与特定性社会资本——社会资本与中国的城市基层治理》，《社会学研究》2009年第6期。

② 埃莉诺·奥斯特罗姆，T. K. 安：《社会资本的含义及其与集体行动的联系》，载周红云：《社会资本与民主》，社会科学文献出版社2011年版，第118页。

③ 胡荣：《农民上访与政治信任的流失》，《社会学研究》2007年第3期；上官酒瑞：《国外政治信任研究的历史进程与理论聚焦》，《上海行政学院学报》2011年第4期。

④ 徐湘林：《转型危机与国家治理：中国的经验》，《经济社会体制比较》2010年第5期。

⑤ 刘孝云：《群体性实践中的政治信任问题分析》，《探索》2009年第5期。

类型其实都涉及基层治理的制度与能力问题。①

第二节　政治信任如何重建

一　政治重建问题必然涉及政治信任的生成机制问题

关于该问题的讨论，首先托马斯（C. Thomas）等较为完整地列举了三种政府信任生成的形式，即（1）基于特征的信任，即经由人口学上的有关特征而产生；（2）基于过程的信任，是源于对互惠的期待；（3）基于制度的信任，指经由直接采取专业标准、伦理法则，或间接通过遵守或执行法律及规范而形成。② 进而言之，基于过程的和特征的信任生成机制，着力点主要在于人的特征以互动为过程，因此可以视作是对人际信任生成机制的讨论；基于制度的信任生成机制，则属于制度信任的范畴。这些讨论设计的还主要是一个静态的结构。列维奇与邦克则从动态的角度提出了“信任三阶段说”。其基本假设是信任关系的产生起点是一种全新的、没有任何交往历史的关系。由此出发，第一阶段是计算型信任，是对互惠和惩罚的行为后果的计算而生产的信任。第二阶段是了解型信任，是基于个体对他人行为的可预测性基础上而形成的。第三个阶段是认同型信任，这是基于对他人需要和意图认同的基础上形成的。③无疑第三种认同型信任是最高层次的信任，不仅需要经过前面两个阶段的积累，通常还需要具有以下的条件，即“发展一种集体的身份、在相同的建筑或街区居住、创造共有的产品或目标以及服从于一种公共价值观的约束等”。④

---

① 程倩：《政府信任关系：概念、现状与重构》，《探索》2004 年第 3 期；谢治菊：《村民政治参与及其对基层政治信任的影响分析》，《广东行政学院学报》2012 年第 6 期；河北省张家口市政研会课题组：《不同群体对县乡政府信任度的评估与分析》，《政工研究动态》2007 年第 23 期。

② C. Thomas and G. Streib, “The New Face of Government: Citizen lnitiated Con – tacts in the Era of E – government”, *lournal of Public AdministrationRe – search and Theory*, 2003, Vol. 13, No. 1. 转引自牟永福：《基层政府信任的逻辑与建构——基于华北地区于镇的个案研究》，知识产权出版社 2013 年版，第 123 页。

③ 翟学伟，薛天山主编：《社会信任：理论及其应用》，中国人民大学出版社 2014 年版，第 61 页。

④ 同上。

无论是哪一种类型的生成机制，实际上，信任的发生机制是从具体的经验开始的，逐渐将这些经验泛化，使它们延续到其他类似事件中去，因此才会建立起对其他案例的信任。无疑这是在行为过程中，伴随着认知的形成、内化和转移过程，以及在过程中情感联系的建立与发展。因此，政治信任产生的基础就落在了认知、情感以及行为的有机统一上，而且它们都只能在个人与他人的交往中逐渐形成。[①] 也是在这种脉络里，托姆普卡（Piotr Tompka）将信任（文化）的产生视作一种广泛的社会生成过程的一个范例。其中，以前的事件的痕迹积淀在制度、规则、符号、信念和社会行动者的心灵之中，共同的经验产生了共同的政治信任的结构、文化和心理模式。[②]

二 中国基层治理中的政治信任重建问题

该问题不可避免地涉及一些特有的结构性背景因素，首先是嵌入在人格化权力结构中的“人格化信任”仍然普遍存在。有学者认为相比较于西方发达国家偏重于体制化的权力结构而言，在中国，人格化权力结构的影响通常更为重要，[③]而且几乎渗透于政治的各个层次与领域。这种体制化结构弱、人格化结构强的局面，是“造成政治权力的随意性、偶然性和神秘性”的重要原因，“人们对政治生活的未来预期（信任）很难仰赖于制度结构而产生，只能凭借人格化结构而形成”。[④]

一些实证研究也证明和补充了上述这些观点。代表性的如牟永福对华北地区于镇的考察，发现居民对当地政府官员的“信任范围”呈现“环状”，即从群体范围来看，其范围以自我为中心，由亲近的人向关系疏远的人依次推去。[⑤]邱国良也提出了农民政治信任具有“人格化”特征的

---

① 翟学伟，薛天山主编：《社会信任：理论及其应用》，中国人民大学出版社 2014 年版，第 56 页。

② 同上书，第 118 页。

③ 胡伟：《政府过程》，杭州：浙江人民出版社 1998 年版，第 140 页。

④ 上官酒瑞：《从人格信任走向制度信任——当代中国政治信任变迁的基本图式》，《学习与探索》2011 年第 5 期。

⑤ 牟永福：《基层政府信任的逻辑与建构——基于华北地区于镇的个案研究》，知识产权出版 2013 年版，第 52 页。

看法，认为农民对个别官员的信任和对组织的信任常常是混为一体的，因而“农民对政府官员的信任在某种程度上代表着其对政府机构的信任，一旦农民对某政府官员丧失信任感，则意味着其对政府机构也不再愿意相信了”。[①]这些讨论牵扯出一个关于讨论政治信任构建的分析框架，就是人际信任与制度信任的转换问题。

三 基层治理中政治信任重建的分析框架

如前所述，人际信任与制度信任都属于政治信任的范畴，特指民众与政府官员、机构与制度的关系性概念。但是在概念谱系上，其产生与使用长期以来是在社会发展或进步观的脉络下展开的。例如，卢曼较早区分了人际信任与系统信任，认为“随着社会结构的变化或社会复杂性的增加，信任也从最初的以情感联系为基础的人际信任转变为以制度认同为基础的系统信任（例如制度信任）”。[②] 吉登斯也采用了这种分类，并引入了现代性这个背景性因素，认为随着现代性制度的发展，人际信任将会逐渐被对系统信任所取代。[③]依然是采用这种进步观，克利（Matthew R. Cleary）和斯托克斯（Susan C. Stokes）提出了人格信任和制度信任的分析框架，并认为制度信任才是现代政治信任的根本，公共权力运行的确定性与可信性主要依靠制度的规范和约束。[④]这些讨论无疑看到了在政治信任维度上从人际信任到制度信任的政治发展趋势，但是这种简单的二元论似乎过于简化政治信任的内在结构。实际上，从具体的政治信任形成和构建角度来看，很多的研究并没有囿于这种二元论，而是试图去探究人际信任与制度信任更为复杂的互动关系。

第一种观点认为人际信任对政治信任的构建来说具有更重要的意义。这个观点主要诉诸于民众的感知特征，即“对于大部分公众而言，政府

① 邱国良：《信任的网络与逻辑：转型时期中国农民的政治信任》，中国社会科学出版社第2013年版，第157页。

② 安东尼·吉登斯：《现代性的后果》，田禾译，译林出版社2011年版。

③ 转引自许科等：《风险社会中公众政治信任的形成机制及影响》，《心理学探新》2013年第6期。

④ Matthew R. Cleary, Susan C. Stokes, *Democracy and the Culture of Skepticism: Political Trust in Argentina and Mexico*, Russell Sage Foundation, 2009.

及其政策大都是较为抽象的，而能给他们以直观感受的通常主要是他们所能接触到的具体政治行为者”。[①]也由此，人际信任被认为是人类社会信任关系的基础，是个体交往最能获得直观效果的信任形式，而我们所讨论的“政府信任”，必须还原为一个个活生生的个体，借助于对一个个政府官员的人际信任而获得其合法性。[②] 还有学者从文化的视角，把制度信任视为人际信任的延伸。例如，福山将人际信任的扩张增加了制度信任的扩展，虽然这个过程会因文化不同而有所迥异。[③]

第二种观点认为对于政治信任的建构而言，制度信任无疑更加重要。首先是因为政治信任更多地取决于制度的能力，如有学者认为政治信任“更多地取决于以法律和规章为形式的政治家行为的制裁措施。大多数西方国家建立了更多的控制政治家的公共和私人行为的权力机制——法律、行为准则、审查机构、调查委员会、法律程序”。[④] 正因为这种制度所具有的约束力，只有制度信任能够为人与人之间的交往搭建一个坚实的支柱，人际信任才有保障。[⑤]在这个意义上，穆勒（E. N. Muller）和塞里格森（M. A. Seligson）指出，人际信任是民主的产物，而不是民主的原因。其次，从理性选择的角度看，在政治信任构建的过程中，制度信任通常会比人际信任具有更低的交易成本。[⑥]最后，与人际信任相比，制度信任的抵抗力无疑更加强大一些，某些个体的不满不会轻易撼动它。人际信任则脆弱得多，很容易被小小的背叛所破坏。[⑦]

---

① 邱国良：《信任的网络与逻辑：转型时期中国农民的政治信任》，中国社会科学出版社2013年版，第140页。

② 牟永福：《基层政府信任的逻辑与建构——基于华北地区于镇的个案研究》，知识产权出版社2013年版，第6页。

③ 转引自马得勇：《政治信任及其起源——对亚洲8个国家和地区的比较研究》，《经济社会体制比较》2007年第5期。

④ 上官酒瑞：《从人格信任走向制度信任——当代中国政治信任变迁的基本图式》，《学习与探索》2011年第5期。

⑤ 薛天山，翟学伟：《西方人际信任研究的路径与困境》，《南京大学学报》，2009年第2页。

⑥ Muller, E. N. and Seligson, M. A. *Civic Culture and Democracy: The Question of Causal Relationships.* American Political Science Review, 1994, (88). 转引自胡宝荣：《国外信任研究范式：一个理论述评》，《学术论坛》2013年第12期。

⑦ 尼克拉斯·卢曼：《信任》，瞿铁鹏，李强译，上海人民出版社2005年版。

第三种观点是综合上述两种观点，认为制度信任和个人信任并非互相对立或相互排斥，而且可以相互加强相互促进的。这种互动关系恰恰构成了一个逻辑上的序列，即首先制度嵌入在人与人的关系网络之中，因此人们对制度的信任源自人们在交往中对所建立的关系的信任。[①] 然后，当稳定、透明和可预测的制度和结构不断建立之后，一种新的关于制度的信任就能产生，并且最终导致原有的人与人之间的信任重新恢复和不断增强。

关于政治信任重建的基本路径，一个比较一致的看法是，政治信任重建的理想目标应该是制度信任的构建，使得政治信任主要依靠于制度信任。但是当前中国仍然保留很大程度的人格化权力结构中，政治信任主要是围绕人际信任展开的。因此，在民众对基层政府的政治信任中，人际信任比制度信任具有优先性。例如，在中国乡村社会，由于重视人情和面子的文化传统，干部与村民之间的人际信任比较制度信任而言，发挥着更为根本性的作用。有项研究表明，平息和处理群体性事件仍然主要依靠熟人社会的社会信任（即人际信任）而不是制度化的政治信任。[②]因此，基层治理中的政治信任重建，也需要考虑到这种人际信任的优先性特征，通过各种政府取信于民的措施来塑造民众对政府官员的人际信任，并在这个过程中，滋养和巩固民众对政府机构和体系等的制度信任。

孟天广在2010年一项大型调查中运用结构方程模型检验了几种主要政治信任之间的关系，得出结论认为体制性信任、机构信任（前二者可以归纳为制度信任）和政治人信任（人际信任）在转型中具有很高程度的同构性，三者联系密切。[③]一般而言，民众对政府官员的信任可以比较容易地转移到他们对制度信任上来，反之亦然。这种结构性特征也证明了上述这种政治信任构建过程中人际信任具有优先性的有效性。但是在西方民主国家这些主要政治信任之间没有发现这种高度同构性，它们之间“既可能正相关，也可能负相关”，这源于“西方民主国家在政治体制、

① 李伟民，梁玉成：《特殊信任与普遍信任：中国人信任的结构与特征》，《社会学研究》2002年第3期。

② 邱国良：《政治信任：乡村治理的社会基础——以仲村5·31事件为个案》，《社会主义研究》2009年第3期。

③ 孟天广：《转型期的中国政治信任：实证测量与全貌概览》，《华中师范大学学报》（人文社会科学版）2014年第2期。

现任政府和当选政治家上有严格区分”。[①] 也正是在这种西方语境下，阿尔蒙德（Gabriel Almond）认为通常是制度信任能够更持久地维持政府的权威，而公民对具体政府官员的人际信任则经不住时间的考验。[②] 这些研究也提醒了我们，人际信任与制度信任在中国语境下的高度同构性只是阐明了在政治信任构建过程中如何找到一个更为有效的方式，其中人际信任具有优先性，但是需要去建立一个旨在确保人际信任向制度信任不断转移的长效机制。

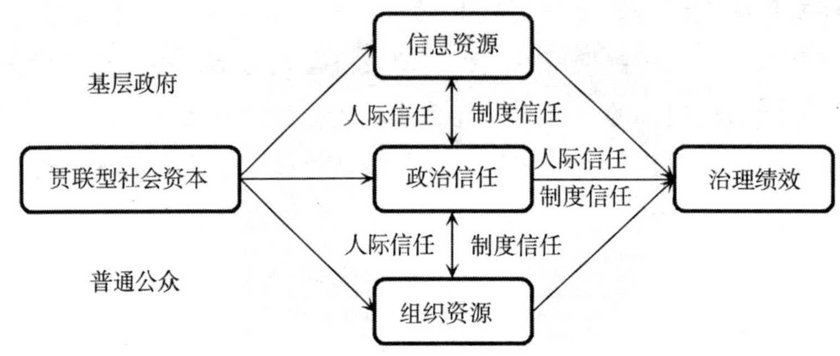

图 4—1　基层治理中的政治信任分析框架

综合上述命题，可以搭建一个以基层治理在的政治信任为核心的分析框架，如图 4—1 所示。在基层治理的场域中，该框架所讨论的社会资本主要是连接基层政府与普通公众之间的网络、规范和奖罚机制等结构性条件所提供的信息资源、政治信任与组织资源。事实上，这三种资源互相之间有共生性，可以互相促进各自的积累。在这里，该框架突出政治信任这个要素的显著性，被认为在社会资本这三种资源中具有核心的意义。当然需要对这个命题在经验意义上进行验证。

该框架所要阐明的第二层意思是以政治信任为核心的社会资本总量积累与治理绩效之间的正向关系。实际上，这个命题已经是研究者的基本共识。那么这个分析框架的意义当然不能满足于此。这里需要得到进一步阐释的是政治信任与另外两种资源以及与治理绩效之间的那些箭

① 邱国良：《政治信任：乡村治理的社会基础——以仲村 5·31 事件为个案》，《社会主义研究》2009 年第 3 期。

② ［美］加布里埃尔·A. 阿尔蒙德等：《比较政治学：体系、过程和政策》，曹沛霖等译，上海译文出版社 1987 年版，第 40 页。

头。它们不是想当然的、某种联系的指示，其内部也包括了一系列的机制或过程。

需要注意到在民众对基层政府的政治信任中，人际信任比制度信任具有优先性。民众对基层政府的政治信任偏低，而且这被普遍认为是导致大量群体性事件爆发的重要原因。具体而言，引发民众降低对基层政府的政治信任体现在人际信任与制度信任两大方面。这里，人际信任和制度信任可以相互促进也可以相互消损。因为每个人的信任首先来自于人与人之间的交流状况，相比而言，公民和政府官员之间的人际互动所产生的人际信任通常具有更大的效益。

因此，可以把上述关于人际信任与制度信任的命题融合在分析框架中，在这种信任与信息资源、组织资源以及与治理绩效之间都涉及人际信任与制度信任，其中，人际信任具有更为重要的影响作用，包括对制度信任的影响。由此，该分析框架突出了基层治理在政治信任重建的过程中，人际信任的构建相对丁制度信任的构建所具有的优先性和重要性，这个命题也为众多基层政府在重建政治信任的改革经验中得到了实践。

第三节　“村情百宝箱”:重建政治信任的地方经验

> “群众打干部这种情况怎样发生的？重要原因是干部不认识老百姓，没有情感。现在通信方便了，信息的掌握反而闭塞了；交通方便了，干群的距离反而疏远了；税费没有了，我们的工作反而难做了。这是为什么呢？我们认为，主要是我们的一些干部深入农村少了，与群众交流得少了，对群众的真实想法和需求掌握得不够。这在一些城郊乡镇（街道）表现得尤为突出。乡镇干部与老百姓形成一个死结，干部越不下去越不了解情况，问题就越得不到解决。
>
> 为了解决这个难题，我们创立了‘村情百宝箱’制度。其中的‘情’，是指做任何事情，先把情况弄清楚，驻村干部要把村里情况弄清楚，更主要的是要把和老百姓的感情搞好，一个是实情，一个是感情，第三个是干部与干部之间的友情，还有干部本身的激情、事业心和责任感。‘宝’，是指这种做法是我们工作的法宝，是党的建设和群众路线的法宝。干部要沉下去，把情况摸清楚，把感情建立起

来，把事情做好。‘箱’，是指我们做群众工作的规范化和标准化。你如果要做一个联系村的领导，就应该按照这个思路去做。你是信息员、指导员、督导，还是裁判员。因为村里内部尤其是两把手之间的意见不一致时，你要去做协调。”

——对一个街道书记的采访记录（2010 年 9 月）

这段引文中提到的是浙江省衢州市柯城区 2006 年开始探索并创立的“村情百宝箱”制度。为了深入研究“村情百宝箱”制度在密切联系群众，加强农村社会治理，做好新时期基层政治信任重建工作的理论意义与实践价值，作者和研究团队对“村情百宝箱”制度的起源、形成、发展和实施情况，展开历时 4 年（2009—2013 年）的实地调查研究。主要研究方法是查阅档案、问卷调查、访问乡村干部和群众等。在这个基础上通过案例描述与分析，探讨基层治理中形塑政治信任的诸种因果机制，并以此为基础讨论基层治理中构建政治信任的途径与方法。

一 问题与挑战

柯城区属浙江衢州市辖区，是衢州市委、市政府所在地，也是浙西地区政治、经济、文化的中心。全区面积 609 平方公里，辖区内有 2 个镇、7 个乡、8 个街道办事处、310 个行政村、30 个社区居委会，总人口 41.67 万人。1985 年，衢州升格为省辖地级市，柯城区应运而生，并成为发展的热土。在柯城区东、南、西、北四周，有 9 个乡镇（街道）都直接与市、区各类园区的规划建设相关，数量占了全区乡镇（街道）的一半。此外，还有一大批国家、省级重点工程在柯城境内通过。所有这些项目的实施，必然涉及当地土地征用、房屋搬迁、生活保障等群众的切身利益。

双港街道辖区内有 16 个村、2 个社区，总人口约 5 万人，辖区面积 12.9 平方公里，是一个典型的城乡结合型街道。2005 年村级换届选举，16 个村中有 14 个村共出现几十起群体性群众上访，参与群众多达累计数千人次，其中多数为到市政府上访。双港也因此成为当时出了名的“问题街道”。究其原因，主要是土地征用、财务管理、“两委”换届、宗族派性、个人恩怨和利益冲突等。少数上访群众还时常作出过激行为，拉横幅，贴大字报，围堵当地政府，趁乱殴打街道干部等时有发生。2005 年，该街道 16 个村有 12 村的村民到区政府或市政府集体上访，上访人次达到 5000 人至 6000 人。2006 年 100 人以上到区市政府集体上访超过 10 次。因此这年双港街道还被衢州市列为市级重点信访乡镇（街道），被挂牌责令限期整改。从整个柯城区来看，2008 年比 2002 年信访总量增加 56%，来信增加 44%，来访批数和次数分别增加 89%、59%。

一个街道领导在访谈时称："以前（村民）把书记堵在派出所直到晚上 3 点多。一个所长衣服拆掉，被开水烫，屁股被踢过。（街道）领导班子成员全部被整过，谈访色变，恶性循环。干部不愿下去，问题就越严重。有次我们要开一个会，老百姓第一次冲到会议室，老头、老太太跑到会议室，躺在会议室的桌上，直到中午，会开不下去。后来调动了 200 多名干警，300 名民兵，以及待命的武警，老百姓也敢往会议室冲，一个老太太倒地，摔伤了，花了十几万元治疗，还是死掉了。"①

当前中国地方政府中普遍存在的"压力型体制"，其核心机制是靠各级行政组织从上到下规定各种指标任务，并靠其从上到下根据这些规定的指标任务考核、选拔干部。在这种体制下，本案例中具有一定创新能力和领导才能的领导干部，即"基层政治精英"们也面对着诸多的压力。首先是工作方面的压力。市、区各类园区、重点项目的规划建设，涉及土地征用、房屋拆迁、政策处理，都要做好群众工作，不折不扣抓好落实。其次是维稳方面的压力。在城郊农村经济社会发展中，各类项目实施牵涉到群众的切身利益，每三年为一个周期的村级换届选举，一系列迫切需要解决的历史遗留问题等，都既涉及面广，又十分敏感，如处理不当极易引发群众上访。按照属地管理原则，当地政府必须做好社会稳定工作。最后是考核的压力。对于群众信访工作，衢州市自 2002 年以来建立了"实行信访重点乡镇（街道）管理"的工作制度，把群众集体访、越级访、重复访纳入重点乡镇（街道）的工作考核。对被列入重点管理的乡镇（街道），在全市范围进行通报，取消当年评比信访工作先进集体和先进个人的资格。连续三年被列入重点管理的乡镇（街道），对党政一把手实行就地免职。这些来自多方面的压力，倒逼得一

① 访谈记录 F1—2011—6—12KC。

些基层干部特别是主要领导干部必须绞尽脑汁，想方设法，求实创新，落实好发展和稳定的工作。

二 “村情百宝箱”制度的形成过程与主要内容

1. “村情百宝箱”制度的形成与发展过程

为了应对这样的困局，2006年11月7日，双港街道党工委组织开展了由全体街道干部职工（含两名退休干部在内，共39人）参加的“如何做好群体性群众信访工作大讨论”。随后，针对群众上访人数较多，方式激烈，原因各异，处置难度大四个明显特点，推行《街道干部工作写真》制度，出发点是将“谈访色变”、陷入一种“恶性循环”状态的街道干部“逼”到群众中去。干部每次下村，街道都会统一设计一张表格供其调查研究。“写真”设计的栏目，包括干部工作守则、年度工作计划、每月工作重点、周工作落实情况和《民情日记》等。之所以称“写真”，就是让街道干部给自己画画像，希望每个干部都能记录下自己最真实的工作状态。在这个过程中逐渐出现“村情百宝箱”雏形。这种“村情百宝箱”产生的直接原因，是为了村级领导班子实现平稳地换届。在访谈中，街道书记华国民称：“2007年，我在《浙江日报》，看到了一篇文章，说前任干部在离任时把村里村务交接百宝书，台账资料。我受启发，就叫百宝箱，目的是让老百姓与干部认识。2007年年底的时候我下去让干部们无论干什么事情，先把人头弄熟。这种做法也是逼出来的，要找到一个载体把干部武装起来，搞好工作，把干部武装起来，把群众组织起来。”[①] 该制度通过街、村联动，组织干部集中开展村情民意调查，挨家挨户地与村民面对面交流，详细了解每村每户每人的基本情况。在深入开展地毯式的“田野”调查之后，又按照“一村一册、一户一页、一事一表”的要求建立工作台账。

2007年9月，柯城区委决定在矛盾比较集中的双港街道开展“村情百宝箱”制度试点工作。双港街道党工委按照区委要求，于2008年2月29日正式出台《关于开展“村情百宝箱”活动的实施意见》，围绕改进工作作风，加强社会管理，做好群众工作的目标要求，对这项制度进行全面提升和规范，全面建立各村（社区）“村情百宝箱”制度，主要内容包

---

① 访谈记录：F2—2011—6—12KC。

括村情、户情、民意、督查记录四个大类。

在“村情百宝箱”建箱阶段，共有416名乡镇街干部和大学生村官参与“村情百宝箱”调查和建档工作，工作覆盖全区278个村。截至2008年7月底，共走访农户54409户，完成总农户数（66103户）的82.3%，撰写走访日记639篇；组织召开村情分析会381场次，撰写修改《村情分析报告》296篇，262个村制定了《村经济发展三年规划》，248个村制定了《增收项目建议书》；262个村完成“百宝箱”的文字建档工作，共计台账607册，其中60个村完成了所有数据的信息化输入工作，真正实现了解村情从“冰山一角”到“全景全貌”的转变。针对当前农村正处于发展的黄金期和矛盾的凸显期，农村工作领域不断拓宽、内容不断发展的特点，在排查摸底的基础上，对村情内容进行整理归档，并建立一村一册“村情百宝箱”信息库，并根据形势发展实行动态管理，每季度按村情变化及时更新、充实内容，确保“村情百宝箱”的连续性、动态性、真实性，实现“静态积累”到“动态写实”的转变。

2009年4月，中共衢州市柯城区委下发《关于在全区全面推行“村情百宝箱”制度的实施意见》，在全区全面建立和实施了“村情百宝箱”制度。鉴于村情百宝箱产生了良好的制度绩效，“村情百宝箱”制度不断地向企业、社区和党风廉政建设等方面延伸。一是向企业延伸形成“企情百宝箱”。2009年4月，柯城区委办公室下发《关于建立“企情百宝箱”制度切实加强重点企业服务工作的通知》。“企情百宝箱”以企业的基本情况、企业生产经营情况、企业发展中存在的实际困难、解决企业困难的办法措施、为企业困难所做的工作五个方面为主要内容，深入开展调查研究，加强政策宣传、难题收集和信息反馈工作，做到“一企一月一分析”，强化对重点企业特别是规模企业运行情况的监测，实时了解和解决企业生产和管理中遇到的各类问题，协助企业稳步有序发展。二是向社区延伸形成“居情百宝箱”。2009年9月，柯城区委下发《关于在全区推广“居情百宝箱”制度的实施意见》。“居情百宝箱”制度以居情概述、社区组织结构、社会稳定情况、社区经济资源情况、劳动力资源情况、社区事业发展情况、文化事业发展情况、统战人员情况、困难群体九个方面为主要内容，发动社区干部走街入户，了解掌握居民详细情况，做到“串百家门、知百家情、解百家难、暖百家心”，按照“一居一库，一楼一册，一户一页，一事一表”的要求，建立“居情百宝箱”制度。使“居情百宝箱”成为社区服务民生的“活字典”，以此来加强社区管理，服务社区居民，促进社区和谐。三是向党风廉政建设延伸形成“干部廉情百宝箱”。2010 年 9 月，柯城区纪委下发《关于在全区全面推行“干部廉情百宝箱”制度的实施意见》。“干部廉情百宝箱”制度的适用对象是全区各单位在职干部。以干部基本情况，干部勤政行为、工作态度、生活行为为内容的特定行为排查情况，由信访、审计、组织人事等部门提供的干部监督检查情况，干部重大事项报告、廉洁自律承诺、个人述廉、民主评议及对领导干部进行党风廉政建设责任制考核等其他情况为主要内容，及时了解和掌握干部的思想动态和行为表现，做好不良苗头性、倾向性思想和行为的预防化解工作，有效防范来自思想道德方面的廉政风险。“干部廉情百宝箱”制度是集干部廉政档案管理、干部廉政勤政行为动态排查、防范教育和纠错辅导为一体的干部廉政行为动态管理机制。

2009 年 2 月 27 日，在全国村务公开和民主管理“难点村”治理工作电视电话会议上，柯城区被授予“全国村务公开和民主管理示范区”称号。中共衢州市柯城区委书记俞顺虎同志，作为全国唯一县（市、区）代表应邀赴京，在主会场介绍了“村情百宝箱”制度的经验。2010 年 5 月，中共衢州市委在调查研究的基础上，结合全市各县（市、区）“村情百宝箱”制度的经验做法，召开“三民工程”专项行动动员大会，在全市全面推行了以“建立民情档案，定期沟通民情，为民办事全程服务”为主要内容的“三民工程”。

在制度实施中，也得到各级媒体、领导的关注和好评。已有《人民日报》、《红旗文摘》、《农村党建》、中国共产党新闻网等数十家广播电视、报纸杂志、网络媒体先后给予报道或追踪报道。2009 年 3 月 29 日，时任省委书记赵洪祝同志在《浙江信息》上阅读了《柯城“村情百宝箱”制度在全国作经验交流》一文后，批示指出：“对柯城区的经验要好好总结，加以推广”。2010 年 3 月 3 日，时任国家副主席习近平同志对“三民工程”作出重要批示：“……衢州市在农村全面推行建立民情档案、定期沟通民情、为民办实事全程服务的‘三民工程’，寓管理于服务中，寓监督于参与中，推进了基层民主政治建设和农村经济社会发展。这种探索和创新应当鼓励。”

2. “村情百宝箱”制度的主要做法

“村情百宝箱”制度的基本内涵是通过挨家挨户走访群众，与群众面对面交流，把以民情民意为核心内容的村情信息收集、记录下来，加以梳理汇总，做到定期更新，建立村情信息资源库，作为基层干部为民办事全程服务的依据。也就是解决实际问题、加强社会管理、做好群众工作的根据。2009年在柯城全区全面建立和实施了“村情百宝箱”制度。具体做法如下：

第一，进村入户增进干群感情。一是动员培训，明确任务。区委专题召开“村情百宝箱”制度推进会，对全区作出总体部署，并就走访群众的方式方法、资料收集内容等作专门培训。此外，还建立了“任务责任表”，把每家农户的名单登记造册，走访期间需要农户在“责任表”上签字，确保走访“一户不漏”。二是划片包村，层层分解。即实行区级领导联系乡镇，乡镇（街）领导联系片区，驻村干部、大学生村官和村“两委”干部包村制度，并明确各乡镇（街道）党（工）委书记为第一责任主体。三是走访慰问，收集民情。通过召开座谈会和挨家挨户走访的形式，了解农户的家庭情况，倾听群众的心声，收集他们的意见诉求，切实帮助群众解决实际问题。让干部主动进农家，并“进得了门，说得上话，帮得了忙，交得上心”。据统计，2008年双港街道干部在农村干部群众遇有“红白”喜事、重病住院、发生意外事故时，先后走访慰问村民218次，极大地改善了干部形象，密切了干群关系，暖了民心。

第二，规范建档梳理“村情民意”。一是统一标准建台账。在全面走访群众的基础上，根据村情、户情、民意三大板块内容，按照“一村一册、一户一页、一事一表”的要求，分别由乡镇（街道）两级进行梳理、分类、建立群众工作台账。具体内容类别如表4—1所示。此项工作，牵涉面既广又细，不可谓不烦琐。但不少乡镇（街道）都有自己的独到做法。比如，沟溪乡明确提出，民情档案力求做到“早、细、实、精”四个字。即及早部署，细化任务，实打实进村入户，民情档案精益求精。石梁镇的要求则非常具体，驻村干部要经常到联系村了解村情民意，每周不少于1次，每月至少走访农户5户，对一些特殊类型农户，做到每月必访，每访必记。二是信息动态抓更新。按照工作责任制要求，有联系干部负责联系村、联系点内村民的动态变化情况、反映问题落实情况和新的意见建议，按季度及时更新和充实村情民意。对村情信息实行动态管理。同时，在全区建立统一的“村情百宝箱”制度信息化管理系统。三是“村情考试”促落实。为促进干部作风转变，切实增强调研情况的深入性、真实性、有效性，乡镇（街道）还定期组织开展以“村情”为主要内容的村情户情考试，乡镇（街道）干部和村干部、党员、村民代表“双向互认”以及群众对驻村干部的满意率测评等活动，促使各项工作落到实处。对村情村况掌握不清楚的乡镇干部实行诫勉谈话教育。

表 4—1　“村情百宝箱”制度的主要内容

序号	项目	主要内容	
（一）	村情	1	村情概述：包括户数、人口、土地面积、集体经济收入、农民收入等基本情况，历史沿革、民俗风情、人文古迹、风景名胜等情况。
		2	村党员干部组织结构：包括村“两委”班子成员、党员、村民小组、村民代表、村民理财小组等人员基本情况及对村“两委”的评价，村干部报酬、村制度建设等情况；村“两委”会议、村民代表大会讨论决定事项情况。
		3	村劳动力结构及从业分布情况：包括劳动力总量、从事各行业人员分布，村能工巧匠、乡土人才、创业能人情况，在外知名人士情况，外来人口情况。
		4	村产业结构及村民收入来源情况：包括从事种植业、养殖业、来料加工、外出打工等行业面积、产量、户数、人数及收入分析。
		5	村集体经济及村务公开情况：包括村集体资产分布、村集体经济财务收入支出情况、村务财务公开情况；村重大事务研究、执行、公开情况。
		6	土地流转情况：包括流转户数、面积、经营项目等。
		7	村社会事业发展情况：包括村庄整治、村道建设、农民饮用水、垃圾集中收集、污水处理、农田水利以及计划生育、教育卫生、社会保障等方面的现状、存在问题及解决办法。
		8	村社会稳定情况：包括历史遗留问题、邻里纠纷、不稳定隐患、重点信访户、刑事处理对象、黑恶势力、治安状况，水库、江堤、山体、桥梁等安全隐患状况。
		9	困难群体情况：包括村五保户、低保户、民政优抚对象、低收入农户、困难户、重病久病户、残疾人等情况。

续表

<table>
<tr><th>序号</th><th>项目</th><th colspan="2">主要内容</th></tr>
<tr><td rowspan="3">（一）</td><td rowspan="3">村情</td><td>10</td><td>村风民风及先进模范典型情况。</td></tr>
<tr><td>11</td><td>上级党委政府部署的中心工作完成落实情况及困难问题。</td></tr>
<tr><td>12</td><td>其他需要掌握的情况。</td></tr>
<tr><td>（二）</td><td colspan="2">户 情</td><td>户情调查要求一户一建档，这是建立村情台账的基础。主要反映该户家庭成员、社会关系。劳动力从业、家庭收入来源渠道、家庭生活状况，存在困难问题、合理诉求及问题解决情况。</td></tr>
<tr><td>（三）</td><td colspan="2">民 意</td><td>重点调查了解该村农户在发展生产、增收致富方面的需求、对区、乡、村干部的意见建议、利益诉求等方面的要求和问题。要求一事一专题，全面反映该事项问题解决的过程、办法和结果。</td></tr>
<tr><td>（四）</td><td colspan="2">督查记录</td><td>要求把干部走访农户、村情分析会、历次督查情况及整改落实情况一一记录在案。要求一个季度进行一次村情综合评价分析，并形成分析报告。</td></tr>
</table>

第三，破解难题化解基层矛盾。在“村情百宝箱”制度实施中，为有效解决为民办事全程服务的问题，柯城区确立了“重点问题跟踪办、一般问题即时办、难点问题合力办”的工作思路。针对不同问题，逐个分析，实行分类处理、分级落实。一是即时即办。本村能够解决的问题，即时解决；需交由村民代表大会表决的，落实措施和责任人，限期解决；本村不能解决的，提交乡镇（街道）党委（党工委）和政府（办事处）研究解决。二是部门联办。一些重点、热点的政策类问题，由乡镇（街）党（工）委提交上级党委，多个部门联合开展调研，合力帮助解决问题。一些牵涉到市级相关部门的复杂问题，建立破难跟踪制，由牵头负责的区级领导向上级争取支持。三是挂牌督办。对群众的反映和诉求，实行一事一挂牌、一事一督办、办结销号的“挂牌督办”制度，明确责任人和承办时间。要求简单事项 3 个工作日办结，一般事项 7 个工作日办结，重大事项一个月内办结。对那些暂时不具备条件解决的问题，及时对群众做好耐心细致的解释工作，积极争取相关群众的支持和理解。“记录回声”倒逼。在推进制度的过程中，干部的一言一行、所思所感都有书面记录，群

众评议中得到的真实反映和监督都有回声，有效防止“干好干坏一个样”，使联系村领导干部、驻村干部、村主职干部等在推进工作方面有了相互对比的依据，使干部之间的工作态度、工作进度、工作水平、工作成果可以进行量化比较，营造了“比学赶超”的良好工作氛围。

第四，使用“五查五看”的考核机制。通过组织乡镇干部村情考试、工作评价、问题分析等工作机制，做到村情结束后有一次考试、形成一篇村情分析报告等，从而准确地了解有关干部对所驻村民情民意的熟悉程度、掌握精度。如试点单位双港街道党工委采取“五查五看”（即查干部群众双向认识率，看干部深入不深入；查村情考试，看掌握情况全面不全面；查村情分析准不准，看掌握情况深刻不深刻；查矛盾化解解决实际成果，看工作实不实；查群众满意度测评高低，看群众评价高不高），来倒逼广大干部沉入农村一线，做到发展问题在一线、解决问题在一线、工作考核在一线。

三 “村情百宝箱”制度的成效

“村情百宝箱”作为乡村治理有效的制度创设和供给，在农村社会稳定与发展方面取得了明显的治理绩效。突出体现在四个方面。

1. 通过全面走访农户，让困难群体更加引起关注。“村情百宝箱”制度要求基层干部“用脚丈量土地”，遍访农户，将村民情况从姓名、年龄、家庭收入等常规内容，到村民困难诉求一一记录在案。“一户一档”的户情档案全面记录了农村村民的生活状况，谁贫谁富，民生的疾苦一目了然。这就为民政部门、劳动保障部门和乡镇政府下发特困补助、落实低保等提供了一架“天平秤”。调查中我们发现，这些台账资料关键时刻往往能够发挥意想不到的作用。比如 2010 年 7 月，该区的沟溪乡遭受洪涝灾害，倒塌房屋 40 多户。但由于民情档案做得细致准确，全乡的危旧房住户，早已排查到位，记录在案，且转移及时，没有造成一起人员伤亡事故。

2. 弘扬民间文化，促进乡村文明秩序回归。在“村情百宝箱”制度实施中，村情调查对村庄历史文化的溯源起到决定性作用，一批优秀传统文化艺术被重新发掘并得到了弘扬和发展。如航埠镇严村高腔、沟溪乡余东村农民画、九华乡沐尘村“大布龙”等，全区已有 30 余种民间文化，被列入省、市、区三级非物质遗产名录。与此同时，“村情百宝箱”犹如“村谱”，记录了村情万象，推动了村风和谐文明，也促使了村庄文化秩序的复原与回归。

3. 畅通诉求渠道，维护社会政治和谐稳定。“村情百宝箱”制度的创设源于维护农村社会稳定。双港街道自从 2007 年开始实践该制度以来，有效遏制了信访突出问题和群体性事件高发频发的势头，不仅通过了考核，顺利摘除了衢州市信访重点乡镇的帽子，而且，实现了越级群体性信访“零”的突破。柯城区 2009 年推广“村情百宝箱”制度，当年全区群众集体上访为 69 批、746 次，分别比 2008 年 124 批、1442 次下降了 44% 和 48%。尤其是在一些“难点村”的治理富有成效。双港街道试点之后，2008 年柯城区在全区 19 个“难点村”中实施“村情百宝箱”制度。这些村在当年村级换届选举中全部实现“双百目标”，即 100% 完成换届选举工作，100% 实现足额选举。

以上三个方面的绩效一方面是转变干部作风、重建政治信任的结果；另一方面也促进了干部作风的转变和政治信任的重建。

4. 转变干部作风，重建政治信任。2010 年年底至 2011 年年初，柯城区委党校在全区开展了“村情百宝箱”制度实施情况的调查问卷，在 10 个乡镇（街道）分别抽取 2 个行政村（其中：石室乡为 3 个行政村），共 23 个行政村，随机向群众发放问卷共 1150 份，收回有效问卷 1115 份。结果显示，该制度实施以后，对“我对政府的信任度有较大提高”表示同意的 1020 票，占总 91.5%；“我对乡、村干部更加信任”表示同意的 938 票，占总 84.1%；“我希望‘村情百宝箱’制度（三民工程）得到更好的推广和实施”表示同意的 995 票，占总 89.2%。调查显示，群众对“村情百宝箱”及其制度实施中干部作风的认同度都比较高。

四　“村情百宝箱”制度的经验与启示

村情百宝箱制度包括三个相辅相成的内容，即干部与村民之间的交流沟通；建立民情档案；发现问题解决问题。其中关键的是该制度的实践改善了村民与干部、政府之间的关系，重建了政治信任，使得一些治理问题就比较容易解决。村情百宝箱制度运行几年下来所产生的治理绩效是显著的，其内在机制主要是在于该制度以重建政治信任为核心、着力在组织资源与信息资源等方面入手，全面推进社会资本总量的积累与提高，从而全方位地促进农村治理的发展并取得良好的绩效。

第一，重新激活或壮大基层治理的组织资源。首先是通过“村情百宝箱”制度，推进了干部群体和基层政权机构的组织化力量。“村情百宝箱”制度借鉴了学校考试的方式，运用干群双向认识率、村情分析以及村情考试等措施来约束乡镇干部，使他们真正深入下去，摸清各个村的实际情况，深入思考，仔细分析村情。其次，“百宝箱”装的是村情、户情、民情和民意，促进“两委”及其干部工作更加透明，为群众知情权、参与权、选择权和监督权的实现提供了保障，从而有力加速村级决策民主化、科学化、法制化进程。并在这些过程中，干部作风有了明显好转，干部能经常走近群众，听取群众意见建议，消除了干群间的隔阂。干群的经常走动，使矛盾问题能得到及时的发现，得到及时解决，群众反映矛盾问题也不再是有理无理先往干部身上一阵数落，干部的威信在为民办事中逐步树了起来。同时，干部能力有了明显提高。干部与群众交流的能力、工作协调能力、观察分析能力、工作执行力等有了提高。

第二，有效解决了治理过程中的信息资源问题。这些荟萃“资源信息”的“重要档案”也为政府与村民、村民与村民、干部与村民等多方位的互动提供了信息的对称性，也使得各个层面的参与成为一种“可能”。首先，它使得农民的诉求、群众的意见建议，当前农民最迫切的需要一目了然，根据这些信息，村两级组织该做哪些事，该如何做都有了重要的客观依据，从而按照老百姓的实际需要提供“有的放矢”的服务，为民办实事的工作效率就得到了大大地提高。这种信息的收集也是一种农村社会稳定的源头治理机制。当前，针对农村矛盾问题，基层政府大多采取“事后处置”的方式加以平息。这种模式如若处置不当，极易引起矛盾问题的激化升级，进而导致工作的被动，甚至形成问题的历史沉积。“村情百宝箱”制度，在这个意义上是一种源头治理体系的构建。它通过进村入户的走访，厘清了农村社会关系网络，及时发现问题苗头，排查矛盾隐患，构筑了一道农村矛盾问题的“防火墙”。

第三，从人际信任到制度信任的政治信任重建。基层治理问题最后归到人的本质问题，即人是一切社会关系的综合，“村情百宝箱”制度核心的作用就是改善人的关系。在这个意义上，“村情百宝箱”制度从根本上解决了乡镇干部深入群众，联系群众，尊重群众以及为民办事全程服务的重大政治问题。它所遵循的基本立足点在于同群众沟通的过程。“村情百宝箱”的制度设计更为看重的是整个工作过程。如同“大百科全书”式的村庄资料库的建立，必须挨家挨户地去调查核实。“走访调查——信息收集——信息处理——信息汇编”的过程，需要乡镇干部走遍千家万户，历经几多来回。在一次又一次的走访中，群众的面熟了，脸热了，知心话多了，烦心事少了。干部在农民群众中的威望自然会得到提升。让干部主动进农家，并“进得了门，说得上话，帮得了忙，交得上心”。正是在主动进行民情沟通的过程中，这种人际信任重建调动了村民对整个政府与制度的政治信任，为各方面工作开展奠定了基础。

综上所述，政治信任重建就是要在基层政府与民众之间构建一个贯联型社会资本。基层政府与民众之间传统连接纽带失效的情况下，政治信任重建需要搭建一个交流平台重建关系纽带。“村情百宝箱”作为政治信任重建的平台与机制，是以政治信任中的人际信任为着力点，延伸到其他类型的政治信任，并且提供了更多信息资源与组织资源，一起促进了基层治理水平的提高，其中关键指标是群体性事件暴力行为的预防。当然，需要清醒地认识到“村情百宝箱”制度确实架设了干部和群众“面对面”、“零距离”沟通的桥梁，并以“定期沟通、常态沟通”为特点，使群众的利益诉求能得到及时而准确的表达，有利于农村社会的长期稳定。但是由于该制度更多的是从领导干部的视角来设计的。随着近年来群众对自身利益诉求、民主诉求等表达愿望越来越强烈，“村情百宝箱”制度提升的空间应该在于更大程度地实现基层政府与民众之间的良性互动的合作式治理关系。

第五章　实现集体行动理性化的组织重建

当前的中国像其他诸多国家一样，在大转型时期几乎不可避免地遭遇到了大量的社会矛盾与冲突。学者们常常用“群体性事件的大量爆发”来描述这种现象，固然有其合理性，但是并不全面。因为，群体性事件的主要标志在于它诉诸破坏或暴力的手段来进行利益表达，实际上还有大量的集体性利益表达行动，并没有采取一些违法性的手段，而是力图在法律允许范围内有序地进行。这类合法有序的集体行动可能在数量上要远远多于群体性事件，由于缺乏新闻轰动性或其他缘故，常常得不到充分的学术关注。王国勤在2007年建议使用“集体行动”这个词来概括这类现象，即“社会各种利益主体之间由于利益纠纷而引发的、以政府为诉诸对象或重要第三方的、有数人参与的利益表达行动或过程”①。集体行动从有节制的行动到暴力行动构成一个连续谱，不同的行动方式可以互相转换，因此把群体性事件看成是集体行动的一部分，可能更有助于促进对这一社会现象的研究。

中国当前集体行动长期以来面临着“组织化”和“制度化”的双重困境：一是公开组织化的集体行动很难具有合法性，地方政府控制和打击跨单位、跨行业的串联组织活动与抗议活动，同时处置部门通常实行“掐尖打头”政策，即对组织闹事的带头人进行严肃处理。二是集体行动的开展普遍缺乏制度化、常规化的轨道。这种状况一方面“诱使了各种无组织的、不同利益诉求的人们直接针对国家的集体行动”②；另一方面

---

① 王国勤：《“集体行动”研究中的概念谱系》，《华中师范大学学报》（哲学社会科学版）2007年第5期。

② Zhou Xueguang 1993：*Unorganized Interests and Collective Action in Communist China*，American Sociological Review 58.

“大大降低了社会在集体抗争行动方面的组织能力，使运动积极分子和闹事民众不能在制度化的讨价还价过程中走向政治成熟”①，相反往往是导致弱势群体的“刁民/暴民”化。②鉴于此，要去探讨如何降低集体行动的违法与暴力程度，提高国家将社会矛盾和冲突纳入制度轨道的能力，也必须要研究怎样通过社会组织的建设来实现集体行动的理性化、有序化与常规化。为此，本章将从中国集体行动的组织形态现状与集体行动组织重建的路径探索等方面展开讨论。第一节，通过对当前中国集体行动组织形态与事件轨迹的类型学分析，阐明社会组织的发展有利于集体行动理性化的重要命题。第二节和第三节，将分别介绍以区域党组织建设为核心、重新构建社区基层组织体系的“北仑经验”和以维护工人合法权益为重点的“义乌工会社会化维权模式”，这些经验与模式均是旨在通过社会组织的体系化建设来实现集体行动的理性化、有序化与常规化。

第一节 当前中国集体行动的组织形态与事件轨迹

从组织的角度来观察与分析集体行动的运行轨迹，主要是因为经验中组织形态的特征通过行动策略互动的深刻影响而作为一种重要因素参与建构了不同集体行动的运行轨迹。其中，无论是集体行动还是社会运动，其理性化的过程是伴随着各类社会中层组织的发展并且逐渐承担着越来越重要的动员与协调功能。对组织这种重要功能的认识在学术发展史上则经历了经验与范式的不断转换过程。与此同时，当前中国集体行动的众多经验也大致验证了社会组织的发展有利于集体行动理性化的这个基本命题。因此，实现集体行动理性化的社会组织重建则成了当前中国需要重视的历史任务。

一 集体行动理性化过程中的组织形态

西方社会运动研究的蓬勃发展是从20世纪60年代后期开始的，但在

---

① 赵鼎新：《告别革命的路径》，当代社科视野网·http://ddsksy.zjdx.gov.cn/ch/reader/view_news.aspx?id=20120827140613001，2012年8月27日。

② 陈映芳：《贫困群体利益表达渠道调查》，《战略与管理》2003年第4期。

这之前，这个议题的研究在欧洲和北美已经进行差不多一个多世纪了，这段时期的诸种理论一般被称为社会运动的古典理论，也被称作崩溃理论（Breakdown Theory）[①]、整合不良理论（Mal - integration Theory）[②] 或（广义）集体行为理论（Collective Behavior Theory）[③]。古典理论的基本假设是参与者是病态的、不正常的“病理性假设”；选择参与是非理性的“非理性假设”；个人的心理状态和运动参与之间是一种直接的关系的“直接性假设”。古典理论强调了非理性与情感在集体行动中的作用，但是不难发现，这种状况是以“无组织化”这个结构性因素为基础的，无论是勒庞的“乌合之众”[④]、还是布鲁默（Herbert Blumer）的“集体兴奋”[⑤] 均是如此。前面提到中国发生的大量无直接利益相关者参加的“泄愤事件”，可以说在很大程度上是在验证古典理论中的一些基本命题。其共同点就在于“无组织化”，以及由“无组织化”所导致的情绪与非理性等因素主导着集体行动的运动轨迹。正因如此，赵鼎新称布鲁默理论中的“循环反应”在中国目前发生的各类骚乱中时时可见。[⑥] 刘琳则较为全面地阐述了这种无组织化群体性事件的特征。[⑦]

20 世纪 60 年代后期的世界经历了明显的、深刻的、戏剧化的变迁，尤其是席卷全球的大量各类社会运动的爆发，也使社会运动研究以空前的速度发展成为学术界的主流。作为对古典理论的替代性理论——主流理论，包括资源动员理论和政治进程模型，也正是在这种背景下产生的。资源动员理论与政治过程理论等主流理论关注的社会运动，与古典理论关注的集体行为之间最大的区别就在于社会运动一般都有正式的、专门的运动

---

① Useem, Bert: " Breakdown Theories of Collective Action". *Annual Review of Sociology*, Vol. 1998, 24: 215—238.

② Oberschall, Anthony : *Social Conflict and Social Movements.* Englewood Cliffs, Prentice - Hall, 1973.

③ Buechler, Steven: *Social Movements in Advanced Capitalism.* Oxford University Press.

④ ［法］古斯塔夫·勒庞：《乌合之众：大众心理研究》，冯克利译，中央编译出版社 2004 年版。

⑤ 赵鼎新：《社会与政治运动讲义》，社会科学出版社 2006 年版，第 63 页。

⑥ 同上书，第 63 页。

⑦ 刘琳：《“无组织化”：转型期群体性事件的主要风险因素》，《当代世界社会主义问题》2012 年第 2 期。

组织，而后者没有。其中，资源动员理论最重要的革新是把社会运动看成是有意识的行动者进行理性选择的结果。社会运动组织选择什么样的战术和策略来动员资源和行动，是决定社会运动成败的重要因素[①]。

其实，对社会组织状况与社会运动发展的关系已经在更早的时间被学者们敏锐地观察到了。美国学者威廉·康豪瑟（William Kornhauser）在1959年出版了《大众社会政治》，提出一个正常的社会结构应该是三层，即政治精英、中层组织和广大民众。理由主要在于“社会中层组织的活动能照顾到国家和家庭所不能照顾到的个人利益和兴趣，为组织内部成员的讨论，为中层组织之间以及中层组织与国家之间的对话提供了平台，能够促进认同感和利益的多元化，还能作为国家精英与民众之间的中间发挥联系作用”。[②]也因此，有大量社会组织存在的国家，不大可能发生大规模革命运动。但是并不能据此得出“这种条件下不会发生大量的社会运动”的结论。正是由于大量社会运动组织存在，促进了社会运动的理性化与制度化，主流理论也由此开始关注理性、资源、策略、框架建构和机遇结构等因素。随后的政治过程理论共享了资源动员理论中对行动的理性的视角，但更多地关注社会运动所处的政治和制度环境，其核心概念是“政治机遇结构”。同时，政治过程理论也揭示了既有社会网络和本土组织对于社会运动招募成员和资源筹集的作用[③]。同样的思路，一些学者将组织视为一种媒介和手段，为集体行动的发展和有效性提供了路径和支撑[④]。在当前中国，可能只有一些大型的环保运动（如）具备主流理论所描述的社会运动的基本特征。根据童志峰的研究，这些环保运动已经具有了独特的资源，其中大众传媒、互联网和国际非政府组织的直接支持对于环保运动的兴起发挥了重要的作用。

---

① McCarthy, John D. and Zald, Mayer N. 1977: “Resource Mobilization and Social Movements: A Partial Theory.” *The American Journal of Sociology*, Vol. 86, No. 6, pp. 1212—1241.

② 童志峰：《历程与特点：快速转型期下的中国环保运动》，《理论月刊》2009年第3期。

③ Tilly, Charles 1978: *From Mobilization to Revolution*. New York: Random House. Useem, Bert 1998: “Breakdown Theories of Collective Action”. *Annual Review of Sociology*, Vol. 24, pp. 215—238.

④ ［法］埃哈尔·费埃德伯格：《权力与规则——组织行动的动力》，张月等译，上海人民出版社2005年版，第22—23页。

2003年以来，环保运动出现了大规模的联合行动，而且与环保总局建立了紧密的联合①。

以上从组织视角回顾了对国内外的相关经验与范式，贯穿其中的一个核心命题是社会组织的发展对于集体行动理性化的重要性。在这个脉络下，赵鼎新着力探讨了各类社会中层组织的发达程度及其性质对集体行动或社会运动的特征或轨迹的影响及机制，并且提出了一些经典的命题。例如（1）在一个公民社会发育不良的社会中，社会运动的发展往往会受情感主导；而在一个公民社会发育良好的社会中，社会运动的发展主要由运动组织的策略来主导。（2）社会运动组织在一个运动中的作用越大，该社会运动的参加者就越有可能把文化形式库当作一个工具包，并会进行创造性运用；而当一个社会运动的组织性很差时，决定一个运动发展的往往是大众头脑中普遍存在的基于一个社会文化传统的一些基本解读模式。②正是以上这些因果机制的组合，使得在那些中间组织欠发达、独立于国家的组织受到严重限制的权威国家中，集体行动或社会运动通常具有巨大的破坏性。而在那些后殖民国家和战后国家，由于还没有建立起稳定的市民社会机制，社会机制非常脆弱，极易产生一些暴力冲突。③

二 当前中国集体行动的组织类型

当前中国集体行动的类型也是非常丰富的，这种类型学分析也一直是学者们关注的议题。分类的依据也是多种多样，例如以事件的行为特征④、以事件发生的领域加上缘由⑤、以暴力程度⑥为分类依据。肖唐镖认

---

① 童志峰：《历程与特点：快速转型期下的中国环保运动》，《理论月刊》2009年第3期。

② 赵鼎新：《社会与政治运动讲义》，社会科学出版社2006年版。

③ ［德］海拉德·威尔则：《不平等的世界——21世纪杀戮预告》，中国友谊出版公司2013年版。

④ 于建嵘：《当前我国群体性事件的主要类型及其基本特征》，《中国政法大学学报》2009年第6期。

⑤ 刘能：《当代中国的群体性事件：形象地位变迁和分类框架再构》，《江苏行政学院学报》2011年第2期。

⑥ 王国勤：《社会网络视野下的集体行动：以林镇为群体性事件案例》，《开放时代》2011年第2期。

为“分类的标准应当是多元的”，其中指出“民众行动的组织程度”是一个不应该忽视的角度[①]。从现实角度看，不可否认的是“组织维度在现代社会具有位居中心的、第一位的重要性，为集体行为的发展和有效性提供了路径和可靠的支撑”[②]。但是从理论角度看，现有文献对当前中国集体行动从组织维度进行的类型学分析还是比较单薄的。

鉴于组织形态同集体行动的经典研究议题——行动策略以及行动轨迹具有内在的因果联系，可以把组织维度这个复杂的概念建构成包括如下三个区别维度的分类框架，即组织形态、由组织形态作为主要因素所决定的行动策略以及由这些策略互动所型构的行动轨迹。以这个视角来观察中国集体行动的类型，至少有以下四种类型。第一，具有公开合法的正式组织、相对持久、合法有序的集体行动。在中国最典型的是各类环保组织发动的环境保护运动，大多数可以视作是高度组织化的社会运动[③]。第二，街头临时聚集、没有组织、彻底失控的集体行动。这是于建嵘概括的大量无直接利益相关者参加的来时快、去时快的“泄愤事件”[④]，可以概括为“无组织化”的集体行动。有项研究细致地展示了村民原始的抗争行为所得具有的“自发性、传统性、去组织化、弱政治性”等特点与打砸抢等群体性泄愤事件之间的关系机制[⑤]。

随后的两个类型均属于“参与者是介于偶然的一般性群众聚合与正式组织的中间状态—组织化群体”[⑥]。其中，第三，具有类似于正式组织的“准组织”，主要诉诸理性、合法手段的集体行动，即“准组织化”的

---

① 肖唐镖：《当代中国的“群体性事件”：概念、类型与性质辨析》，《人文杂志》2012年第4期。

② ［法］埃哈尔·费埃德伯格：《权力与规则——组织行动的动力》，张月等译，上海人民出版社2005年版，第1—2页。

③ 赵鼎新，《社会与政治运动讲义》，社会科学出版社2006年版，第2页。

④ 于建嵘：《中国的社会泄愤事件与管治困境》，《当代世界与社会主义》2008年第1期。

⑤ 李晨璐，赵旭东：《群体性事件中的原始抵抗——以浙东海村环境抗争事件为例》，《社会》2012年第5期。

⑥ 孙正：《组织化群体：关于群体性事件参与者的基本分析》，《中国人民公安大学学报》2004年第5期。

集体行动，其主要特点是表面上不具有正式组织的一些形式特征，比如固定的机构、人员、章程、制度等，但是在集体行动参与者的内部，这些要素以非正式的形式存在，并协同发挥着正式组织的功能，基本上能够协调、控制参与者，主要诉求各种合法有序的常规性手段。这里的“准组织”不同于通常所说的“非正式组织”，后者是管理学中的常用概念，是指在现有正式组织之外的自然形成的松散的、没有正式规定的群体。而“准组织”和后面所提到的“弱组织”一样，由于面临合法化的困境而更像一种实际在发挥着组织功能的“隐形组织”。也因此，为了避免概念混淆，不建议在研究集体行动的组织形态时使用“非正式组织”概念，而且为了和“弱组织”区别开来，而使用了“准组织”概念。第四，具有较弱的组织形态，常常伴随着一些破坏和暴力行为的集体行动，即“弱组织化”的集体行动，其组织形式和“准组织化”的集体行动相似，但不同的是，它在协调和控制参与者现场集体行动方面的能力较弱，容易产生一些破坏性和暴力性的集体行动。

1. “准组织”与“弱组织”的混淆与厘清

需要明确的是，上述的主流理论所依托的社会经验是发达的市民社会，因此对当前中国大量“准组织化”与“弱组织化”的集体行动这样的类型，总体上缺乏学理上的关照。中国当前集体行动长期以来面临着“组织化”和“制度化”的双重困境，是导致大多数的集体行动具有“准组织化”或者“弱组织化”特征的关键背景性因素。在这个语境里，如果想超越社会运动主流理论，需要发掘出中国经验中的独特性，并以此建构自己的一般理论。事实上，这项努力已经自觉或不自觉地在进行，并集中体现在对“准组织化”与“弱组织化”的集体行动中的组织形态、策略选择与行动轨迹等因素的讨论上。但是，遗憾的是，大多数的学者并没有把集体行动中普遍存在的“没有正式组织的组织形态”作进一步的区分，有的看到了差异，但是没有在学理上作出明确的分析。

王国勤在2011年提出关于集体行动的“准组织”概念[①]，并把它同“弱组织”进行了初步的比较，即“（准组织）这种组织形态，使精英内

① 王国勤：《国家——社会关系与当前中国集体行动的类型与机制》，引自肖唐镖主编：《社会稳定研究：城乡之间》，学林出版社2011年版，第130—142页。

部以及精英与民众间的联系更加密切，使他们之间的沟通与协商更加充分，这样，他们所采取的集体行动更加倾向于理性化与常规化”。而“（弱组织）精英们是分化的，相互之间的分歧较大，而且缺乏有效的沟通，这样容易导致其中的部分精英的理性化努力的失败，因而更容易使集体行动失控或激进化”①。这种差别集中体现在各自的“隐形组织”在协调和控制参与者现场集体行动方面的能力是较强还是较弱，这导致了截然不同的行动轨迹。

很多学者把集体行动中的组织形态一律叫作“弱组织”或者“无组织”，这种做法是没有办法厘清其中更为细致也常常较为显著的类型差别的。有些学者虽然在概念上没有做明显的区分，但是就研究的对象和内容而言，显然是观察到了“准组织”与“弱组织”之间的差别。比较而言，学者们对“准组织化”的集体行动给予了更多的关注。于建嵘 2000 年称他观察到的群体性事件具有一个最突出的特点就是组织性对抗，一般都有明确的组织领导者，但是这种组织有些“神秘”，因为看不到这些组织外在的组织化活动，而实际上其内部还是较为严密的②。应星对这种状况有段精彩的描述：“所有的草根行动者在进行动员时都表现出了较强的理性控制、精心组织的面向，都会在实际上有组织的分工、决策机制和激励—约束机制。当然，草根行动者在进行组织动员时几乎都是坚持名实分离的。”③ 这种“准组织”的一个突出特征是在策略选择上体现出充分的理性和效率，致力于利用各种条件，展开合理、合情和合法的利益诉求行动。吴同、文军在一项研究中发现维权的工人们“能在实践中利用规则为自己创造有利条件，自我组织起来。在诉求的过程中，他们选择采用‘非对抗性’、‘非政治’手段”④。周林刚、冯建华在一项对于农民工集体行动的研究中把这种策略细致地分为“行动合法化策略、行动扩大策

① 王国勤：《国家——社会关系与当前中国集体行动的类型与机制》，引自肖唐镖主编：《社会稳定研究：城乡之间》，学林出版社 2011 年版，第 139 页。

② 于建嵘：《当代中国农民维权组织的发育与成长：基于衡阳农民协会的实证研究》，《中国农村观察》2005 年第 2 期。

③ 应星：《草根动员与农民群体利益的表达机制——四个个案的比较研究》，《社学研究》2007 年第 2 期。

④ 吴同，文军：《自我组织与遵纪守法：工人依法维权的集体行动策略——以上海 SNS 企业工人抗争为例》，《社会》2010 年第 5 期。

略和行动延伸策略”①。

2008年徐晓军、祝丽花提出“弱组织”概念，即“具有初步的组织形态以及一定的组织内部的压力—动力机制，但又不具备完整的章程等正式组织所具备的要素的‘弱组织’状态”②，这种界定也没有把“弱组织”与“准组织”区别开来，而且他们把这种“弱组织”状态视作所有集体行动的特征，很明显是不全面的。显然，“弱组织化”的集体行动中也有组织，但是并不能有效地发挥组织功能，集中体现在协调和控制参与者现场集体行动方面的能力较弱。例如，姚兵所描述的“事前的有组织性与现场的无组织性并存”③ 的状况，就是“弱组织化”集体行动的典型特征。在当前有些事件中，也发现互联网可以在很大程度上替代各种类型的组织、承担起动员与组织的功能，而且不一定使得现场失去理性而出现破坏或暴力行动。

总之，学界对这种有别于“弱组织”的“准组织”的组织形态研究还是缺乏足够的重视。而且，这种重视也是基于制度化处理社会冲突构建和谐社会的现实需要，因为在组织化困境还一时难以化解的情况下，除了国家与社会达成共识的少数类型的社会运动外，只有“准组织化”的集体行动是更加理性的，诉诸合法有序的手段。

2. “准组织化”集体行动的策略与行动

现有文献已经对这类集体行动的组织形态、策略选择与行动轨迹等因素展开了比较丰富的讨论。首先，描述了行动者所处的特定社会网络是如何形塑“准组织化”的形态与特征的。其次，阐述了“准组织化的集体行动”倾向于风险最小的、理性的、非暴力的策略与行动的关系机制。最后，归纳出“准组织化”的集体行动倾向于朝着制度化、轨道化的方向发展的重要命题。

社会网络从来就是社会运动或集体行动的一个自然而然的动员结构，但是在不同的政治机遇结构下，它所发挥的作用是不一样的。在存在大量

---

① 周林刚，冯建华：《农民工集体行动的策略——基于X厂3位组织精英的个案分析》，《甘肃行政学院学报》2009年第1期。

② 徐晓军，祝丽花：《“弱组织”状态下乡村集体行动的产生逻辑——以鄂东某村艾滋病人的集体行动为例》，《青年研究》2008年第10期。

③ 姚兵：《北京应对群体性事件日趋组织化的思考与建议》，《北京行政学院学报》2012年第2期。

社会运动组织的西方国家，既有社会网络和本土组织一起可以起到招募成员和资源筹集的作用，通常作用并不突出。只有那些高风险的社会运动或集体行动则高度依赖于一些特殊类型的面对面的社会网络。原因在于，面对面的社会网络所提供的高度信任有助于抵消参与风险所带来的威胁①。比较而言，如赵鼎新所描述的情况相似，当前中国集体行动普遍面临着组织化困境和制度化困境，人的居住和活动环境以及以人的居住和活动环境为基础的网络关系就成了集体行动发起者几乎是唯一可利用的动员手段。

在这背景下，研究者们较为集中地探讨了究竟是什么样的社会网络结构与特征形塑了这种“准组织化”的集体行动。一般而言，同样是“准组织化”的集体行动，发生在城市企业或社区的，其“准组织化”的程度普遍要高于发生在农村的。刘能提出“中国都市社会中存在着促成参与的反对派社区及其动员网络，它们合在一起，构成了一个诱发集体行动并促成个体参与的空间布局”②。石发勇观察到关系网络在街道社区居民发起的维权集体行动中起到了一定程度的决定性作用③。而且比较而言，工人要比农民更有组织上的优势④。即使没有正式的、平行的组织去协调工人们的行动，但是他们共同的怨恨以及失业者在地理上的集中分布为集体抗议活动提供了社会上的和生态上的联合⑤。没有正式组织可以依赖的农民则常常利用乡村传统组织结构，如家族或宗教组织来动员和发动集体行动⑥，而

---

① Cress, Daniel M., Snow, David A.: “The Outcomes of Homeless Mobilization: The Influence of Organization, Disruption, Political Mediation, and Framing”, pp. 1063—1104. In *The American Journal of Sociology*, Vol. 105, No. 4. (Jan., 2000).

② 刘能：《怨恨解释、动员结构和理性选择——有关中国都市地区集体行动发生可能性的分析》，《开放时代》2004年第4期。

③ 石发勇：《关系网络与当代中国基层社会运动——以一个街区环保运动个案为例》，《学海》2005年第3期。

④ Thomas Lum: *Problems of Democratization in China*, Garland Publishing, Inc., New York and London, 2000.

⑤ Ching Kwan Lee: “Pathways of Labour Insurgency”, in: Elizabeth J. Perry and Mark Selden, eds. *Chinese Society, Change, Conflicit and Resistance*, 2nd ed., Routledge Curzon London and New York, 2003, pp. 68—74.

⑥ David Zweig: “To the courts or to the barricades”, In: Elizabeth J. Perry and Mark Selden, eds. *Chinese Society, Change, Conflicit and Resistance*, 2nd ed., Routledge Curzon London and New York, 2003, p. 113.

这些社会网络的基础不仅出自共同利益，也出自相互的伦理和义务感①。在研究范式上，王国勤运用“强关系”与“弱关系”理论以及“结构洞”理论解释了在“准组织化”集体行动中，行动者所具有的信息资源、组织资源和情感信任等社会资本方面的优势②。

由此归纳出命题1：在当前中国，集体行动参与者普遍无法建立正式组织的状况下，无论是哪种类型（居住空间、行业、家族、村落）的社会网络，如果既具有内部成员间“强关系”所蕴含的情感力量，又具有与外部之间“弱关系”带来的资源优势，则容易建立起一个不公开的、不具有正式组织外形特征、但是同样可以发挥高效率组织功能的“准组织”。该命题显示了“准组织”通常具有较强的组织能力和动员能力，可以发挥高效率的组织功能。如前所述，这首先表现在有个固定的精英领导群体，其次精英群体之间可以充分地协商，正是因为“彼此之间建立一个社会范畴内的、共有的沟通机制，并能形成交换行为所必须遵守的规则和规范”③，精英可以实现对大众的有效动员与领导。因此，可以实现在特定场域中通过对各方所拥有资源进行评估基础上，倾向于风险最小的、理性的、非暴力的策略与行动。

首先，对中央政府的“惠民”政策或法治等话语的运用。一般而言，中央政府的“惠民”政策或意识形态与基层的干部或政府行为之间往往有一个很大的差距。中央政府的意识形态和道德表现是政府行为合法性的重要来源之一。王国勤在详细展示了在一起“准组织化”集体行动（2004年林镇农贸市场事件）中作为抗议者的经营户是如何积极、充分地运用这种合法性机制同政府进行持久的博弈的，在这个过程中，可以发现合法性机制是准组织化集体行动的关键机制④。

其次，对不同层级政府间的“裂隙”的运用。各级政府分别有自己

① Lily L. Tsai: “The Struggle for Village Public Goods Provision: Informal Institutions of Accountability in Rural China”, in: Elizabeth J. Perry, Merle Goldman, eds. *Grassroots Political Reform in Contemporary China*, Harvard University Press, 2007, pp. 117—148.

② 王国勤：《结构、制度与文化：群体性事件的动力》，《中共天津市委党校学报》2013年第1期。

③ 冯云霞：《沟通、意义和组织化行动研究》，《学海》2007年第1期。

④ 王国勤：《结构、制度与文化：群体性事件的动力》，《中共天津市委党校学报》2013年第1期。

的立场、利益或主张，而且存在着某种程度的信息不对称。经营户们意识到各级政府之间的裂隙为他们提供了抗争基层政府的机遇。因此，他们解决问题的主要途径是想方设法，通过上访或其他途径得到上级领导的重视，并依靠上级政府给基层政府施加压力解决他们的问题。正是在这种意义上，K. J. 欧博文和李连江提出，“依法抗争”作为一种大众抗争的形式，运用官方的言辞和承诺去约束权力的运用，并取决于其对政府部门间“分裂”状况的利用。也正因如此，依法抗争使用的策略有调解性的争论和直接行动（政策宣传、要求对话、面对面会见等），而且总体上，是一种相当温和的抗争形式①。

最后，在“准组织化”的集体行动中，由于参与者的行动直接受组织者或指挥者控制及影响，这使得整个行动的聚散进退也显得比较有章法②。一项比较细致的案例研究发现，在集体行动中，当“一盘散沙”的村民出现了组织化的行为时，就开始出现了西方社会运动研究所说的“情感管理”，即组织者对情感在经过管控后所进行的“表达”。例如，村民领袖要求村民，“一定要讲政策，摆依据，讲道理，要注意文明，千万不要伤害别人，也不要伤害物件”③。

综上所述，可以归纳出命题 2：“准组织”倾向于按照风险最小化原则采取理性的、非暴力的策略与行动，即充分利用既有的政治机遇结构，坚持安全、有效原则，进行理性的话语建构与策略选择，其中对集体行动目标合法性的争夺是其关键的机制。由命题 1 与命题 2 可以合乎逻辑地归纳出、同时也有经验给予充分支撑的命题 3：“准组织”具有较强的组织和动员能力以及对理性的、非暴力的策略与行动的偏好，这些特征也决定了“准组织”一般能够有效控制现场参与者的行为，避免情感力量的主导，从而使集体行动呈现出非暴力、理性有序的行动轨迹特征，并且促使集体行动的解决朝着制度化、轨道化的方向发展。

---

① Kevin J. O’ Brien and Li：“*Rightful Resistance in Rural China*”, Cambridge University Press, 2006.

② 周感华：《中西方学术界群体性事件心理研究评析》，《贵州大学学报》（社会科学版）2011 年第 2 期。

③ 陈颀，吴毅：《群体性事件的情感逻辑以 DH 事件为核心案例及其延伸分析》，《社会》2014 年第 1 期。

三 需要引导集体行动的组织化

以上这些命题努力去勾勒当前中国特殊情景下“准组织化”的集体行动的组织形态、行动策略以及由这些策略互动所型构的行动轨迹。这些发现揭示了在实践意义上，对于当前中国集体行动以组织形态为标准划分的四种类型而言，在集体性的利益博弈和冲突难以消弭的背景下，较为理想的状况用正式组织化的集体行动来替代其他类型的集体行动。因为正式组织化的集体行动才可以真正实现社会利益表达行动的制度化与轨道化，以及能够按照法治、理性与有序的方式来展开。而事实上，当前中国更多的是“无组织化”、“弱组织化”与“准组织化”的集体行动。其中，最需要减少或避免的是“无组织化”的集体行动，因为它具有偶然性、难以控制、不易协商解决并且破坏性或暴力性较强。因为大致相同的原因，也需要尽量地避免与减少“弱组织化”的集体行动的发生。

最接近正式组织化的集体行动类型的是“准组织化”的集体行动。如前所述，合法性机制是准组织化集体行动的关键机制。因此，一方面，基层政府一些传统的资源和工作模式开始面临一种“合法性危机”，在这个过程中，基层政府不断进行自我调适；另一方面，合法性机制的运作是以民众积极地、实用主义地学习或运用国家相关法规、政策和意识形态等为前提的。所以这种合法性机制最能体现行动者的理性精神和追求常规化的努力。因此需要积极地引导这种集体行动向正式组织化的方向转化。具体而言，在结构性因素方面，在积极进行集体利益表达与沟通制度化建设的同时，扩大民间组织的合法性空间，积极培育民间社会的组织资源和社会资本。例如，姚兵看到了目前基层的自治组织承担着的延伸国家行政权力和体现村民自治权利的双重功能，造成了其角色上的冲突和功能上的悖论。因此需要培育“维权型”社会组织，以更好地为公民表达诉求，争取利益。[①] 而石磊则认为农民一旦拥有能反映其愿望和要求并代表其利益的组织，等于在政府与两亿多名小农户之间架起了桥梁，既方便政府行

① 姚兵：《北京应对群体性事件日趋组织化的思考与建议》，《北京行政学院学报》2012 年第 2 期。

政，同时也有利于协调农民与社会各利益集团间的关系。[①] 与此同时，在能动性因素方面，就是引导民众对合法性机制的运用。以上努力同样可以做到避免与减少“弱组织化”和“无组织化”的集体行动。

第二节 社区基层组织体系的重构:北仑经验

（浙江省宁波市）北仑区在九峰山社区试点搭建和谐共建理事会这一基层自治平台，吸纳区域内各村委会、群团组织、经济组织、社会组织和社会群体等组织成员及社会贤达人士参与，共同协商解决区域内各类矛盾纠纷。该社区一年信访量降低46%，矛盾发生率下降30%，居民满意率达到95.6%，受到了中央媒体《焦点访谈》的关注。一是变“小组织”为“大协会”。将社区各类小组织纳入到和谐共建理事会这一自治“大协会”中发挥作用，促进各组织体之间的资源互补和良性互动。目前，已吸纳理事单位30家、成员单位42家，组建老娘舅理事会、侨台留小组、少数民族联谊小组等社会组织20余个。二是变“小戏文”为“大文章”。理事会以“圆桌会议”的形式，定期研究辖区内共同关注的公共事务，商讨交流解决方法和措施，增强了党委政府与社会共同致力于和谐发展的协作能力，做好“小事不出村、大事不出区域”的“大文章”。截至目前，已成功解决区域内各类矛盾纠纷45件，根据理事成员提出的100余条意见建议，为辖区内新老市民提供扶贫帮困、文化体育、经济发展等各类服务1000余次。三是变“独角戏”为“大合唱”。发挥和谐共建理事会横向沟通、协调各方的能力，挖掘辖区内的各类资源优势为片区发展服务。目前已有6家企业计划近年内投资1亿元，用于公益设施建设和农业项目开发等，实现辖区内服务资源整合优化的“大合唱”。[②]

这段新闻简明生动地介绍了以区域党组织建设为核心、重新构建社区基层组织体系的北仑经验。为了破解经济社会快速发展时期的诸多社会治理难题，宁波市北仑区从2006年开始，通过大力推进区域化党建，推动

① 林梅湘：《中国农村非政府组织的作用和发展》，《新西部》2007年第9期。

② 《北仑区创新社会管理新模式推进社区和谐共建理事会建设受到〈焦点访谈〉关注》，宁波普法网：http：//www. nbpf. gov. cn/InfoDetail. aspx？infoid＝14286，2012年8月14日。

基层组织体系重构，并在实践中逐渐形成一套有效提高了社会治理科学化水平的北仑经验。北仑经验的成功之处就在于它从基层政治体系的三个基本环节入手，以区域党组织为领导核心、公共服务中心为依托、协商议事组织为基础，既发挥了党委作为执政党在新形势下的引导、组织和协调作用，也培育了社会组织、促进了社会自治和协商民主的深入发展，构建了一个党委、政府和社会之间良性互动的基层社会治理制度体系，从而形成了“党委领导、政府负责、社会协同、公众参与”的标本兼治的社会治理新格局。正因为北仑经验在提供公共服务、促进社会和谐等方面取得了良好的绩效，很快在浙江全省进行了推广。

一 问题与挑战

宁波市北仑区陆域面积593平方公里，下辖6街道2镇1乡，有211个村民委员会和35个社区居委会，现有常住人口78万人，其中户籍人口36万人。北仑境内设有北仑区一个行政区和宁波经济技术开发区、宁波保税区、宁波出口加工区、大榭开发区、宁波梅山保税港区5个国家级开发区，是浙江省、宁波市对外开放时间最早、程度最高、国家级开发开放功能区最为集中的区域。其中，2010年北仑区全年实现地区生产总值548亿元，增长14.5%；完成财政一般预算收入104.7亿元，增长22.1%；城镇居民人均可支配收入和农村居民人均纯收入分别增长10.2%和16%。在工业化、城市化的快速推进下，北仑区的基础社会结构发生了深刻的变化，从而较早地遇到了由这种变化带来的一系列社会治理难题。

第一，传统的基层管理模式已不适应基层社会结构的快速变化。改革开放以来，北仑区90%以上的行政村涉及开发建设，90%以上的劳动力转移到城镇第二、三产业就业，近900家规模以上企业以及数千家中小企业落户，40多万人的外来人口涌入，使得社会基层出现了村、居、企交织分布以及本地城市居民、农村居民、外来人口混合居住的社会形态。传统的村、社区社会治理模式已经跟不上这种新的社会形态，出现了很多管理上的盲区，突出表现为社会治安存在着巨大的压力。

第二，传统的基层管理模式已不适应基层社会组织形态的快速变化。在人员流动和社会成员就业形式多样化的趋势中，“单位人”快速转变成“社会人”，单位组织解决社会问题的能力大大弱化。由于缺乏完善的基层社会治理网络，基层政府不得不在社会治理中直接与分散的“社会人”面对面打交道。这不但影响了解决问题的效率，增加了政府管理社会的成本，也使政府在许多场合不得不直接成为社会成员的对立面，影响了党和政府的形象和威信。

第三，传统的基层管理模式不适应多元化群体利益格局的快速兴起。经济社会的发展，催生了大量基于利益分化的各种社会组织和群体，出现了多元化的利益诉求。在北仑区，这类诉求一般是由开发建设、环境污染、社会治安、公共服务以及文明素质等问题引起的，主要出现在村（居）企之间以及本地法人和外地人之间。传统的基层管理模式已无法提供有效的协商平台，导致这类矛盾很容易激化，甚至酿成群体性事件。

第四，传统的基层管理模式不适应基层党建工作的新任务、新要求。随着社会形态的变化，党组织体系与社会结构之间的契合关系出现了松动，党建工作出现了很多的“空白点”。由于缺乏有效的工作平台和抓手，基层党组织在社会治理中的核心地位受到了严重挑战，甚至有部分基层党组织处在被边缘化的境地，党通过基层组织来整合社会成员、落实执政方略的能力因此也受到影响。同时，在北仑有多达3000名外来流动党员，无法过上正常的组织生活，这些党员的作用发挥也受到了制约。

二 北仑经验的主要举措

2006年，北仑区委就开始以解决现实问题为导向，积极探索出在基层党组织领导下通过重构基层组织体系建立新型基层社会治理制度的北仑经验。该制度充分发挥党组织的引导、组织协调作用，要在社会基层建立起契合社会形态的基层组织网络，来促进社会自治水平，从而实现党委领导、政府管理与社会自治的有效衔接、良性互动。

第一，强化“区域化党建”建设，整合基层党群组织资源。为了适应社会治理体制新要求，通过大力推进城乡统筹的区域化党建工作，整合基层党群组织资源，使基层党组织发展壮大为社会治理的“排头兵”。首先，规划党建新布局。根据中心村、社区和工业园区的实际情况，以区域、区块的形式，划分为地缘、人缘相近的农村区域、居民和企业混住区域、工业集聚区域和外来务工人员集聚区域等，对全区城乡基层党建进行重新布局，形成了城乡一体化、网格式分布、条块相结合的城乡基层党建网络。其次，创设组织新形式。推行“1+N”的形式创新党组织设置。其中的“1”代表区域综合性党组织；“N”代表区域内的单建和联建的党组织。区域性党总支主要负责区域中零散党员和流动党员的教育管理，以及对未单独建立党组织的企业进行培育孵化，条件成熟之后，就帮助建立党组织，使其成为“N”中的一员；“N”中的党组织因企业注销、党员流动等原因撤销时，其党员自动归入区域综合党组织这一“蓄水池”进行管理。通过发挥区域综合党组织的作用，实现区域综合党组织与单建党组织之间的良性互动。同时，调整党组织的隶属关系，将原来隶属于区级职能部门的“两新组织”，全部纳入区域性党组织进行管理。最后，推动结构网格化。组建联合党委、党建联席会议等党建工作协调机构，推动区域、单位和行业等党组织之间的互联、互补、互动和融合，促进党的基层组织建设由单一型、条线型向复合式、网格化转变。

第二，强化“公共服务中心”建设，构建基层社会治理网络。社会治理过程中，政府的职责主要体现在提供均等化的基本公共服务。而仅仅依靠村自治组织来承担公共服务和社会服务的职能，已经无法满足群众日益增强的服务需求。鉴于此，北仑区依托区域党员服务中心，成立了区域公共服务中心，实行合署办公。首先，一站式服务。北仑区以“一区域一公共服务中心”为目标，采取了区域党员服务中心与公共服务中心合署办公的形式，大力开展农村公共服务中心建设。根据区域党组织布局，明确区域公共服务中心在区域党组织的领导下开展工作，主要负责人由区域党组织书记兼任，充分发挥区域党组织在公共服务建设中的领导核心地位。通过公共服务中心一站式服务，将社保、综治、计生、外来人口、企业服务等公共服务职能，延伸到了区域的各个层面。其次，前瞻性服务。依托两个服务中心合署办公机制，统筹建设党内事务、行政事务、社会事务等对外服务窗口，实现了公共服务“重心下移、岗位前移”。通过党员活动，及时的反映社情民意，提高了公共服务的前瞻性和针对性，畅通了基层信息快速传递的通道，强化了基层党组织与群众、社会之间的血肉联系。再次，整合式服务。通过两个服务中心合署办公，做到了两个中心的场地、人员、经费、活动的全面整合，节约了基层党组织的执政成本，达到了以最少的资源消耗来实现最大的执政为民的服务和社会效果，增强了区域党员服务中心服务党组织、服务党员和服务群众的能力。最后，示范式服务。依托公共服务中心，建立党员志愿者工作站。北仑区组建了2600多名党员参加的志愿者队伍，广泛开展志愿服务，并发挥他们的核心骨干和带头示范作用，凝聚带领其他各类志愿者服务群体，共同推进志愿活动的健康发展，从而为服务型政府的建设提供了坚实的志愿者队伍基础。

第三，强化“和谐共建理事会”建设，构建基层社会自治平台。在区域党组织的指导下，2007年开始在全区陆续成立区域性的协商议事会——“和谐共建理事会”，广泛动员区域内各类自治组织、群团组织、经济组织、社会组织以及社会团体成员共同参与区域管理，讨论协商区域重大事项，协调解决区域各类矛盾，推动区域的和谐发展。其一，组织引导。区域性党组织主要领导兼任协商议事会会长或秘书长。协商议事会日常工作由公共服务中心负责落实；实行重大事项党组织提议和首议制度，发挥党组织统揽区域发展全局的领导作用，通过基层党支部和群团组织，引领区域内的各种力量有序参与。其二，讨论协商。区域协商议事会具有中介性的特征，而且完全按照社团模式运作。通过区域协商议事会，建立了参与的动态机制，形成了以协调、指导和服务为主要特征的社会化工作方式。其三，共建共享。按照“精神文明共创、区域事务共管、区域稳定共保”的工作目标，以党组织或协商议事会成员提议、协商议事会酝酿决策、区域公共服务中心落实、党组织和协商议事会监督的程序，通过定期例会和重大事项专项研讨会等形式，共同协调解决区域内的各类矛盾问题，促进区域的自治管理。其四，信息整合。通过区域协商议事会，从制度层面上拓展了区域内各个企业、群体和个人的意愿表达渠道。及时收集关于流动人口、社会热点等方面的相关信息，为基层有效治理提供参考。其五，培育社会组织。为了充分发挥社会组织在社会治理中的这种积极作用，北仑区在实施区域化党建的过程中，通过培育扶持、规范整合等措施，积极促进社会组织的健康发展。首先是政策支持。2006年10月，北仑区在全省率先出台了《北仑区基层民间组织备案管理工作意见》，通过整合社区内部资源，扶持社会组织的发展。其次是人才支持。动员党员骨干积极参与各类社会组织，落实党员和广大群众在各个社会组织中创先争优的激励机制，并在社会组织内通过推优等形式，把一批积极向党靠拢的先进分子吸收到党内，成为党组织的一员。最后是资金支持。在区党委的统一协调下，由原来的企业直接向社会组织捐赠，改为企业先捐赠给民政局捐赠中心，然后足额转交定向捐赠的社会组织，极大地提高了企业的捐赠热情。2010年1月，区委区政府规定设立福利彩票公益金，扶持城乡社区服务中心项目，为社会组织的发展提供了更多的补助。

第四，通过体制机制建设，形成“三位一体”的区域化社会治理模式。为了促进区域党组织、协商议事组织和公共服务中心的资源共享和功能发挥，北仑区积极创新和改进了党组织领导和工作方式，以促进党的领导、政府治理和基层自治的有效衔接。首先，推进三类组织的融合统筹。在班子配备上，实行三类组织人员的交叉兼职，由区域党组织负责人兼任公共服务中心主任、和谐共建理事会理事长或秘书长，并邀请村（自治）组织领导人担任公共服务中心副职，邀请区域知名人士担任和谐共建理事会领导职务；在职责分工上，明确区域党组织在各项工作中的牵头抓总作用，建立重大事项区域党组织首议等制度。其次，建立公共事务协商议事机制。凡是区域公共利益或矛盾问题，均由区域党组织牵头，组织公共服务中心与和谐共建理事会成员通过协商议事会议这一“圆桌会议”的形式解决。再次，构建党委政府与社会的良性机制。在街道（乡镇）层面建立基层工作分析会制度，由街道（乡镇）党委、政府领导牵头分析、梳理区域协商议事会议提交的问题，并列入政府重点工作，对于特别重大的问题及时上报区委、区政府或通过“两代表一委员”提案议案等途径进入公共决策领域，形成了党委领导、政府管理与基层自治相互支持、有效对接的工作机制。最后，完善“三位一体”顺畅运作的保障机制。在区委层面成立区委社会工作委员会，在街道（乡镇）建立由党委书记任组长的基层组织建设领导小组，出台《关于进一步加强城乡统筹的基层组织建设的意见》及6个配套文件，建立了每年3500万元的基层组织建设专项资金，从领导力量、制度规范、财政支持等各方面为新体制的运行提供强有力保障。

三 北仑经验的成效与推广

经过5年多的实践，北仑区以区域党组织为领导核心、公共服务中心为依托、协商议事组织为基础、三类组织一体化运作的“三位一体”基层组织建设新模式已取得了阶段性成果。

第一，进一步加强了党在社会治理中的组织和领导能力。区域化党建按照“1+N”的形式进行党组织设置，其开放动态的组织架构，以区域全覆盖的形式，使区域内的所有党员都可以及时纳入区域党组织的范围之内，较好地解决了新形势下组织组建难和流动党员管理难的问题，做到及时全面覆盖，避免了可能出现的党建空白点。目前，已有218名机关事业、大型企业等单位党组织负责人兼任了区域党组织班子成员，1270余位新经济、新社会组织负责人和流动人员等群体的代表进入了和谐共建理事会。至此，党的工作可以通过社会组织网络合情、合理、合法地延伸到社会的各个层面，党组织对基层社会的影响力、动员力、凝聚力得到提升，有力地促进了基层党风廉政建设。

第二，进一步推动了社会资源的有效整合和公共服务的有效供给。按照城乡一体化加速发展的趋势，打破了地域界限和城乡壁垒，促进各种要素间的流动，形成了资源共享、优势互补、相互融合、协调发展的党建新格局，有效地提供了全方位的、集约化和便捷式的公共服务。目前，45个区域公共服务中心已覆盖北仑区35个城市社区、47个行政村、工业园区及2400余家企业，近30万常住人口和32万多流动人口，区、镇、新型社区三级公共管理和服务网络已初步形成。

第三，进一步推进了社区民主自治和社会和谐。以“和谐共建理事会”为平台，培育、发展、壮大了各类社会组织，不断拓宽了居民政治参与、意愿表达、民主协商的渠道，逐步形成了居民自我管理、自我教育、自我服务的民主自治氛围。2010年，全区45个和谐共建理事会共处理区域内各类事务7600多件，提出社会治理建议480余条。各街道、乡镇协调落实各区域协商议事会提出的各类社会问题1600余个。另有20余项通过“两代表一委员”等途径进入政府行政领域。多元化社会矛盾调处体系、动态化社会治安防控体系、新型化现代城市管理体系等多种体系通过协商议事会平台发挥作用，各社区矛盾纠纷发生率同比下降34%，矛盾纠纷调解率达到98%，矛盾纠纷调解成功率达到95%，群体性事件发生率不断下降，在全区开发建设中未发生一起跨区域的群体性事件，实现了基层社会的和谐发展。

第四，北仑经验的社会影响和广泛推广。北仑“和谐共建理事会”项目获得2008年度中国城市管理进步奖。在2009年浙江省非公企业党建工作现场推进会上，北仑的区域化党建工作被与会专家称为城市党建的“北仑标本”。《组织人事报》（2006年）、《领导决策信息》（2008年）、《共产党员》（2010年）和《浙江日报》（2011年）等省级和国家级媒体先后报道，新华网、人民网等中央网络媒体也竞相报道。中央组织部和省委组织部等诸多部委领导率队来北仑进行调研和考察，并一致肯定了北仑的基层社会治理体制创新实践。浙江省在2012年3月召开全省性的区域化党建推进会，下发指导性意见，从机构、制度、资源、载体四个方面加强调研、指导、推进，全面而系统地部署区域化党建工作。至此，区域化党建正成为浙江全省推动社会治理创新的重要工作模式，并且逐渐形成不以行业、单位、领域为限，在一定区域内将农村、社区、非公有制经济组织、社会组织、机关、学校等各类组织最大限度地纳入区域性党组织范围，以网格化方式构建全覆盖、广吸纳、开放式的基层党建工作新格局。2010年以来，浙江全省共建立区域性党组织3200多个，全省新升格或新建村党委（党总支）337个、社区党委（党总支）201个；共建有楼道楼群党组织3344个；全省共建立党员服务中心（站、点）16031个，覆盖所有县（市、区）、乡镇（街道）和42%的村（社区）。

四　北仑经验对社会组织化建设的启示

以解决社会治理问题为导向的北仑经验经过近10年的实践，已经取得了较为显著的成效。为了推进和推广这项体制创新，需要我们去认真分析和思考它究竟做对了什么，为什么，以及哪些经验是值得推广的。

首先，通过区域化党建工作实现党组织区域化与治理区域化的高度整合，实现了组织与资源的高效整合。区域化党建打破条块分割，将传统的以领域、单位、行业为单元的党建模式打破，在街道、社区、乡村等一定的地域、区域范畴把各行业党建工作囊括进去，基层党组织联系在一起，构建全覆盖、广吸纳、开放式的基层党建工作新格局，实现了党建管理向社会基层治理的延伸。

第一，有效发挥了党组织对社会组织的引领作用。执政党通过在社会组织中的组织嵌入，把自己的影响力散布到基层社会每个角落，充当社会互动的枢纽，促使不同社会组织因党组织的关系联合到一起，确保社会组织在法治的轨道上运行，推动社会组织发挥自己优势功能的同时理解并尊

重其他组织、个体合理的利益诉求，从而有利于整个社会和谐法治和公共利益的实现。

第二，积极支持各类社会组织民主自治。各类社会组织作为多元主体是具有内在独立性的组织，区域性党组织不能以党的逻辑来强行要求、控制其他主体，而更多地应体现为支持与尊重各类社会组织按照其自身的逻辑与规律发展，积极鼓励它们开展各类活动，形成政党力量与社会资源互动的良性机制，从而提升党的社会凝聚力和社会认同度。①

其次，基层社会治理制度创新需要一套相应的基层政治体系变革作为基层制度方面的支撑。基层政治体系或政治生态，一般由三个相互关联相互影响的环节组成。第一个环节是“输入”，首先是输入基层社会民众的各种利益要求，其次是输入基层社会民众对执政党和现行体制的合法性支持。第二个环节是根据输入的内容进行“公共决策”，主要有封闭决策和民主协商两种方式。第三个环节是根据公共决策的结果进行“输出”，即输出公共政策和公共服务。一般而言，一项制度设计如果仅仅是涉及其中的某一个或两个环节，均会因为其他环节的不配套而出现掣肘现象，大大影响新制度的作用发挥。因此，在制度创新时努力做到促使这三个环节的组织建设和制度建设相互均衡、互相配合则是成功的关键。为了解决上述的诸多社会治理难题，北仑区在近些年来进行的基层社会治理体制创新就是从政治体系的三个基本环节入手所展开的。

第一，“区域党组织”建设，主要是确保了“输入”环节中的民意聚集、表达以及动员、合法性支持。基层社会的管理水平和服务水平取决于这个“输入”环节是否畅通和有效，而这又取决于基层社会组织化的程度。这种区域化党建的意义就在于此，即作为传统“单位党建”的一种延伸和补充，使党的基层组织设置更为科学、体系更加完善，有利于基层党建工作的全面推进、整体提高，有利于实现党对“两新”组织的强有力领导。

第二，“和谐共建理事会”建设，主要是确保了“公共决策”环节中的多元参与和民主协商。2007年10月党的十七大提出“从各个层次、各个领域扩大公民有序政治参与”。公民能够有序地参与到关切自身利益的

① 万雪芬：《社会治理下的区域化党的建设思考——基于浙江的实践》，《理论探索》2013年第3期。

公共决策过程，无疑是一项重要的政治参与。在北仑，“和谐共建理事会”的建立为区域内广泛的多元化社会主体参加公共决策，进行民主协商提供了制度性的保障，具有重大的政治价值和实践意义，如可以广泛听取民意、吸纳民智增进决策科学性，多元利益主体达成共识从而使决策具有更好的执行效果，可以有效降低社会风险、促进社会和谐，有助于塑造理性、妥协和共赢的政治文明。

第三，“公共服务中心”建设，主要是确保了“输出”环节中的公共政策和公共服务的有效供给。2007 年党的十七大报告更是明确地提出“加快行政管理体制改革，建设服务型政府”，把我国服务型政府的建设提高到体制改革目标的价值层面。建设服务型政府的核心问题就是政府如何更加全面、更加公平、更加高效地向公民提供公共服务。面向社区群众的大量“公共服务中心”的建设，就是这种服务型政府建设的题中之义。它标志着新形势下社会治理强调公民本位而非政府本位，倡导的价值取向是社会控制政府、国家权力向社会权力转移。

党的十八大报告提出“要健全基层党组织领导的充满活力的基层群众自治机制”①，这要求执政党必须与社会、民间组织、中介等其他非官方机构共同参与社会治理，并在这个过程中充分发挥各类社会组织的积极性与作用，把党的建设与社会治理紧密关联起来，形成两者的相互协同。实际上，始于 2006 年的北仑经验就已经开始从基层政治体系的三个基本环节入手，以区域党组织为领导核心、公共服务中心为依托、协商议事组织为基础，既发挥了党委作为执政党在新形势下的引导、组织和协调作用，也培育了社会组织、促进了社会自治和协商民主的深入发展，构建了一个党委、政府和社会之间良性互动的基层社会治理制度体系，从而初步形成了“党委领导、政府负责、社会协同、公众参与”的标本兼治的社会治理新格局。

第三节　工会社会化维权:义乌模式

资料 1：一份官方统计数据显示：“仅仅义乌市总工会职工法律维权

---

① 胡锦涛：《中国共产党第十八次全国代表大会文件汇编》，人民出版社 2012 年版，第 25 页。

中心自2000年10月至2007年8月31日就取得了以下成效：共受理投诉案件4075起，调解成功3770起，调解成功率达92.5%；其中2006年共受理207起（其中工资纠纷145起，占70.1%；工伤补偿纠纷23起，占11.1%；其他39起，占18.8%），调解成功204起，调解成功率98.6%；2007年共受理220起。免费为职工出庭仲裁代理148起；出庭诉讼代理167起；其中2007年免费为职工出庭仲裁代理7起，出庭诉讼代理32起。来信回复的60起；调解不成无法进入法律程序的51起。"①

资料2：新华社北京（2015年）2月23日电全国总工会有关负责人日前表示，今年全总将把维权工作摆在突出位置，研究经济新常态下职工权益实现上存在的突出问题，主动依法科学维权。②

资料1反映的是为了解决大量外来的农民工由于不能有效维权到引发的社会暴力事件频发等社会问题，义乌市总工会在义乌市委领导下从1999年开始探索、逐步完善的、以表达和维护以外来农民工为主体的职工合法权益为重点的"义乌工会社会化维权模式"。该模式具体做法包括工会组织建设的网络化、维权方式的法律化、维权机制的社会化和维权内容的多元化四个方面，并为数年来的实践所证明，它是一项卓有成效的维权制度。2004年12月，中华全国总工会调研组到义乌考察后充分肯定了该制度有效破解了工会维权的难题，在维护职工合法权益、构建和谐劳动关系方面发挥了显著作用。也因此正式把这一新模式称为"义乌模式"。时至今日，如资料2所示，全国总工会依然把维权工作视作全国各地工会的中心工作。在这个背景下，从实现集体行动理性化的社会组织重建的视角来重新审视义乌工会社会化维权模式，也显得意义重大。

一 劳资纠纷爆发带来的问题与挑战

义乌市是世界上最大的小商品集散地，既是一个国际性的商贸城市，又是一个充满活力的移民城市。2000年前后，义乌民营企业发展迅速，

① 浙江义乌总工会：《工会社会化维权模式（优胜奖）》，中国政府创新网：http://www.chinainnovations.org/index.php?m=content&c=index&a=show&catid=187&id=1057，2014年2月25日。

② 新华社：《全国总工会2015年将强化职工维权工作》，中央政府门户网站来源：http://www.gov.cn/xinwen/2015—02/23/content_2821310.htm，2015年2月23日。

占到了八成以上，而外来务工人口高达75万，超过了本地人口。这也使得这座城市的劳动关系日趋复杂，劳资矛盾日益突出。从1997年开始呈爆发趋势，随后几年内义乌每年劳动纠纷案件均超过一万起，一些暴力犯罪或群体性暴力事件时有发生。据统计，义乌市1998年个私企业中因劳资矛盾而酿成重大刑事凶杀案件有17起，其中有打工者杀死老板娘而跳楼自杀的重大案件。1999年9月至2000年5月，义乌先后发生了4起劳动纠纷血案，致8人死亡。2000年2月，义乌总工会所做的一项劳资纠纷状况调查显示：义乌市劳资纠纷每年多达1.3万起，仅有70%通过各部门调解及诉讼解决，尚有30%，也就是说4000多起无法及时解决，而那些没有投诉的“定时炸弹”——隐性劳资纠纷则更多。

当时，许多企业员工到市总工会来求助，但是当时的市总工会只有女工生活保障部，并没有设专门维护职工合法权益的机构。工会所能够做到的只是劝说，并不能有效帮助职工维权。义乌市人大副主任、市总工会主席陈有德称：“职工不是不愿意打官司，是打不起官司，钱和时间对于他们来说都是承担不起的。在矛盾没人帮助化解的情况下他们就可能会选择极端的手段告诉社会‘受到不公’。”①。1998年，面对着在义乌市数千家民营企业中仅34家企业组建工会的局面，陈有德反思道：“随着产业民工的发展，必然会形成这样一个空间，由于缺乏一个社团或机构来维护民工们的劳动权益，如果工会不去占领，那么它就会自发的产生其他一些帮派性的替代组织来占领。这是一个危险的信号。”②事实上，已经不断地出现过一些地缘性、亲缘性的自发组织，如“安徽帮”、“江西帮”等，更加激化了社会矛盾。

在这种背景下，义乌市总工会决定承担起为职工维权的重任，采取主动、依法、科学维权的方法，在义乌市委市政府的高度重视和支持下，联合各个政府职能部门，携手各民主党派、社会各个团体阶层，创新了社会化维权模式。

---

① 张茵，董齐：《陈有德：一个工会主席的十年维权之路》，中国新闻网：http：//www.chinanews.com/gn/news/2010/06—02/2319361.shtml，2010年6月7日。

② 《“义务模式”探寻民工维权新路》，新华网：http：//www.zj.xinhuanet.com/newscenter/2005—07/31/content_ 4764411.htm，2005年7月31日。

二　义乌模式的形成过程与举措

1. 工会组织建设的网络化

1999年年底，义乌市总工会在苏溪镇设立工作点，接受企业职工的投诉。2000年3月，义乌总工会挂牌成立“法律顾问室暨工会法律援助中心”，但是由于该中心没有合法依据而被取缔。2000年10月，经义乌市民政局批复，“义乌市职工法律维权协会”以民间团体身份宣告成立。随后，义乌市全面展开组建工会工作。

首先，在企业中组建工会，规定25人以上的企业组建工会，25人以下的小厂和家庭作坊组建工会小组，工会小组再以村为单位成立联合工会，而村一级的联合工会又隶属于镇一级的工会联合会。工会与工会联合会相互平行，均是义乌市总工会的基层组织。

其次，在进行市、镇（街道）、企业（市场）三级维权组织建设的同时，市总工会建立职工法律维权中心，镇、街道建立维权工作站，在企业建立劳动争议调解委员会，并建立地方政府、工会、企业三方参与的协调机制，建立劳务纠纷处理应急小组，妥善协调劳动关系。至2002年年初，全市2354家私营企业建立了工会组织，义乌各镇和街道也建立了13家工会联合会。这些基层工会入会后，职工就成为协会的自然会员。入会会员按照物价局核准的标准缴纳会员费。由此，一个完整的工会组织网络形成了。

在完善本地维权网络的基础上，义乌市与外省市工会联合，建立跨地区的维权机构，例如在镇街建立维权工作站，在企业建立劳动争议调解委，构织横向跨省市，纵向到基层的维权组织网络，实现了维权网络建设“横向跨区域，纵向到基层”，确保了农民工维权“一地诉求、两地联动、双向维权”。例如，在义乌的开化籍职工超过2万人，维权中心以义乌总工会的名义与开化县总工会建立联合维权工作站，截至2007年10月底，工作站受理开化籍职工投诉36起，追回工资105.26万元。[①] 目前，义乌

---

① 张宗和，宋树理：《工会的社会化维权——基于浙江义乌工会维权实践》，《劳动经济评论》2008年第1期。

市总工会已与辽宁抚顺、四川成都和江西弋阳等 10 多个省外城市的工会实行“城际间工会维权联动”。[①]

2. 工会维权方式的法律化

义乌市职工法律维权协会作为民间团体对劳资纠纷的调解功能有限，必须要把那些一时难以调解的纠纷纳入法律程序。一开始经义乌司法局的同意，浙江星耀律师事务所在协会内设立办公室，派出律师坐班，提供无偿法律服务，只是对有一定经济实力的职工，收取标准内的差旅费。后来因为收取差旅费涉嫌违规，该事务所撤出协会。随后，经过有关部门之间的反复协商，2002 年 1 月，浙江泽大律师事务所与义乌总工会协商在义乌设立分所，但是维权协会需要再挂一块牌子：“义乌总工会法律援助中心职工工作部”，属司法局名下。这样，义乌总工会和司法局的关系才真正理顺，总工会借用法律资源建立的维权机制才逐渐完善。

首先，建立劳动争议调解机制。维权中心成立后马上又遇到了一个法律问题，就是由它形成的调解书并不具备法律效力。鉴于 2003 年最高人民法院出台的相关司法解释规定“当事双方经人民调解委员会调解形成的协议具备民事合同的法律效力”，维权中心与义乌司法局联络，在 2004 年 6 月，成立义乌市总工会人民调解委员会。随后在上规模的企事业单位建立人民调解委员会，并规定企业原有劳动争议调解委员会与人民调解委员会实现两块牌子一套班子，凡企业内部无法调解的劳动争议，由市总工会人民调解委员会主持调解。积极争取市人民法院的支持，在市总工会设立“义乌市人民法院职工维权调解联络处”，及时指导、协助工会化解劳资矛盾。同时，在人民法院的支持下，实现人民调解和诉讼有机结合，使工会系统的人民陪审员可以直接参与劳动争议案件的审理或从事判决之前的调解活动。

其次，建立劳动仲裁参与机制。如果调解不成，则及时送达劳动局劳动争议仲裁委员会进行仲裁。为此，积极培养劳动争议仲裁员队伍。积极探索调解与仲裁相结合的新途径，在市仲裁委统一受理、统一安排、一口进出、集中归档的前提下，在工会设立劳动争议仲裁派出庭。

---

① 张宗和，宋树理：《工会的社会化维权——基于浙江义乌工会维权实践》，《劳动经济评论》2008 年第 1 期。

最后，建立劳动争议、诉讼代理机制。如果直接进入诉讼程序，属于经济、民事案件的，由维权中心特聘律师提供优惠的法律服务；属于劳动争议、工伤事故的案件，直接由维权中心代诉；职工经济条件差、支付困难或无力支付诉讼代理费的，由维权中心提供法律援助。除了法律手段外，维权中心还与本地媒体进行联合，对重点疑难案件进行跟踪报道，有力地实施了舆论监督。至此构建了一套包括劳动争议调解机制、劳动仲裁参与机制和劳动争议、诉讼代理机制在内在的完整的工会法律维权机制。

2005 年 1 月，义乌市职工法律维权协会正式更名为“义乌市职工法律维权中心”，同时“义乌总工会法律援助中心职工工作部”予以撤销。该中心与原来的协会一样，基层工会为团体会员，职工为自然会员。中心工作人员由市总工会向社会公开招聘，与机关干部享有同等的政治、经济待遇。中心的维权经费采取“政府补一点，工会出一点，社会筹一点”的办法解决。中心在业务上接受公、检、法、司的指导。在这个过程中，义乌维权机制进一步加强，并出现了由单个部门的职责到社会资源集体联动的发展特点。

3. 工会维权机制的社会化

工会毕竟不是具有很多行政资源的部门，在依法维护职工权益时常常会感到力不从心。为了改变这个状况，义乌市总工会与公安、法院、司法、劳动、卫生、安监等部门就涉及职工权益事宜联合发文，搭建一个多部门的联合维权制度，即建立一个“党委领导、政府支持、工会运作、各方配合”的社会化维权机制。

首先，建立强大的维权顾问团队。义乌市总工会聘请市委、市政府五大班子领导及公、检、法、司、劳动等职能部门的主要领导为职工法律维权中心的顾问，为社会化维权工作提供有力的领导保障。另外，市里还每年拨给市总工会 200 万元的专项经费。①

其次，义乌市总工会与众多司法和行政部门联合，打造完整的维权机构与机制。第一，与司法局、法院联合，成立义乌市职工法律维权中心、义乌总工会人民调解委员会、义乌市人民法院职工维权联络处。其中，维

---

① 《“义务模式”探寻民工维权新路》，新华网：http：//www. zj. xinhuanet. com/newscenter/2005—07/31/content_ 4764411. htm，2005 年 7 月 31 日。

权中心由义乌市总工会主管，业务上接受公、检、法、司的指导。该中心积极参与职工工资集体协商、劳动争议仲裁，主持劳动争议调解，为职工提供法律援助。法院对工会代诉的劳动争议案件开辟了绿色通道，推出“快立、快审、快执”的三快措施。第二，与劳动行政部门联合，建立三方协调机制，建立义乌市总工会劳动争议调解、仲裁参与和诉讼代理机制。这些做法加大了社会化维权力度。每有案件和纠纷发生，工会积极参与调查取证，协同劳动监察大队处理；工会仲裁员作为首席仲裁员参加仲裁工作。第三，与义乌市天地法律服务所、浙江思源昆仑律师事务所建立合作关系，加强维权的力量，保证维权的质量。

再次，与更为广泛的机构与社会力量合作。第一，建立维权信息网络。维权中心与政府相关部门实行热线电话连线；与广播电台联动，建立网站呼叫中心，确保各类询问、投诉案件在第一时间作出反应并快速有效解决；向电信部门申请，开通职工维权热线电话。第二，与《浙江工人日报》、《浙江法制报》、义乌广播电台等新闻媒体联合，一旦遇到重大案件，义乌市总工会就邀请媒体参与，为工会维权工作营造有力的舆论氛围。第三，与浙江师范大学法政与公共管理学院进行合作，联合成立“职工维权科研站”，在义乌市总工会建立“浙师大法政与公共管理学院职工法律维权志愿者工作站”，联合开展普法培训、法律咨询以及职工法律维权理论和机制创新的调研等活动。第四，利用东方医院、义乌市九三学社医疗门诊部、义乌华山康复医院等医院现有的技术、设施，积极开展为外来民工免费健康体检活动，切实解决民工就医难问题。三年来，共为全国20多个省市来义乌务工的14个民族的8万多农民工实现了免费体检。第五，与市场发展局联合。为依法维护“商贸职工”的合法权益夯实了组织基础，在全省乃至全国开创了市场和行业工会建设的先河。第六，维权经费的来源也实现了社会化。对维权经费采取“工会出一点，政府拨一点（市政府每年拨款50万元），社会筹一点”的办法解决。

最后，建立专兼群相结合的维权队伍。采取专职人员与聘请社会法律志愿者相结合的办法，建立一支专兼群相结合的维权队伍，实现维权力量的社会化。建立了由100多人组成的维权信息员队伍，由67人组成的维权法律志愿者队伍，用维权信息呼救平台，实施职工工资债权工会让渡办法等，使维权信息接收更快速、覆盖面更广、反馈更及时、解决更有效。

4. 工会维权内容的多元化

义乌在工会维权的内容上也在不断地朝着多元化的方面发展，涵盖了维护职工合法权益，维护基层工会合法权益，维护弱势群体合法权益，从而有效地维护社会治安，遏制群体性事件的发生。

首先，实现职工维权从劳动经济权益向多种权益转变。根据外来建设者融入义乌当地社会、享受当地居民同等权利的愿望和要求更加强烈的实际，在切实维护职工劳动经济权益的同时，积极探索职工其他方面的权益。以推动建设先进企业文化为重点，以建设“职工书屋”为抓手，努力满足职工的精神文化需求。大力开展“企业办班、师资委派、职工就训”活动，努力满足农民工的技术业务培训需求。积极引导外来建设者参政议政，目前有12名外来建设者担任义乌市人大代表。大力建设“企业工会主动参与职业安全卫生”长效管理机制，维护了职工安全健康权益，起到了“一举多得”的效果。

其次，实现从事后维权向事前维权转变。刚开始探索工会社会化维权之路时，着眼点放在职工权益受到侵犯后的合法权益维护上。现在，则更注重通过采取切实有效的措施，防止侵犯职工合法权益事件的发生，初步实现从事后维权向事前维权的转变。一是大力推行集体合同制度，用制度保障职工的劳动权益，目前集体合同的签订率达91%，比4年前提高19%。二是认真贯彻实施劳动合同法，职工与企业劳动合同签订率达96%，比4年前提高11%。三是在规模以上企业普遍建立了劳动法律监督委员会，避免侵犯职工权益事件的发生。4年来，义乌市劳动争议事件发生率呈逐年下降趋势。四是在安全生产劳动保护方面。以建立企业工会主动参与安全卫生长效管理机制为目标，与市安全生产监督管理局联合建立“一委（职业安全卫生联合委员会）、一议（安全卫生合同协议）、一卡（安全生产提示卡）、一书（隐患整改通知书）”制度。

三　义乌模式的成效与影响

工会社会化维权的义乌模式从推行以来，取得了显著的社会绩效。首先受益的是义乌市100多万的农民工群体。本节导言中的资料1通过各项具体数据展示了这些成效。随着农民工群体的合法权益不断得到保障，社会治安案件、群体性案件、劳资纠纷等事件大量减少，促进了社会的稳定和谐发展，企业获得了稳定而素质不断提高的劳动力人口，以及良好的外部社会环境，政府在这个过程中也逐渐实现了治理模式的转变，大大提高了治理能力。

正因为具有这么显著的成效，所以得到了高层的重视，并且产生了广泛的社会影响。2004 年，胡锦涛总书记在《浙江义乌市探索职工维权社会化新模式》一文中作出了重要批示："完善在工会组织领导下的维权机制很有必要。要注意总结经验，不断强化职能，更好地为职工服务。"2005 年，中共浙江省委、中华全国总工会先后在义乌召开了全省、全国工会维权机制建设经验交流会。2006 年 4 月，中共中央政治局常委、国家副主席、时任浙江省委书记习近平号召全省各级党组织深入开展学习陈有德事迹的活动。2008 年，义乌工会社会化维权模式荣获第四届中国地方政府创新奖。同年 10 月 21 日，在全国总工会新一届领导班子成员、中国工会十五大部分代表座谈上，陈有德向与会的胡锦涛总书记、习近平副主席作义乌工会社会化维权工作汇报。2009 年 1 月，陈有德被评为"和谐中国 2008 年度影响力领军人物"，义乌市总工会被评为"和谐中国 2008 年度十大和谐单位"。

四　义乌模式对社会组织化维权的启示

综上所述，以有效解决广大农民工维权问题为目标的义乌经过 15 年的实践，已经取得了较为显著的成效。那么，从其成效来看，义乌工会社会化维权模式究竟做对了一些什么呢？

首先，义乌模式建立了工会组织网络，从市、镇（街道）、企业（市场）三级到与外省市工会联合的全覆盖，使得每一位工人都有可以为自己维权的工会。这里的"工人"突破性地涵盖了所有的农民工，那些在异地他乡经常孤立无援的农民工都成为工会保护的对象。这样最大程度地使得各项维权行动都沿着组织化、制度化的轨道展开，极大地避免了由各种非正式的同乡会甚至是一些黑恶势力操纵的容易失控、难以制度化的维权渠道。事实上，让工人包括农民工找到自己的组织也是大势所趋，全国各地工会近些年都在积极推进这项工作，截至 2013 年年底，全国工会会员已达到 2.9 亿人。

其次，义乌模式强力推进和运用法治思维与方式来协调、解决劳资纠纷。这是因为法律最基本的功能是调节利益，处置纠纷并救济损害，它作为成熟、技术化、普遍适用的规范，是合理处置纠纷最有效最实用的准则。同时，采用法律机制和法律程序处置纠纷，是常态社会条件下解决纠纷最适当的渠道和方式。为了做到这点，成立义乌市职工法律维权中心，并以此中心为基础建立了涵盖“劳动争议调解机制、劳动仲裁参与机制和劳动争议、诉讼代理机制”等一系列机制架构的工会法律维权的综合体系。

再次，义乌模式全方位动员和整合各类行政、司法、社会资源，保证了工会维权的权威。一方面坚持依法治理劳资纠纷，才最为合理有效，才能真正实现长治久安；另一方面当前我国政治动员机制比较强大，政治资源较为充分，而在以法律手段解决纠纷的能力还较为有限的情况下，不可避免要借助政治权威以及各种社会资源的综合运用，来解决劳资纠纷，尤其是一些非常规性的纠纷。为此，义乌模式在党的统一领导下，以总工会为平台，通过整合各种党政机关以及社会力量来形成工会维权的合力。其中，在实现劳动、卫生、安监及司法行政等部门联合互动的同时，吸纳了新闻、高校、法律服务机构、群众团体，以及异地工会组织等多方力量，体现了职工维权主体的社会化、多元化、协调化。

最后，义乌模式把预防与服务放在协调和处理劳资纠纷之前，大大降低了事后的处置成本。秉承“一份预防胜过十分治疗”的理念，义乌模式在做好有效维护工人权益的各项机制建设之后，逐步在事前维权上下功夫，如前所述，通过大力推行集体合同制度、认真贯彻实施劳动合同法以及建立劳动法律监督委员会等措施来避免侵害工人权益的事件发生。事实证明这些做法卓有成效。

总之，义乌模式对构建和谐社会的意义主要集中在通过社会组织的建设大大降低了集体行动的违法与暴力程度，从而有效地实现了集体行动的理性化、有序化与常规化，有助于提高国家将社会矛盾和冲突纳入制度轨道的能力。

第六章　村规民约的权威塑造

群体性暴力是一个国家在向现代化转型的过程中所面临的主要社会问题之一，而是否能够用现代公共规则来约束与控制暴力行为，并且将社会矛盾的解决与社会诉求的表达纳入制度化框架则成为衡量一个国家现代化程度的标准之一。处于社会转型期的中国也同样面临着抑制社会暴力、建立公共规则、优化社会治理的压力。由此，一部分地区展开了以规则建构为目标的治理尝试，其中，村规民约的建立及其权威塑造实践便是其中的典型。对此，本文试图在国家治理体系与治理能力现代化的背景下，通过对浙江省新昌县儒岙镇石磁村与杭州市余杭区良渚文化村的村规民约建构与执行过程的考察，来探讨我国国家建设的现代化路径问题。本文试图解决的核心问题是，村规民约的权威塑造机制是什么，并在回答这一问题的基础上提供一个关于村规民约权威塑造机制的解释框架。

由此，本章各节安排如下：第一节梳理村规民约的历史发展脉络，分析其所发挥的功能，提出影响村规民约权威塑造的三个关键要素：规制性要素、合法性要素与工具性要素，并以这三个要素建构分析框架。第二节通过石磁村“乡村典章”的建构与良渚文化村《村民公约》的形成这两个案例，探讨了村规民约权威塑造的具体过程与机制。第三节探讨当前我国基层社会乡规民约权威塑造的路径问题，并提出完善村规民约权威塑造机制的对策与建议。

第一节　村规民约与权威塑造

当前，我国正处于急遽的社会转型期，现代化建设的快速进程不断推动着社会利益与需求的多元化，同时也伴随着一系列社会问题的出现。社会问题的解决需要国家与社会之间形成良性互动，其中，在正式的国家法律法规之外，村规民约的制定与推行也是有效推进基层治理现代化的重要实践。由于当前我国也正处于从传统社会向现代社会的过渡时期，乡村社会的行为准则正经历着从以风俗习惯为向导向以公共规则为向导的过渡时期，村规民约作为一种准制度，在维护社会秩序方面发挥着重要作用。村规民约，作为约束村民行为的共同准则，同时在这个规则框架下，可以激发村民参与公共事务的积极性，提升其参与能力。可以肯定的是，村规民约是否有作用取决于村规民约是否具有足够的权威，因为没有足够权威的村规民约很难得到广大村民的自觉遵守。因此，如何塑造、维护村规民约的权威性则构成了这项研究的关键议题。循着这个问题意识，本节首先，简要地梳理村规民约的发展历程，和已有文献相比，这里更倾向于将村规民约看成是国家意志与社会意志进行竞争与博弈的重要平台。其次，结合诸多地方经验展示了村规民约的主要功能，并对探讨村规民约功能的相关文献做了初步的梳理。最后，在这些基础上，提出构成村规民约权威来源的三个关键要素：规制性、合法性与工具性。这些要素虽然不是由本文首次提出，但是这里在阐释这些要素的运作机制以及相互之间的逻辑关联方面努力提供一些新的知识，并由此构建一个综合性的分析框架。需要说明的是，所有的讨论在范式上都是在国家与社会关系的这个框架里进行展开的，目标在于在构建新型农村社会秩序方面达成国家与社会的良性互动与合理关系。

一　村规民约发展历程：演变与逻辑

乡规民约与村规民约都是指农村社区在国家正式法律之外的对公共生活具有约束力的共同规范，也因此常常被交替使用，但是稍加注意，不难发现它们实际上分别指涉着传统与现代这两个不同的历史语境。传统中国很长历史时期内，国家没有能力对广大乡村实施直接有效的控制，因而乡村社会秩序的维护更多地依赖乡村社会的自治。其中，乡规民约，又称乡规、寨规、合约、禁约、公约等，一方面超越了家法族规实施范围的局限性；另一方面弥补了国家正式法律制度在乡村社会实施能力的欠缺，因此对乡村社会秩序的维护发挥着重要的不可或缺的作用。长期以来，尤其是从宋朝开始，乡规民约的建设一直为历代政府所重视。[①] 从清末开始，中央政府一直致力于乡村社会的国家政权建设。因此，乡规民约在内容上开始体现国家治理意图的制度设计。在民国时期，乡规民约开始展现了正式制度化的村民自治特征。[②] 1949 年后，国家对广大农村社会进行了全面控制的现代化改造，导致了乡规民约很长时期处于沉寂状态。也从此在官方或学界的正式表述中，“乡村”概念开始让位于“农村”。改革开放后，人民公社体制解体，国家对农村社会的直接控制开始减弱，这导致农村社会秩序一度混乱。这种背景下，1980 年由广西宜山、罗城等地区村民自发探索创立了村民自治组织——村民委员会，发挥着对农村有效治理和秩序重建的功能。因此很快得到诸多省份纷纷效仿，也得到了党和国家的广泛认可，并在 1982 年《中华人民共和国宪法》中首次认可了村民委员会的合法地位。

在村民自治的建设过程中，伴随着村民委员会的组织重建，作为规则重建，传统的乡村民约重新回归，并且获得了新的名称——“村规民约”。最早的村规民约也是由最早实行村民自治的广西宜山村民自行制定，但是其中有些内容明显违背了国家的法律法规。早期村规民约的这种特征是引发国家介入对村规民约制定过程的重要原因。这种介入也让国家发现村规民约不仅是村民自治的有效治理方式，也是使徘徊在村庄治权之外的国家可以重新参与基层治理活动的有效载体。于是，国家在赋予村规民约合法地位的同时，也明确了国家对村规民约的组织与法律控制。例如，1988 年试行实施的《村民委员会组织法（试行）》规定，村规民约的制定要报乡镇政府备案，并且不得与宪法、法律和法规相抵触。[③]随后，

① 张明新：《从乡规民约到村民自治章程——乡规民约的嬗变》，《江苏社会科学》2006 年第 4 期。

② 例如，山西为中国实行村民自治（这里指正式法律规定实施的）最早的一个省。1922 年 3 月，山西开始实行“村治”，村为自治单位，设有村民会议、村公所、监察会等，村下设闾邻。参见郎友兴：《对七十二年前山东一个村庄村规民约的简要述评》，《中国农村观察》2003 年第 2 期。

③ 1998 修订生效的《中华人民共和国村民委员会组织法》（以下简称《村民委员会组织法》）第二十条规定：“村民会议可以制定和修改村民自治章程、村规民约，并报乡、民族乡、镇的人民政府备案”，而且“村民自治章程、村规民约以及村民会议或者村民代表会议决定的事项不得与宪法、法律、法规和国家的政策相抵触，不得有侵犯村民的人身权利、民主权利和合法财产权利的内容”。

地方政府开始主导村规民约的制定与推行工作，也因此，有的地方把村规民约称为“村民自治章程”。其形成过程“一般先由民政局在试点村摸索经验，形成规章，经完善以后推向本行政区所辖各村。虽然村干部在拿到这些规章的范本后结合村里的情况进行过讨论，但最终确立下来的一整套规章，从内容，行文，到印制实际上都基本上是当地民政部门统一组织或推动的”。[①]也因此，村规民约被认为主要反映了“具体主持村民自治工作的民政部门对村民自治的目标设计和政策追求”。[②]有学者据此认为当代乡规民约是官方借民间的力量以管理农村社会的方式，是由官方和民间互动地给民间制定规则，并由此确立某种“新传统”。[③]

2003 年“非典”事件之后，社会管理创新工作得到了前所未有的重视。村规民约的制定与推行工作也是在这个框架下得到了较大的发展。2013 年在十八大三中全会提出国家治理体系与治理现代化建设目标后，村规民约在加强社会治理创新的话语下又一次成为焦点。村规民约在全国各地的试点与推广工作如火如荼。就全国形势来看，根据民政部统计，中国农村共有 58.9 万个村委会，[④] 国务院新闻办公室则宣称全国 98% 的村制定了“村规民约”和“村民自治章程”。[⑤]近期大部分地区也积极开展了村规民约的修订与完善工作。与这种形势相呼应，党的十八届四中全会《决定》再次提出要发挥市民公约、乡规民约、行业规章、团体章程等社会规范在社会治理中的积极作用。

事实上，无论国家以什么样的方式介入村规民约的制定与推进工作，村规民约与传统的乡规民约一样，一直属于村民自治的范畴。改革开放后村民自治的回归首先意味着国家全面控制社会的治理模式的失败，在经验上也确实填补了政府管理力量（如正式法律与行政手段）的不足。尤其

---

① 张明新：《从乡规民约到村民自治章程——乡规民约的嬗变》，《江苏社会科学》2006 年第 4 期。

② 李学兰，柴小华：《当代法治实践中的村规民约——滕头村村规民约的文本解读》，《甘肃政法学院学报》2010 年第 3 期。

③ 同上。

④ 吴光于，任硌：《四川中江：村规民约见证中国乡村自治》，新华网：http：//news. xinhuanet. com/politics/2014—08/19/c_ 1112131571. htm，2014 年 8 月 19 日。

⑤ 国务院新闻办公室：《2013 年中国人权事业的进展》，新华网：http：//news. xinhuanet. com/politics/2014—05/26/c_ 1110854939. htm，2014 年 5 月 2 日。

是在当前推进国家治理现代化的语境下，为了缓解社会矛盾，维持社会秩序，从而实现广大农村和基层社区的善治，需要构建村民自治与政府管理之间更加合理的互动关系。在这个背景下，村规民约作为农村社会治理的基本规则与依据就成了国家意志与社会意志进行竞争与博弈的重要平台。在这种竞争与博弈的过程中，国家与社会在努力促成各自意志最大程度实现的同时，也都在不断探索如何合理划分双方边界以及如何更好地通过良性互动实现共赢的治理目标。这种状况自然地引发了两个重要的理论议题，第一，村规民约究竟有哪些功能？正是这些功能使之能够在社会治理中扮演这样重要的角色。也由此不得不探讨第二个议题，即村规民约怎样才能更有权威？因为只有村规民约具有足够的权威性，才能更好地发挥其积极的治理功能。

二　村规民约功能分析：从实践到理论

在经验层面上，村规民约的功能，嵌入国家与社会互动关系的框架中，并且是在当前正在进行的新农村建设、全面推进农村治理现代化的背景下展开的。在各种涉及公共利益、公共服务、公共财物的农村问题的推动下，村规民约通常被视为一种有效的村民自治的方式去解决政府管不到的问题，在内容上既反映了国家建设的现代化目标，也反映了社会对公序良俗的诉求。

首先，除了运用村规民约推进一些农村和社区常规的民主法治建设外，各地也纷纷依靠村规民约去实现一些国家建设的现代化目标。例如，北京运用村规民约进行农村法治建设，增强农村和社区化解矛盾的能力；河北省元氏县铁屯村运用村规民约治理违章建筑问题；浙江省云和县白龙山街道运用村规民约治理环境污染问题；河南登封市大冶镇周山村运用村规民约推进男女平等理念。而上述对村规民约的制定与执行在很大程度上提高了地方公共事务的治理绩效。

其次，村规民约也被用来培育与促进农村社会公序良俗的形成，效果显著。这主要体现在通过村规民约来改善农村各种陋习。例如，山东省陵县农村成立“红白事理事会”，制定红白事酒席标准，[①] 湖北省松滋市三堰

① 《山东省〈村规民约〉“约”出新风气　重建乡村伦理秩序》，中国文明网：http：//www.wenming.cn/syjj/dfcz/sd/201408/t20140825_2151397.shtml，2014 年 8 月 25 日。

淌村制定村规民约，对农民整酒请客列出严规，[①]这些村规促进了农村社会良好风气的形成。农村公序良俗当然不仅仅是对吃喝风的遏制，村民的一些陋习也得到改善。另外，一些志愿服务、公益活动的内容也逐渐写进村规民约，例如，北京市顺义区仁和镇平各庄村成立“老年志愿者服务队”，杨家营村鼓励村民参与捐款捐物、陪伴孤寡老人等慈善公益活动。[②]

在理论层面上，当前国内学界对于村规民约功能发挥的内在机制分析可以归纳为四个研究范式，分别为社会资本与社会信任、法律社会学、社会整合以及公共性与国家建设。

第一，社会资本与社会信任范式。该范式关注村规民约对于农村社会资本的积累以及提升村级治理绩效所具有的积极作用。例如，把村规民约视为一种制度性社会资本[③]，而且其发生作用的内在机制被描述为：“村级治理中，村规民约的制度性承诺使得村庄社区成员在日益碎片化的社区中获得某种可以依赖的客观性依据，从而增强了村民合作与信任的可能性。村规民约性制度的建设也为村民提供了一个社区安全网，这样可以大大降低由于他人失信对个人形成的潜在损害，在这种制度环境下，社区网络内的合作与信任就有可能得到增强。”[④]显然，这里社会资本主要是通过提供一种超越人际信任的制度信任来发挥其在公共治理中的作用。具体而言，这种内在机制又可以细化为惩戒监督机制、价值导向机制和传递内化机制的有机组合。

第二，法律社会学范式。该范式的运用主要在“民间法”概念框架内进行展开的，即“……在国家法之外，还有其他类型的法律，它们填补国家法的空隙，也构成国家法的基础，这类型的法律就是民间法”。[⑤]正是在民间法的框架内，村规民约虽然不是正式的法律规范，甚至独立于国家制定法体系以外，却是在农村中实际发挥规范作用的规则。村规民约使

---

① 《湖北一村制定村规民约整治摆宴请客 14 人被罚》，中国新闻网：http：//www. chinanews. com/sh/2014/09—24/6626256. shtml，2014 年 9 月 24 日。

② 《顺义 426 个村修订村规民约》，《北京日报》，2014 年 8 月 2 日，第 1 版。

③ 钱海梅：《村规民约与制度性社会资本——以一个城郊村村级治理的个案研究为例》，《中国农村观察》2009 年第 2 期。

④ 同上。

⑤ 梁治平：《清代习惯法：社会与国家》，中国政法大学出版社 1996 年版。

得农村公共事务的治理有了明确的规则，各种社会关系、利益关系据此可以得到有效的调整。[①]但是在法治的发展方向转为对社会公益的保护、体现社会本位需要的背景下，村规民约应该增加或者强化其在促进和保护农村社会的公益，如环境、教育等。[②]

第三，社会整合以及范式。改革开放以后，中国乡村出现了社会权力的离散化和权威形态的虚拟化的特征，这种状况导致中国乡村社会“碎片化”的趋势愈演愈烈。由此，乡村社会面临着如何“重新走向整合”的任务。[③]其中一个关键的做法是促进乡村社会从“权威性整合”向“制度性整合”的转变。具体做法是“发展基层民主政治，培养农民的个体自主性意识和现代合作精神，通过维持民众正义诉求的制度表达渠道畅通来实现乡村社会的稳定整合”。[④]在这种背景下，村规民约也承担了重新整合农村社会的重要功能。

第四，公共性与国家建设范式。该视角认为当前中国许多乡村正面临着“共同体解体”带来的种种困境，例如，公共物品的供给不足、村民的集体认同感和互助合作的基础减弱以及乡村黑恶势力大量滋生等，因此，在广大农村实施社区重建工作显得十分迫切。[⑤] 在这个背景下，村规民约可以被视作推进农村公共性重建工作的有力措施。但是，张静认为村规民约所反映的“村民”概念与现代意义上的“公民”表述还有距离，还只是“作为一个有限的生活共同体中的成员存在的，尽管他可能同时属于外部更大的政治单位——譬如国家组织中的成员，但后者的法律并不能有效地规范他的生活，或保护他的权利”。[⑥]由此，村规民约还需要在公共性维度上做大量的工作，例如超越村庄这个小共同体的“公共关系”、

---

① 李学兰，柴小华：《当代法治实践中的村规民约——滕头村村规民约的文本解读》，《甘肃政法学院学报》2010 年第 3 期。

② 于语和，安宁：《民间法视野中的村规民约——以河北省某村的民间调查为个案》，《甘肃政法学院学报》2005 年第 82 期。

③ 赵旭东，辛允星：《权力离散与权威虚拟：中国乡村“整合政治”的困境》，《社会科学》2010 年第 6 期。

④ 同上

⑤ 黄平：《公共性的重建：社区建设的实践与思考》，社会科学文献出版社 2011 年版，第 208 页。

⑥ 张静：《乡规民约体现的村庄治权》，《北京法律评论》1999 年第 1 期。

"公共规则"、"公共身份"与"公共权威"的塑造。这些任务也是当前农村需要进行的现代性"国家政权建设"的主要目标。

这些范式虽然提供了不同的视角与研究方法，但是应该被看作都是嵌入在国家与社会关系的这个框架里进行展开的，其目标指向一样，均是在构建新型农村社会秩序方面达成国家与社会的良性互动与合理关系。

三　村规民约的分析框架

关于村规民约权威塑造研究的相关文献，首先，把村规民约视为一种制度性社会资本，而且正是"村规民约的制度性承诺使得村庄社区成员在日益碎片化的社区中获得某种可以依赖的客观性依据，从而增强了村民合作与信任的可能性"。[①] 其次，把村规民约视为国家法之外其他类型的法律，"它们填补国家法的空隙，也构成国家法的基础，这类型的法律就是民间法。"[②] 最后，从制度主义视角出发，归纳出村规民约三个基本的权威性来源与要素，分别为规制性要素、合法性要素与工具性要素。[③]相关研究路径还可以列举下去，但是这不是本文的主要目标。

本文采用第三种研究路径，认为这三种要素往往是以不同的组合范式共同塑造着村规民约的权威性。不同的地方在于，本文运用国家与社会关系的范式来推进这项研究。从这种理论视角看来，在村规民约的制定与推行过程中，活跃着三大类的行动主体，分别为地方政府、农村精英与普通村民，他们的观念与行为也是围绕这三个要素而展开复杂的互动，共同参与了村规民约的权威塑造过程。其中，地方政府具有可资利用的强大的组织与动员力量，以及为了实现一些现代化目标可以不断调整同民间社会的博弈策略。农村精英主要是指农村的村两委领导，他们具有各自的目标与意图，以及一般具备协调技能。普通村民首先关注自己的切身利益在村规民约的实施过程中是否得到有效维护与增加，同时他们受制于农村一些保留下来的传统规范以及熟人社会常有的人情与面子法则。

---

① 钱海梅：《村规民约与制度性社会资本——以一个城郊村村级治理的个案研究为例》，《中国农村观察》2009 年第 2 期。

② 梁治平：《清代习惯法：社会与国家》，中国政法大学出版社 1996 年版。

③ 周家明，刘祖云：《村规民约的内在作用机制研究——基于要素—作用机制的分析框架》，《农业经济问题》2014 年第 4 期。

在这个基础上，可以搭建了一个初步的分析框架，即三大行动主体地方政府、农村精英与普通村民，投入各自的偏好与资源，围绕着规制性、合法性与工具性三个基本要素的构建或消损，合力参与村规民约权威塑造的互动过程中。其中，规制性要素主要是看村规民约是否提供了有效的处罚措施，合法性要素主要是看村规民约是否具有合乎众意的共识，而工具性要素主要是看村规民约是否具有明显的绩效。总之，村规民约权威塑造机制的运行有赖于规制性要素、合法性要素和工具性要素本身的运作以及相互关联状况。

目前，这个框架还显得有些疏阔。结合当前中国村规民约运行的现状，需要使这个框架更加精致化，使其至少能够回答如下三个相应的问题。第一，就规则性要素而言，在大多尚未完全完成现代化的乡村社会，村规民约并不完全具备现代公共规则的约束力与执行力，这种规则性还有哪些类型与来源？第二，就合法性要素而言，村民对村庄事务的参与也并非完全是主动、积极的，哪些因素推动村民来参与到村规民约的制定和执行过程中？第三，就工具性要素而言，村规民约所试图实现的利益与绩效如何影响到村民对它的尊重的？为此，本文试图通过类似案例的比较研究，来进一步探讨规制性要素、合法性要素、工具性要素在村规民约权威塑造过程中的具体运行机制以及三者间的关系，从而使其更加细致化，能够解释更多的关键特征。

第二节　村规民约的权威塑造机制

第一节主要从经验与理论两个维度探讨了村规民约的历史发展脉络与社会功能，并提出了村规民约权威塑造机制的分析框架，即从规制性要素、合法性要素与工具性要素三个方面来衡量村规民约的权威塑造情况。第二节则是在这一分析框架的基础上，从农村和社区分别选取了一个关于村规民约权威塑造的典型案例进行描述与分析，以进一步认知、理解权威塑造的具体机制。具体来说，主要是通过对石磁村“乡村典章”形成过程、内容、执行状况的分析来探讨哪些因素构成村庄权威塑造的微观基础，以及通过对良渚文化村《村规民约》权威塑造过程的描述来讨论村规民约权威塑造的机制与意义。

一 石磁村“乡村典章”的权威塑造机制

石磁村位于浙东新昌县天姥山麓的儒岙镇，在 2004 年 5 月行政村规模调整后由原石磁、泄上、后岗山三个行政村合并而成，全村共有 500 多户，1300 多人。规模扩大后的石磁村，在村务管理中遇到了很多的矛盾，涉及干部之间、村民与干部之间等。很多工作不能顺利开展。为了解决这些矛盾，石磁村在县和镇领导的指导和帮助下，根据《党章》、《村民委员会组织法》等法律法规规定，结合石磁村实际制定了《石磁村典章》（最初叫《村务公约》），旨在通过建立严格规章制度来规范村级权力运行。该典章于 2004 年 7 月 16 日由全体村民公决通过，并正式生效。同年 8 月至 9 月儒岙镇在另外 9 个行政村推广该典章，2006 年，由于长征乡合并到儒岙镇，该典章又被推广到原长征乡的 5 个行政村。

第一，乡村典章的制定采取了上下互动的制定模式。镇政府先后派出了 6 个工作组到村民中去访谈，根据事先准备好的《村级组织运行情况座谈提纲》[①] 收集意见。该《提纲》共列举了 13 个问题，主要涉及村务管理中的突出问题和疑难问题有哪些、如何对村干部进行监督和问责、村级组织和党员干部的职责、村民代表以及村民代表大会的形式与功能以及如何实现村集体经济增收四个方面。

工作组的成员根据这份《提纲》走家串户，进行访谈和座谈等活动，填写《村级组织运行情况座谈登记表》，内容为访谈对象的基本资料、座谈记录和小结三部分。这样，历经一个半月形成《石磁村典章》初稿，于 2004 年 7 月 16 日由全体村民公决，在石磁村 1100 多个选民中，参加典章投票的达 980 人，正式通过。[②] 随后，《石磁村典章》被印制成小册子，发到每家每户。

第二，乡村典章的基本内容。乡村典章同一般意义上的“乡规民约”不一样，也不能看作是正式的法律体系，而是在村庄实施的国家行政管理的一套规章制度以及一些“合法”的村庄传统规条或习惯的综合。它的

① 参见石磁村：《农村典章制定程序》卷宗，第 5 页。

② 经过论证后，典章在整个儒岙镇开始全面推广。于是，《石磁村典章》又有了一个更为宽泛的名字：《乡村典章》。

制定原则被官方总结为四个原则，即“合法性原则、自治性原则、适用性原则和双向性原则”。作为儒岙镇的第一个乡村典章——《石磁村典章》，也基本上体现了这些规定性的特征，其主要内容，见表6—1。

表6—1　石磁村典章的内容提要（2004年7月16日村民公决通过）

章	标题	条	主要内容	关键内容
第一章	总则	第一条	明确制定该典章的目的与依据。	
第二章	村级组织及职责	第二条—第七条	依次列举本村党支部、村民委员会、村务监督小组、团支部、妇代会、民兵连、调解委、治保委等组织的性质与职责等。	1. 第三条中的村党支部的性质和主要职责。 2. 第四条中的村民委员会的性质与主要职责。 3. 第六条中的村务监督小组的性质与主要职责。
第三章	村级组织产生办法	第八条—第十二条	明确规定村党组织班子成员依法选举产生以及选举中有关问题的具体规定。	1. 第九条中的村民委员会换届选举实行无候选人直接选举。 2. 第十二条中的村务监督小组的推选办法。
第四章	村务决策	第十三条—第十五条	规定村级事务根据重要程度、性质不同所进行的分类，相应的决策程序以及决策修改。	1. 第十三条中的村级事务分类。 2. 第十四条中的村务决策程序。
第五章	村务管理	第十六条—第十九条	分别规定了村级财务管理、村合同管理、集体项目交易管理和印章管理。	1. 第十六条中的财务管理实行村账镇审制度和会计委托代理制度。 2. 第十八条中的集体项目交易管理。

续表

章	标题	条	主要内容	关键内容
第六章	村务监督	第二十条—第二十六条	规定了村务公开制度、村干部经济责任审计和风险承担机制、民主评议村干部、村干部违反典章的处置办法。	1. 第二十条至第二十二条中的村务公开制度。 2. 第二十三条中的村干部经济责任审计和风险承担机制。
第七章	村规民约	第二十七条—第二十九条	规定了村规民约的具体规范、考核办法和赏罚措施。	1. 第二十八条的村规民约的考评办法。 2. 第二十九条的违反村规民约的处理办法。
第八章	附则	第三十条	内容合法性补充说明。	

以上这些内容，还仅仅是纸上的规定，在实践操作中，并不是每一个制度都得到了很好的执行。

需要通过对乡村典章在接下来的5年内的实施状况进行一个考察，观察究竟是哪些制度得到很好执行，而有些却一纸空文。

第三，“乡村典章”的执行状况。通过对典章在实施了5年中运行情况的考察，本文把“石磁村典章”的主要制度，根据是否已经初步实现制度化为标准对典章制定前就有的制度以及新增加的制度进行了分类，见表6—2。

表6—2　“石磁村典章”实施5年中“制度化”分类

分类			举例
初步实现制度化的部分	原来就有的制度（包括在典章中得到较小程度调整的部分）	典章实施前已经初步制度化	第九条，村民委员会换届选举实行无候选人直接选举。 第十二条，村务监督小组的推选办法。
		典章实施后制度化	第二十条至第二十二条，村务公开制度。

续表

分类		举例
初步实现制度化的部分	典章新添的制度	第六条，村务监督小组的性质与主要职责。 第十三条，村级事务分类。 第十四条，村务决策程序。 第十六条，财务管理实行村帐镇审制度和会计委托代理制度。 第十八条，集体项目交易管理。
制度化程度仍然较低的部分	原来就有的制度	第三条，村党支部的性质和主要职责。 第四条，村民委员会的性质与主要职责。
	典章新添的制度	第二十八条，村规民约的考评办法。 第二十九条，违反村规民约的处理办法。
制度化程度难以判断		第二十三条，村干部经济责任审计和风险承担机制。

在以上所列举的制度中，典章实施前已经初步制度化的制度暂不在本文所讨论之列。在典章实施后得到初步制度化的制度，归纳起来主要有以下五项制度，且“严格按照这个程序（指这五项制度）来做，实施中效果比较好”。①

上述关于民主分类决策和财务管理的五项制度——重大村务的民主决策制度、村财务代理制度、村里集体工程招投标管理制度、村财务公开制度、村务监督小组财务监督制度——都涉及村庄里的集体经济问题。村务分级决策的基础主要是花费的资金数额，后面的四项制度更是直接与财务有关。乡村典章制度化过程中的这种特征，说明了村庄治理中的关键问题属于村级财务问题。

实际上，乡村典章实施 5 年来的治理绩效主要是实施这些制度的成果。典章实施前已经初步制度化的制度主要获益于上级政府的强力推行、操作性强以及已经经历长期的实践等，这是用政府权威和基层实践来塑造典章权威的过程，因为合理的运作，典章不断积累着权威，并产生了较高

① 访谈资料 Z—1：访谈对象章俊，男，儒岙镇副书记，2009 年 8 月 24 日。

的治理绩效，而高绩效又反过来巩固了典章权威。

二　良渚文化村《村民公约》的权威塑造实践

上述对石磁村“乡村典章”权威塑造机制属于对农村社会规约的权威塑造问题的探讨，这里需要进一步了解城市社区“村民规约”的权威塑造情况。良渚文化村位于杭州北郊，余杭区中部，距离杭州市中心16公里，离良渚遗址保护区2公里，整体占地10000亩，容纳3万到5万常住人口，属于万科“非标准”新市镇产品实践，是集自然生态保护、休闲旅游、居住、经济文化为一体的新田园小镇，2006年开始入住。良渚文化村业主职业跨度很大，从IT、法律、医疗到金融等各行业都有，社会阶层基本在中产阶级以上，比如竹径茶语社区，业主多为公务员和高级知识分子阶层。随着入住人数的增加，社区生活也出现一些困扰与纠纷，由此，业主们逐渐开始探寻社区公共生活方面的议题。

第一，《村民公约》形成过程中的意愿表达与协商互动。赵丹涯是良渚文化村“竹径茶语”住区的业主，早年毕业于中国地质大学，是中国最早的南极科考成员之一。2008年，他在社区论坛表达了对小区的诸多感慨，引发村民的热烈回应，大家在论坛中纷纷表达自己的意愿，最终形成了《竹径茶语村志》,《村志》的出台，引发了开发商、业主与物业的响应，三方共同决定制定一部多方认可并自愿遵循的行为准则，并由杭州万科客户关系部门员工股与业主代表共同组成公约的制定团队。

最初，关于公约的讨论涉及宠物、停车、公共活动等诸多方面，为了将上述讨论聚焦，公约制定团队在论坛投诉和建议中一条条寻找，经整理后再和业主一起讨论，听取了很多业主的建议。多轮沟通后，团队拟定出一份草案，共50条。继而，经过开发商、物业、业主多方多次的讨论、协商与修改，2010年秋，公示了缩减后的32条《村民公约》。

2010年9月底，公约制定团队开始面向良渚文化村全体业主进行征询。征询函上写道：“我们将塑造一个当代中国理想小镇的行为样本，践行人与自然、人与家园、人与人无限尊重的可能。”

工作人员通过网络征询、调查问卷、电话询问、上门走访等方式征集业主意见，90%以上的业主（其余大多是没有联系上）参与征询，很多业主提出了修改意见，数十位身在外地的业主还寄来挂号信、快件参与投票。经过统计，4000余户业主中，一共有3931户业主参与了征询，最终回收的征询函有3653份。

在征询函中，很多业主都提出了自己的意见。如在规约内容方面，业主们对行车规范、公共食堂就餐、购物等公共资源、环境保护、公共安全方面的事务表达了意见。除了征询函中的表达，很多议题在业主论坛中也得到了充分讨论，共有20多万个帖子。最终，在3931户受征询的居民中，有3653户提供了反馈，大部分还提出具体修改意见。

可见，在村民们的意见、意愿表达中，无论内容还是形式，涉及的都是对社区中公共资源的安排以及村民们在公共生活中对自身行为的约束问题，即行为准则主要是与良渚文化村村民切身利益相关的事务。由此，《村民公约》在充分尊重公意、共识并充分吸纳社会意愿与社会利益的基础上而形成。在这一意义上，可以说，《村民规约》的产生过程具有较强的合法性。

2011年2月27日，全文没有一个“禁止”字眼、主张自律的《村民公约》正式发布，800多位村民参加了发布会。在序论中，《村民公约》引用了赵丹涯的一句话，“共乐乐，地位无高低，学识无深浅，身份无贵贱，崇平等，践和谐”。赵丹涯认为《村民公约》是约定，不是规定。

然而，公约的发布并不意味着它已成为社区生活中真正的制度安排，还需要进一步转化为实践与习惯，这需要一个循序渐进的过程。比如，公约公布一个月后，有人在良渚食街一家食品店插队。一名业主随即发帖指责：“我们已经有《村民公约》了，为什么还会有人插队?”这条帖子当天点击量超过一千。社区精英王群力认为，插队成为话题，说明《村民公约》渐入人心。

除了村民的实践与监督，万科物业也为此专门设立了“村民公约办公室”，招募了许多业主志愿者担任人行道指挥员、垃圾分类宣导员等，还定期组织业主进行旧物交换，垃圾清扫等活动，希望通过这些行动，使作为制度文本的《村民公约》成为稳定、持续的制度实践。

通过对《村民公约》形成过程的梳理，可以发现，其行动者、行动方式与行动本质都指向一个共同目标，即在村民的支持与参与中获得村民公约的合法性，通过行动者的多元化与涵盖的全面性，以及行动方式的理性化，使社区公民的意志得到了较好的体现，在制度执行中也获得了更多的支持，这样的做法既保证了制度的合法性，也塑造了制度的权威性。

第二，《村民公约》的主要内容。《村民公约》共有26条，公布以后，被刻在良渚文化村公共区域墙面上，供村民观看、记忆、警醒。其内容如下：

1. 我们乐于参加小镇的公共活动；

2. 邻居见面主动问好；

3. 我们呵护孩子的自尊，在公共场合避免责罚；

4. 孩子之间发生冲突，家长首先教导自家孩子；

5. 邻居长时间不在家时，我们帮助照看，遇有异常，及时告知管理人；

6. 当邻居因房屋维修需要配合时，我们乐于支持和帮助；

7. 我们拾获楼上邻居晾晒时飘落的衣物，妥善保管及时送还；

8. 我们不往窗外抛撒物品，晾晒浇灌防止滴水；

9. 在小镇公共场所，我们放低谈话音量；

10. 在清晨和夜晚，我们主动将室内音响降低；

11. 我们在公共场所衣着得体，讲究礼仪；

12. 我们在乘车、购物时依次排队，尊老爱幼；

13. 节假日我们只在指定地点燃放烟花爆竹，平时燃放征得管理人同意；

14. 婚丧乔迁等传统风俗不妨碍小镇公共秩序、环境；

15. 我们开车进入小镇不得按喇叭，开车窗时将音响声音调低，停车后尽量将车辆防盗装置调整到静音状态；

16. 小镇内我们慢速行车，不开远光灯，主动礼让行人；

17. 我们在指定位置停放车辆，不跨线、压线，且车头朝向规定方向，停车即熄火；

18. 小镇内出行，我们倡导使用自行车、电动车或循环巴士等；

19. 保持公园、游山步道等公共场所的环境整洁，自觉带走废弃物品；

20. 生活垃圾，分类处理；

21. 在小镇公共餐饮场所就餐，我们提倡自备打包餐盒；

22. 购物买菜，我们使用环保袋或竹篮；

23. 家中的闲置物品，在小镇跳蚤市场交易或慈善捐赠；

24. 在公共区域，未经管理人同意，我们不放生、放养动物，栽种植物；

25. 我们为宠物办理合法的证件，定期注射疫苗；

26. 使用牵引带遛狗，自觉清理粪便，不带宠物进入室内公共场所，为具有攻击性的宠物戴上口罩。

综观上述条目，可以将《村民公约》概括为公共参与、公共资源与公共秩序三个方面的议题，见表6—3。

表6—3 《村民公约》内容归类

议题	社区治理			
事务属性	私人事务	公共事务		
事务类型	教育与公益	公共参与	公共资源	公共秩序
公约条目	3；4；23	1；2；5；6；7	17；18；19；20；21；22；24	8；9；10；11；12；13；14；15；16；25；26

可见，从《村民公约》的内容来看，一方面涉及了公共领域的公共文明和道德问题，如第11条：我们在公共场所衣着得体，讲究礼仪；第12条：我们在乘车、购物时依次排队，尊老爱幼；另一方面也涉及私人领域内的个人修养和家庭内部事情，如第3条：我们呵护孩子的自尊，在公共场合避免责罚；第21条：在小镇公共餐饮场所就餐，我们提倡自备打包餐盒。另外，物业公司和村民们作为个体对社区生活中人们的道德修养、行为规范有一定的理想憧憬。所以，《村民公约》既是源自现实的迫切需要，也是源自内容的理想图景，因而产生了这种混合了公共领域与私人领域的道德规范的内容。

第三，"村民公约"的执行状况。如果说上述基础性规则是从整体的社区治理的角度对村民行为做出的硬性规定，那么，关于这些规制性要素的操作和执行则需要一些延伸性规则来进行灵活的调节，以保证其制度绩效。对此，良渚文化村村民对汽车行驶、垃圾分类、宠物豢养等行为的具体约束与监督方式做出了规定并设立了一些有利于公共秩序维护的提醒机制与奖励机制，如画宣传图、发倡议、发放特殊福利等。并且，在话语表述方面没有规劝类和禁止类的语言，主要是以业主为主体的倡导性语言，这种表述，是一种正向的激励方式。

此外，在规约的具体执行方面，也取得了良好的效果。首先，在公共意识的提升方面，之前人们在“村民食堂”聊天时经常有人大声喧哗，自从《公约》中规定“在小镇公共场所放低谈话音量”，村民们不但自觉遵守，而且会主动以委婉的方式提醒他人。其次，在公共利益的维护方面，村民们开始自愿、自觉地维持公共秩序与公共卫生。就公共秩序而言，从 2011 年 5 月 21 日起，良渚文化村开始推行文明行车活动。截至 2012 年 2 月 26 日，共有 2015 位业主、486 位非业主的车辆贴上了文明行车标志，驶经良渚文化村的公交车也加入了这个队伍，如今，良渚文化村已几乎无汽车喇叭声，车辆秩序井然。在公共卫生方面，小区实行垃圾分类后，每个家庭都用不同的垃圾桶对厨房垃圾、可回收物和其他垃圾进行了明确区分。如此，不但后山的垃圾越来越少，用环保袋买菜的人也越来越多。

可见，无论是公约内容还是话语表达风格，都试图一方面确保村民行为符合公共生活所要求的规范准则；另一方面充分顾及公约的可操作性与村民遵守的意愿与动力，在公意与执行两方面塑造了公约的权威，也由此提高了社区治理绩效。

三　案例分析：村规民约的权威塑造机制

这里将在案例描述基础上，发现其中的一些突出特征，然后去探究导致这些特征的关键机制。就石磁村与良渚文化村的村规民约权威塑造过程而言，动因是什么、内容与形式是怎样的？规约运作过程中的权威塑造机制有哪些？哪些因素导致了制度化的初步实现，从而巩固了规约的权威？

从石磁村“乡村典章”与良渚文化村“村民公约”的形成过程与内容来看，其运作方式主要通过三个机制来完成：参与机制、规制机制与评估机制。参与机制指的是开发商和业主等利益相关者对公约的制定与执行过程的共同嵌入状态与方式，规制机制指的是约束业主行为的准则、方式，包括奖惩机制；评估机制指的是评价公约实行绩效的标准与方式。

一 参与机制

参与机制主要包括动员、利益与志愿机制。首先，动员机制有两种类型，一是政府主导型的动员机制，主要体现国家的意志，并在政府推动下实现国家与社会的关于村规民约的共意。例如，在石磁村“乡村典章”的案例中，镇政府先后派出多个工作组到村里访谈，发问卷，收集民意，寻求共识，历经一个半月完成《石磁村典章》初稿充分体现了政府的主导作用。二是公众协商型的动员机制，主要体现普通民众在面对村庄或社区公共事务时所采取的表达、沟通、回应与监督等行为方式。例如，在良渚文化村“村民公约”的案例中，村民们关于小区停车收费和饲养公鸡等内容的帖子都能在论坛上得到热烈回应。可见，对于共同关心的社区公共事务，村民们有意愿也有能力在论坛等公共空间、公共平台上进行协商与讨论，并能在温和的氛围中达成共识，当然社区精英的积极参与和协调也是解决的重要条件之一。总之，无论是村民意见的表达，还是村民精英群体对问题的回应与解决，其互动与沟通过程都表现出了村民们在社区自治中通过自愿、自主的行为促成了社区治理的顺畅与高效，而较高的治理绩效又反过来加强了村规民约的权威性。

其次，利益机制，这是因为村民愿意参与到公共事务中，在很大程度上是因为这些事务与其自身利益息息相关。在石磁村乡村典章的推行中，制度化程度最高、最有权威的五项制度均是围绕着涉及村民切身利益的决策制度与财务制度。这表明，村庄政治中，村民们对切身利益的维护与增进是村规民约权威塑造的强大推动力量。访谈资料显示，决定村民们是否关心村庄政治或者决定是否去参与村庄政治活动中去，很大的动因就是看其是否涉及自身的切身利益。当然，典章的启动依赖的是政府的强力主导与推动，这与良渚文化村《村民公约》的形成过程中所体现的自发性有所不同。

最后，是志愿机制，指村民为了公共利益而参与到社区事务中，付出无偿劳动的行为模式。这在城市社区中表现相对明显一些。例如，良渚文化村建立了社区志愿者团队。在 2011 年《村民公约》发布之初，村民们就已经开始自发组织、参与文明行车引导、垃圾分类宣导、后山捡垃圾等行动，此后，村民承担的社区服务功能也在不断增加。截至 2014 年，在

册的志愿者已有300余人，他们通过自愿、自主、自发的方式组织了社区的各项活动与行动。可见，服务机制所体现的对社区公共事务的参与既包括个体性的志愿行为，也包括群体性的自治行为，两者所呈现的共同特点是：以公共利益为目标，以居民自身为组织者和行动者，以无偿服务为行动方式，以不断完善的社区服务为结果。

当然，在对村规民约的权威塑造过程中，除了纳入居民对社区事务的参与，以保证其合法性之外，还需要通过一些激励机制与惩罚机制来规范、约束村民行为，以保证规约的权威性。

二　规制机制

规制机制主要包括基础性和调节性机制。规制机制指的是对社区成员行为的具体约束方式，它既包括规则性的协议与约定，也包括对规则的严格执行。对于前者，村规民约便是在村民共同协商讨论的基础上所形成的代表村民共识的成文规则，对于后者，主要指的是在规则执行过程中，因公共问题与公共需求的推动而由既定规则所衍生出来的相关规则，以及对具体事务的执行方面的规定。前者属于基础性的规制机制，后者属于调节性的规制机制。

就基础性规制机制而言，无论是石磁村的乡村典章还是良渚文化村的《村民公约》，大部分内容都是涉及公共事务参与、公共资源安排与公共秩序维护方面的规定。村民共同关注的问题是如何在一个现代农村或社区中既照顾到个人、家庭的利益，又能过上良好有序的公共生活。他们试图通过制度化的行为准则来规制村民行为，以确保公共生活的良善性，而所获得的成效与继续努力的方向又反过来加强了村规民约的权威，使人们遵守与执行制度的意愿更强。

调节性规制机制是从操作层面对基础性规制机制进行灵活的运作，由于我国正处于从传统向现代过渡的时期，同时各地民情差别较大，发展也不平衡，导致基础性规则的适用性与人的规则意识存在差别，这就需要结合各地农村与社区的具体状况进行调节。

例如，对农村来说，传统的社会关系与复杂的派系会掣肘导致村规民约的制定与执行，而这种根深蒂固的关系一时又难以被打破，对此，石磁村便灵活利用了村庄权威多元化格局来促成乡村典章的执行。具体而言，首先，由于是几个村的合并，以生产队为基础的“派别”就构成了多元权威的一种表现形式。其次，在石磁村，“三老人员”（老交通员、老游击队员和民兵、老党员）比较多，他们虽然是普通村民的身份，但是在村庄内拥有很高的威信，对村庄事务有很大影响力。最后，围绕村支书或村主任周围各自的圈里人又构成了不同的派别。这种权威多元格局使得政治权力在村庄内的运行避免了某种权力或某个派别单独控制村庄政治的局面。多元权威之间形成一定程度的相互牵制，这为大家在利益之间中寻求制度化的解决之道提供了结构性条件。[①] 在实践中，村民们已经明白这种多元权威格局对维护村民利益所带来的好处，积极地运用既有的制度去维护这种多元权威格局，就此，经常得到遵守的制度就逐渐巩固起来，实现制度化，由此成功塑造了乡规民约的权威。此外，村庄文化最大的特点是它属于熟人社会，讲情面是村民间重要的交往法则。典章中凡是得到制度化并获得权威的制度，均没有违背这种文化传统，相反，与之相抵触的制度，则难以得到执行。

而对城市社区来说，并不像农村一样受到传统社会关系的牵制，居民们更多地关心的是和自己生活相关的公共设施的完善与公共行为的规范。例如，居民们会对汽车行驶、垃圾分类、宠物豢养等行为进行约束与监督。如文明行车活动、幼儿园教导孩子们分类垃圾、宠物办理合法证件和定期注射疫苗等。

当然，为了达成善治的目标，除了参与机制与规制机制的建立，还需要一定的工具或技术对村规民约的权威塑造情况进行衡量，以评估其效果，并在此基础上结合新的社区问题与需求进行调整与修正，保证规约的生命力。

三　评估机制

由于村规民约建立的目的是为了村民在自主、自愿的情况下共同参与建立良好、有序的农村和社区公共生活，实现良善的基层治理，因而，若要对村规民约执行情况以及权威塑造成果进行评估，就需要从村庄/社区治理的结构与功能来考察治理绩效。

---

① 苏力：《制度是如何形成的》，北京大学出版社 2007 年版，第 56 页。

具体而言，对治理结构的评估主要是对村民与社团参与社区事务的机制与过程的考察，对治理功能发挥的评估主要是对公共品提供的绩效以及村民满意度的衡量。

从前者来看，关于村庄/社区公共事务方面的规则制定与执行过程中，村民们积极参与和理性协商，并在获得基本共识的基础上形成村规民约，这一过程表现出民众对社区事务的高度嵌入性，以及民众之间的横向平行关系，这种“社区共治”的格局既保证了社区治理结构的优越性，也保证了较高的服务效率与治理绩效。也正是这种社区治理结构以及由此所推动的规则的建立和对规则的严格执行，使得公共品提供，包括公共秩序的维护、公共服务的提供等能够在很大程度上满足村民的需求，如公共财务管理与公共设施得到完善、公共秩序得到维护、公共意识提升等。并且，由于这些与村民日常生活息息相关的公共事务的文明化与有序化过程提高了村民的公共生活品质，因而得到了他们较高的评价、认同与支持，对他们继续参与社区事务也是一种激励。由此，良好的村庄/社区治理结构、合理可行的公共规则与较高的治理绩效之间形成了健康、高效的循环。

可以看到，石磁村与良渚村的案例分别代表了乡规民约的权威在农村与社区的塑造过程，它们有相似点，也有相异之处，而正是这些同质性与异质性特征共同构成了当前我国基层社会治理的基本形态，其中的复杂性与多样性也是我们在考虑基层治理问题时所需要关注的。而合法性要素、规制性要素与工具性要素之间的组合不只对具体的村庄/社区治理绩效的提高具有重要意义，而且对于国家治理体系和治理能力现代化视阈中的社区治理能力的提升与体制的完善也具有借鉴意义。

第三节 村规民约权威塑造机制的完善

第二节通过石磁村“乡村典章”的建构与良渚文化村《村民公约》的形成这两个案例，探讨了村规民约权威塑造的具体过程与机制。基于此，本节将对这两个案例进行比较，在提炼出相似性与相异性的基础上探讨当前我国基层社会乡规民约权威塑造的路径问题，并提出完善村规民约权威塑造机制的对策与建议。

上文通过石磁村“乡村典章”的建构与良渚文化村《村民公约》的

形成这两个案例，探讨了村规民约权威塑造的具体过程与机制。基于此，下文将对这两个案例进行比较，在提炼出相似性与相异性的基础上探讨当前我国基层社会乡规民约权威塑造的路径问题，并对村规民约权威塑造机制做进一步思考。

一 国家建设现代化进程中村规民约权威塑造的路径

石磁村与良渚村的案例，虽然都代表了村规民约权威塑造的典型，但也存在一些区别。首先，从村规民约的制定动力与过程来说，石磁村“乡村典章”是基层政府出于追求国家建设的现代化目标而启动，并且全程强力推动完成的，尽管典章内容充分吸纳了民意，体现了村民自治，但政府的主导性较强，嵌入程度较深，民众在其中是被引导、动员、组织参与典章建构的角色。良渚文化村的《村民公约》则完全由村民发起，村民精英与物业公司组织讨论、协商，并最终定稿的完全属于社会自治的行动，政府是隐身在背后的。其次，从村规民约的内容来看，石磁村典章主要是关于村民自治、公共服务、公共财务与公共监督等内容，其意图在很大程度上是引导村民参与对村两委行为的监督，并促使村集体决策体现民意。而良渚文化村的规约则主要是关于社区公共秩序、公共资源使用、文明行为、友好交往等，它更关注于村民的公共生活与自治训练。最后，从村规民约的执行看，前者侧重于村干部对制度的严格执行，以及村民的适度参与和监督，而后者则着重强调“全民”的自愿执行与监督。

在图 6—1 中，横竖两个连续谱分别代表规则的公共性程度与不同角色嵌入性的区分，规则的公共性指的是行为规范或约定所维护的利益的性质。在传统社会，规则并不具有公共性，因为它维护的是部分特权阶层的利益，而在现代社会，被纳入现代法律体系的、成文的、稳定的、可持续的现代公共规则维护的是最大多数人的利益。角色的嵌入性指的是，在规则的制定过程中，国家与社会两种角色嵌入及其目标的嵌入，角色嵌入性强调的是参与度，目标的嵌入性强调的是角色的意愿与目标实现的程度。通过规则的不同程度的现代性与国家与社会角色、目标不同嵌入性的组合，形成了规约权威塑造的不同机制与状态，而规则的现代性与角色的嵌入性二者又共同影响了社会治理绩效。

由此，可以将规约的权威塑造机制大致分为四种形式，即图 6—1 中

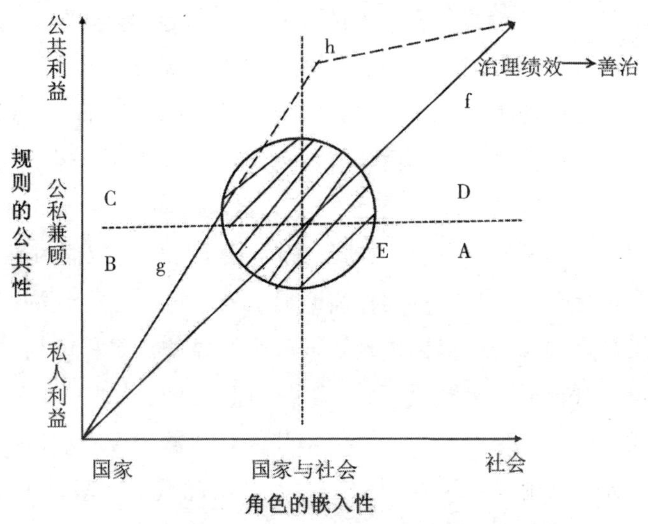

图 6—1　国家建设现代化进程中的村规民约权威塑造

的四个象限。其中，A 象限的特点是，主要由社会来主导、参与村规民约的制定与执行，国家的嵌入程度很浅，几乎对此没有影响，并且所建立的规则主要维护的是私人利益，这种治理形态意味着国家渗透能力弱，社会也处于碎片化状态，治理规则几乎不具有公共性，而是部分松散的社会精英的目的与利益的体现，因而治理绩效也相对较低。B 象限中，国家对村规民约的嵌入程度较深，社会则几乎被边缘化，所制定的规则主要维护私人或某个特权群体的利益。这种治理形态意味着国家或政府的掌权者控制着规约的制定与执行进程，从中谋取自身的利益，而较少考虑对公共利益的满足，导致规约缺少社会的认同与支持，从而拉低了治理绩效。C 象限中，国家对规约的嵌入程度较深，而社会则很少参与其中，并且国家主导下制定的规则具有较强的公共性，能在较大程度上满足社会利益，此种强国家与社会利益形成良好互动的治理形态在一定程度上获得了较高的治理绩效。而 D 象限则意味着社会对规约的嵌入较深，国家较少参与，而所制定的公共规则主要维护的是公共利益，此类因社会参与度较高而能够较好地维护公共利益的强社会的治理状态确保了良好的治理绩效。

结合本文案例，可以认为，我国当前的社会治理现状大致处于阴影区 E，这代表了转型社会在从传统向现代过渡的过程中所遭遇的复杂境况。主要表现在，其一，从时间上看，由于我国正经历从前现代向现代社会的变迁，因而在村规民约的角色嵌入性方面，国家与社会共同参与其中，并且都试图使自身目标与利益体现在公共规则中，也因此导致在规则的公共性方面，并不能保证规约所维护的是社会利益，而是处于对公私利益兼顾的状态。其二，从空间上看，由于我国地域广阔，各区域经济社会发展不平衡，导致不同地区的治理状态也处于 E 区的不同位置，有的处于 E 区中的 B 象限，即依靠政府强力推动规约的制定与执行，同时在一定程度上吸纳、引导社会的参与，从而使得政府以及部分政治、经济精英的目标与利益都能在公共规则中得到体现，而社会利益的满足程度相对较少，因此治理绩效相对较低。有的处于 C 象限，即虽然规约的形成与运作由政府主导，社会有一定程度的嵌入，但是其内容能够较大程度地满足社会利益，从而较大程度地保证了规则的公共性，由此获得了较高的治理绩效，如案例中的石磁村。有的处于 D 象限，即主要依靠社会参与和自治来制定规约，以此确保公共规则在最大限度上满足社会利益，从而获得社会的认同与支持，由此提升治理绩效，如良渚村的个案。

总的来说，从规则的公共性角度看，村规民约所维护的利益处于私人利益与公共利益的中间状态，它既保留了传统特权社会的特点，也具有向现代公共规则发展的取向。从角色的嵌入性看，由于我国特殊的政党与政治体制，国家在规约权威塑造的过程中发挥了主导作用，并且在村规民约中吸纳社会意愿的同时嵌入了部分国家目标，尽管良渚村的个案表明高度的社区自治能带来良好的治理绩效，但是其规约所限定的事务大部分都关于对小区内部资源的配置、秩序的维持，以及业主日常行为习惯的规定，并没有涉及更广涵的社会事务甚至政治事务，因此，总体上仍然属于国家嵌入性较强、社会在不同地区有不同程度的嵌入的一种状态。

就上述四种治理类型而言，一般来说，已完成国家建设现代化进程的欧美发达国家大都像图 6—1 中的直线 f 的路径所示，通过社会参与不断扩大、社会力量不断增强的过程而从 B 象限运动到 D 象限，用较高程度的社会自治来实现社会的善治。

但是，我国的情况又与此有所不同。从发展趋势来看，规则公共性的维度呈现出国家组织、引导社会建立公共规则来处理社会事务趋向，尽管这些村规民约的内容与运行仍然带有前现代社会的特点，但是它们的规范性与公共性也在逐步提高。角色的嵌入性维度则呈现出以下特点：国家一方强力主导、推动公共规则建立，在国家可控的范围内逐渐吸纳、扩大社会的参与，汲取民意，并以社会问题为导向，在解决某些具体社会问题的过程中去部分实现社会的目标的特点。这一趋势在图6—1中的表现类似于一方面，从B象限不断向C象限推移，已到达B、C象限的交界处；另一方面，国家回应社会问题，部分实现社会目标的行为又意味着这并非完全是一种垂直运动，而是在向上运动的同时，在向右推移，只是从B到C移动的速率快于从B到D的移动速率，大致处于直线g与阴影区E的相交区域。由此，如果善治是所有现代国家共同的治理目标，那么，我国会不会随着国家治理体系与治理能力现代化的推进而通过类似于折线（虚线）h的路径而走向善治？即当规则的公共性达到较高的程度，并且国家回应、解决社会问题的能力、效率不断提高，也意味着社会运用现代公共规则进行自我治理的训练在时间的推移与不断变大的社会运作空间中得到了积累与提升，从而促使社会真正走向自治，实现善治。

当然，对该议题的讨论，还需要结合中国政治现实的推进状况做进一步跟踪观察与思考分析。

二　国家建设现代化进程中村规民约权威塑造的具体对策

上文在理论层面对村规民约权威塑造的路径分析，为我们思考当前我国国家建设现代化进程带来一些启发，尽管理论的演绎未必完全符合实际情况，但可以确定的是，规则的现代性程度的提升以及治理绩效的提高有助于转型期社会矛盾的缓和与社会问题的解决，从而抑制社会中暴力因素的形成与扩大，这一效应反过来又能对国家治理体系与治理能力现代化进程产生推动作用，从而助力治理绩效的提升和社会善治的实现。

有鉴于此，并结合石磁村、良渚文化村以及其他一些治理成效较好的地方实践经验，本文认为，有必要从规制性、合法性的视角以及文化视角来简要探讨完善村规民约权威塑造机制，由此提高社会治理绩效。

具体而言，首先，通过完善规则、严格执行以提高规制性。若要在国家建设现代化的背景下提升基层社会治理绩效，关键之处在于通过具有权威并得到有效执行的公共规则来维持基层社会的有序运行，这就需要建立规范的、能够获得公众认同与支持的村规民约。

其次，通过动员参与、吸纳民意以提升合法性。若要塑造村规民约的权威，首先需要确保其合法性，即获得其所面向的群体的自觉认同与支持。而一项规则若要获得民众的认同与支持，则需要符合民众的需求与意愿。那么，如何使民众的需求与意愿体现在村规民约之中？较为有效的办法便是在村规民约的制定过程中，动员民众参与，吸纳民意，使村规民约能在最大程度上体现民众的意愿，从而获得民众认知与行为上的支持。具体而言，主要从动员参与、汲取民意两个方面来提升村规民约的合法性。

最后，通过统筹利益、尊重文化以确保有效性。国家现代化建设的一个很重要的目标是实现国家利益与社会利益的互赖，也就是说，一个国家在走向现代国家的过程中，社会利益是否得到充分的考虑与满足是衡量其是否完成现代化的重要标志之一。那么，既然村规民约的权威塑造是国家建设现代化的一个阶段性目标，也便意味着村规民约的内容同样需要符合村民的利益，实现村庄利益与村民利益的互赖。除了利益之外，由于处于从传统向现代转型的时期，村庄作为传承了历史与记忆的熟人社会共同体，还承载着村民日常生活中的风俗习惯，因而，村规民约还需要符合村民的生活习惯与交往规则。只有在村民利益与风俗习惯同时得到考虑与体现的情况下，村规民约才更容易得到村民的支持与执行。

第七章　积极开展公民道德建设

自 20 世纪 90 年代以来，中国在取得巨大经济建设成就的同时，社会建设却相对滞后，一个突出的体现就是社会群体性事件的频繁发生，并且群体性事件的主导类型已由“以资源竞争为主要对象的民间冲突让位于以政府和官员为主要对象的民众抗争”①，不管人们愿不愿意承认，中国已不可逆转地进入到了一个抗争政治的时代②。抗争政治本质上是一种表达政治，抗争政治的兴起客观上“显示了民众政治行为自主性与独立性的勃兴，显示了民众与政府之间关系正在某种程度上向公民政治转型”③。在国家日益开始注重治理体系与治理现代化的背景下，如能顺势将社会抗议导入法治化、制度化、常规化的治理轨道的话，则必将既能达到增强国家能力的目标，又能积极推动向政治形态公民政治的转型。

然而，向法治化、制度化、理性化的公民政治转型不是一蹴而就的。当下抗争政治的兴起正逢我国经济社会空前的巨变和转型，由于公民社会发育的不成熟以及国家治理社会冲突的相关理念、体制、机制和政策所存在的问题，民众政治表达过程还存有诸多需要进行理性改造的元素。在这其中，充满戾气的聚众（也称乌合之众）频繁上演破坏性的暴力甚至骚乱，就是一个颇值得关注的研究议题。已有诸多学者的研究成果和官方研究报告均承认或显示，在当代中国群体性事件的特征体系中，民众抗议行

---

① 肖唐镖：《二十年来大陆农村的政治稳定状况》，《二十一世纪》2003 年第 2 期。

② 于建嵘：《抗争性政治：中国政治社会学基本问题》，人民出版社 2010 年版。

③ 肖唐镖：《抗争政治的到来及其治理转型》，《领导者》2013 年第 5 期。

动手段的暴力性、对抗性、激烈性不可忽视。①

从公民文化、公民精神与公民德性而言，非理性的聚众一遇导火索便上演暴力乃至骚乱，显然与理想中的“好公民”相去甚远。在现代民主政治体系下，公民既是特定的关系载体，又是活跃的行为主体，公民的“好”主要体现在主体意识和公共意识这两个相辅相成、不可分离的层面，其中主体意识包括权利意识、自由意识、平等意识和参与意识，而公共意识则包括法律意识、协商意识、公德意识和爱国意识②。公民道德的核心是公民个人与国家之间的关系，其实质内容是对公民权利和公民义务的道德认知和道德自律③，因此，如果说抗争政治时代的到来本质上是公民政治时代的到来，那么公民政治所呼唤的、所要积极构建的，应该是一个能与国家进行和谐互动的理性的公民社会，这场公民社会构建的历史过程有赖于公民德性、公民文化的养成，有赖于公民道德和精神文明规范的稳步提升。针对转型期社会群体性事件特别是事件中暴力行为的治理，本章侧重从公民道德建设层面切入并进行探讨和分析。

第一节　道德建设与群体性暴力

前面谈到，我国自20世纪90年代以来进入抗争政治时代，因为公民道德建设滞后，公民公共意识不发达，所以目前我国民众的政治表达还混

① Perry, E., 1985, Rural Violence in Socialist China, *China Quarterly*, 139, pp704—713；于建嵘：《当代中国农民的“以法抗争”——关于农民维权活动的一个解释框架》，《文史博览》（理论）2008年第12期；中国行政管理学会课题组：《中国群体性突发事件成因及对策》，国家行政学院出版社2009年版，第1页；刘能：《当代中国转型社会中的集体行动：对过去三十年间三次集体行动浪潮的一个回顾》，《学海》2009年第4期；单光鼐：《尽快开启越来越逼近的制度出口——2009年群体性事件全解析》，《南方周末》，2010年2月4日，第F31版；蔡永顺：《抗议行为中的暴力》，载肖唐镖主编：《群体性事件研究》，学林出版社2011年版，第250—270页；郭纯平：《新世纪国内群体性事件研究：以构建和谐社会为视角的考察》，新华出版社2013年版，第28页；王赐江：《“集体暴力抗争”：值得关注的极端维权方式——对三起群体性事件的考察分析》，《学习与探索》2010年第2期；王赐江：《冲突与治理：中国群体性事件考察分析》，人民出版社2013年版，第177页；王国勤：《违法的正义：暴力观对群体性事件的影响》，《探索与争鸣》2014年第6期等。

② 张凤阳：《政治哲学关键词》，江苏人民出版社2006年版，第143—148页。

③ 胡虹霞：《公民道德建设模式研究》，社会科学文献出版社2013年版，第45页。

乱无序，甚至掺杂了暴力行为。接下来，我们将从国外和国内两个方向就公民美德和群体性暴力行为进行理论分析，一方面了解公民美德对公民公共行为的影响；另一方面从各个角度就群体性暴力的发生进行深度剖析。我们还引入了“国家—社会”分析框架，把公民美德的建设提到国家构建的角度，以图用最新的视角去看待公共领域的道德建设问题。

一　文献综述

1. 国外相关研究综述

根据麦克亚当等人的界定，抗争政治指的是“发生在提出要求者和他们的要求对象之间偶尔的、公众的、集体的相互作用。这种相互作用发生在至少某一政府是提出要求者或被要求的对象，或者是要求的赞成方，所提出的要求一旦实现，将会影响到提出要求者中至少一方的利益”①。作为一种由人民内部矛盾所引起、以体制外表达形式而存在的、以民众与政府互动为主要内容方面的集体行动②，群体性事件属于典型的抗争政治表达活动，由于抗争政治已完全超出公民个人及其家庭的私人领域而进入公共领域，那么很显然，以群体性事件为代表的抗争政治活动，理当也要受到政治公共领域规则的制约，而这种规则最重要的精神内核，那就是共和主义所积极推崇的公民德性（civil virtue）。

在汉娜·阿伦特看来，所谓在公共领域中强烈的公共性，就是指“在公共领域中展现的任何东西都可为人所见、所闻，具有可能最广泛的公共性”③，这个公共性的领域让个体的公民能够集合成为公众，从而步入公共空间，进而迈向政治参与的大舞台。公共领域，扮演的角色之一是公民在交流、对话、沟通中讨论相关公共话题和事务、发表政治见解的场所；另一角色则是作为一个空间，公民可以在其他人面前通过语言和行为展示自己的个性，彰显自己的美德，更进一步地说，它其实也是公民之间彼此竞争的公共平台④。而要想在公共领域的竞争中胜出，阿伦特认为，公民至少有赖于三大美德的展示，分别是献身公共事务的勇气、言行恪守

① McAdam, D., *Dynamics of Contention*, Cambridge University Press, 2001, p. 5.

② 肖唐镖：《抗争政治的到来及其治理转型》，《领导者》2013 年第 5 期。

③ ［美］阿伦特：《人的条件》，竺乾威等译，上海人民出版社 1999 年版，第 38 页。

④ 肖滨等：《现代政治中的公民身份》，上海人民出版社 2010 年版，第 162 页。

边界以及宽恕和承诺[①]。恪守这些美德的公民在很大程度上是反暴力的，阿伦特以古希腊的城邦政治生活为例指出，如果想要从事政治，想要生活在城邦公共领域中，“就意味着所有的事情都要通过言辞和劝说而不是通过强制与暴力来决定”。[②]

共和主义思想家们对公共领域中公民美德的强调，为评估和反思现实社会生活中的群众暴力提供了伦理性思想资源。但聚众性暴力的现象不可能仅仅停留在政治哲学、伦理学的讨论视域中，社会学、政治科学的研究者们在这方面也纷纷大展拳脚，并相应地发展出了一个专门性学术研究领域或空间——社会运动或集体行动研究。不过按照社会运动理论的知识谱系，最早对聚众暴力进行评价和研究的，是由“集体行为”（collective behavior）的理论家们所开启的。一般认为，法国社会心理学家勒庞的《乌合之众：聚众心理研究》揭开了聚众社会学研究的序幕，勒庞受到其生活年代（1841—1931）法国的革命血腥政治、政局动荡、大众破坏性行为的影响，开始对聚众暴力行为产生研究兴趣。勒庞在该书中指出，聚众具有与组成这一聚众的个体截然不同的特点，“聚集成群的人，他们的感情和思想全都采取同一个方向，他们自觉的个性消失了，形成了一种集体心理……它形成了一种独特的存在，受群体精神统一定律的支配”[③]，这个精神统一定律显示，“孤立的他可能是个有教养的个人，但在群体中他却变成了野蛮人——即一个行为受本能支配的动物。他表现得身不由己，残暴而狂热”[④]。对于这种聚众暴力所表现出的集体行为，勒庞认为，聚众只有强大的破坏力，其规律永远是回到野蛮状态……如果道德表示的是持久地尊重一定的社会习俗，不断抑制私心的冲动，那么聚众由于太好冲动，太多变，因此它不可能是道德的。[⑤]

勒庞打开了对聚众进行系统化研究的窗口，影响了一批关注聚众心

---

① ［美］阿伦特：《人的条件》，竺乾威等译，上海人民出版社1999年版，第27、192、229页。

② 同上书，第21页。

③ ［法］勒庞：《乌合之众：大众心理研究》，冯克利译，广西师范大学出版社2007年版，第45—46页。

④ 同上书，第51页。

⑤ 同上书，第71页。

理、聚众暴力的学者，这一批学者的研究和观点整体构成了所谓的集体行为理论，根据冯仕政的总结，集体行为理论内部存在诸多分野，如勒庞、布鲁默、特纳和克里安等人是符号互动取向，斯梅尔塞、康豪瑟等人是结构功能取向，而戴维斯、格尔等人是相对剥夺取向。① 但不管内部分野如何复杂，集体行为理论的共性是很明显的，那就是都承继了勒庞对聚众暴力所秉持的刻板印象，都笃信关于集体行为参与者微观动机基础的两个基本假设，即集体行为的参与者是非理性的，情感在集体行为的发展过程中起着关键作用。② 由于这些假设和刻板印象的影响，聚众行为很难在道德上获得合法性理据，在集体行为理论家那里，聚众行为尤其是暴力行为，几乎都被贴上“病态的”、“不正常的”、“非理性的”、“歇斯底里的”等负面性道德评价标签。

这些对集体行为持负面道德评价的观点，自资源动员理论诞生后被一扫而空，因为资源动员理论以及之后的政治过程理论和框架建构理论，都不再对集体行动持负面看法，以奥尔森《集体行动的逻辑》为起点和标志，他们都共享着集体行动参与者是“理性人”的基本假设。③ 换句话说，这些理论不再拘泥和纠缠于集体行动在道德上的正面抑或负面评价，他们更加关注在“理性人”假设下，集体行动是如何被动员起来的，集体行动的发生与演进需要怎样的政治机会结构，集体行动在整个过程中是如何构建并使行动得以维持的话语体系的等问题。当然，正是由于这种理性主义范式将情感过分地排斥出集体行动的分析，导致在20世纪90年代集体行动的文化转向以来，情感分析又重新受到越来越多学者的青睐④。只不过这种重新重视情感因素不是简单地回归到集体行为理论时期的非理性情绪分析，而是在经历了一个长期的理性主义范式之后的反思，其最重

① 冯仕政：《西方社会运动理论研究》，中国人民大学出版社2013年版，第56—58页。

② 赵鼎新：《社会与政治运动讲义》，社会科学文献出版社2012年版，第68—69页。

③ ［美］奥尔森：《集体行动的逻辑》，陈郁等译，上海人民出版社1995年版。

④ Jasper, J. M., 1997, *The Art of Moral Protest: Culture, Biography, and Creativity in Social Movements*, Chicago London: University of Chicago Press; Jasper, J. M., 2011, Emotions and Social Movements: Twenty Years of Theory and Research, *Annual Review of Sociology*, 37: 285—303; Johnston, H. & Klandermans, B., 1995, *Social Movements and Culture*, Minneapolis: University of Minnesota Press; Perry, E., 1985, Rural Violence in Socialist China, *China Quarterly*, 139, pp. 704—713.

要的差别在于，反思后的情感分析更加强调情感的文化性和社会性，而不像集体行为理论那样把情感当成一种本能和个性。①

2. 国内相关研究综述

针对群体性事件暴力行为，国内学者们也积极借鉴西方集体行动和社会运动的理论进行切合本土经验的分析，结合群体性事件与道德两个层面的研究，我们认为国内相关研究主要是集中在以下几个方面。

第一，群体性暴力的心理归因。为何群体性事件会较为频繁的发生在我国的社会转型时期？归因后的分析维度有很多，但参与事件的民众心理乃至整个社会心理文化，无疑是一个特别重要的层面，就这一层面，学界主要是侧重研究究竟何种道德心理、心理文化容易滋生转型时期的群体性事件及其暴力行为。总结起来，可以粗线条地作出如下归纳：

（1）社会不公平感。中国自古就有“不患寡而患不均”的思想传统。周感华经过调研发现，群体性事件参与民众中弥漫着“五大不公感”，即分配不公感、机会不公感、起点不公感、参与不公感和话语权不公感。这“五大不公感”直接导致了事件参与民众的强烈不满。② 当前出现的一些社会矛盾和冲突，包括许多群体性事件，很多都源于分配不公引起的贫富差距的悬殊，实质上是社会群体对社会不公平、不平等的一种不满。③

（2）相对剥夺感。社会运动著名学者格尔曾指出，个人的价值期望与其价值能力之间的落差，会使人产生相对剥夺感，相对剥夺感是集体暴力必不可少的前提。④ 近年来，由于我国贫富差距不断拉大，社会不公平现象层出不穷，底层民众不论是在经济水平还是在权利保障上都能感受到强烈的相对剥夺感。相对剥夺感一旦产生，就往往决定着行为人的情绪和以后的行动。

（3）“清官”崇拜感。邓蔚、李平认为，因为以家庭为本位的中国传统文化在中国社会有着较大的影响，因此在现实生活中伦理道德与政治相结合，道德伦理而非政治承担了大部分调整社会关系的责任。法律的存在

① 冯仕政：《西方社会运动理论研究》，中国人民大学出版社 2013 年版，第 314 页。

② 周感华：《群体性事件心理动机和心理机制探析》，《北京行政学院》2011 年第 6 期。

③ 李永宠，陈晋胜：《关于群体性事件的理性思考》，《晋阳学刊》2004 年第 1 期。

④ Gurr，T. R.，1970，*Why Men Rebel*，Princeton，N. J.：Princeton University Press.

的运行，就处于次要和补充的地位。[①] 因此，如果人们在自身权益受损，且较难确定因使用法律手段而需付出的成本时，最优先的选择就是“忍受”或者“私了”；而当自身利益和权利受到严重损害，并且丝毫没有好转和回旋的余地时，人们的情绪又会躁动起来，这时，他们会更倾向于通过请愿、静坐这类方式来博取其他人的同情、关注和支持，并且希望出现一位“清官”来匡扶正义，主持公道。

（4）信任缺失感。政府的伦理结构由外在的形式结构和内在的逻辑结构两个部分组成，形式结构是较为严密、规整的科层结构，而逻辑结构则是指认认真真勤勤恳恳为人民服务，高效合理的从政理念，勤政爱民的从政精神，并自觉自愿地接受群众监督[②]。从我国近年来的一些群体性事件发生来看，几乎都与信任缺失有关，而且事件发生后，有关部门出面调处时，常常会遇到强大的负抵抗心理[③]。

（5）社会焦虑感。在我国改革开放之初，不少人对现代化抱以很大的信心，认为它会使自己的生活变得更好。但在现实生活中，实际情况则是，在现代化的进程中，社会群体中的一部分人被甩到了边缘地带，他们成为了社会上的弱势群体，在整个社会利益分配的新格局中被弱势化。[④] 因此，当直面这些种种不确定因素，并对改革前景无法预料时，这一部分社会群体不知道该何去何从，在他们的心里同样也产生和弥漫着诸如焦虑、困惑、急躁、压抑等非理性冲动的心理。

（6）利益认同危机感。聂军、李渊清认为，“利益认同是指人们基于利益发展和满足而对政治系统产生的依附感”[⑤]。通过这个我们能够发现，对于群众的利益发展以及满足于群众利益认同两者的关系而言是成正比的关系。当利益得到满足和取得一定发展的时候，群众对利益的认同感也会随着前者的变化而增长，对整个政治系统的信任感和依赖感也会随之变强，因此社会会趋于一个较为稳定与平和的状态；相反的是，如果出现问

① 邓蔚，李平：《群体性事件成因中的传统文化因素》，《理论界》2009 年第 9 期。

② 程东峰：《责任伦理导论》，人民出版社 2010 年版，第 251 页。

③ 周感华：《群体性事件心理动机和心理机制探析》，《北京行政学院》2011 年第 6 期。

④ 同上。

⑤ 聂军，李渊清：《群体性事件的原因与防范：政治认同的视角》，《社会主义研究》2010 年第 4 期。

题，一旦群众的利益不能得到较好的保障和对未来有着良好的预期，群众的利益认同度就会随之降低，对政治系统的依附感也会减弱，在这一过程中，群众会产生相对剥夺感，整个社会也会在压抑和不安中变得较难稳定与和谐。

第二，从公民文化看群体性事件。在应对处理群体性事件方面，当前国家较为重视事后的救济方式和事中的程序机制，群体性事件实质上是国家权力与公民权利冲突关系紧张的爆发。其产生的根源在于国家层面的义务未尽履行或未合格履行，同时公民群体方面也存在引发因素，一个很重要的原因就是现代公民文化意识缺乏、公民法律意识淡薄等。

(1) 公民的主体与权利意识。公民是国家和公民社会的主体，也是权利的主体。主体意识的本质是人民当家作主、公民参与管理国家事务、制定政策和管理社会事务，并且具自我能动性。权利意识包括公民的权利主张与合法权益的保护。每个良好运转的“善治”社会，都需要每一位公民在充分认识自己权利基础上履行好自己的义务来共同构建。对于促进社会规则体系的建立和发展而言，公共应有积极的权利意识，有对公共事物的热情和积极合理的权利主张，在几者的共同作用下，才能更有效地制约和保障权利。

(2) 公民现代政治文化意识。政治文化主要由政治心理、政治思想和政治价值构成，公民文化包含的重要内容是民主、公平、自由、平等、正义、法制等现代政治理念。王辉认为，由于我国受封建君主专制统治的时间较长，市场经济还处于建立初期，公民社会发育还很不完善，导致封建社会遗留的政治文化在我国依然存在，对民众负面影响较大。这种前现代的政治文化及相关观念，表现形式是多样且复杂的。例如，民众对民主的价值认知程度比较低，民主政治意识相对缺乏。肖唐镖对国内民众民主政治的选择状况的调查表明，一些民众没有接受过系统的政治社会化和政治实践，从而缺乏对民主、自由、公平、法制等民主理念的认知，更不会在日常政治实践中受其支配。民众缺乏理性、宽容的政治心理。一部分民众对政治系统缺乏必要的信任，对政治的不信任和冷漠心理使得民众缺乏政治使命感和责任感。正是由于民主、自由、平等、博爱等现代政治理念培育的不足，使得民众参与政治缺乏有序性，容易产生过激行为。①

（3）公民法治意识。公民的权利被宪法、法律所规定，公民依据法律保护自己的合法性权益。然而，黄展强认为，因为存在各种因素的限制和制约，所以在实际生活中，在很多的利益群体里并没有很好地体现法律宣传和传播的效果。对于来自农村、偏远山区的弱势群体，法律等现代文明的触角遥遥无期，触不可及，他们很难接触和学习到法律知识，此外，落后封建的文化还直接制约着法律意识的提高。因此，我们在群体性事件中，能频繁看到农民工们的身影。② 离开家乡，进城打工的农民工带着这种先天不足，当他们的利益受损时，不会想到通过正常渠道反映问题或通过法律途径解决问题。由此产生了愈演愈烈诸如劳资纠纷、维权抗争、企业裁员破产等问题。法律在人们脑中留下的传统太少，使人们怠于接受法律，而是选择其他不合法的途径。

二　分析框架

通过上述结合群体性事件暴力行为与道德/道德建设的文献述评，我们能够发现，群体性事件的道德治理问题，既是一个涉及民众个体道德水平、文化心理层面的问题，同时也是一个与国家政治形态演进、国家政治生态环境高度相关的问题。以聚众/乌合之众现象而言，按照集体行为理论家们的观点，这些呼啸成群的群氓在个体状态下更多是理性的，只是在成为聚众的时候因为诸多心理机制演变成一群非理性的、病态的暴力武器。若从道德视角来看，成为聚众之前的个体并非是无道德之人，他们甚至很可能是很有道德修养的人。那么在成为聚众并产生破坏性暴力之后，他们无可避免地会被贴上不道德、歇斯底里的标签。这个看似矛盾的解释，实际上并不矛盾。因为道德本身就是有着复杂层次的，从公私两分这个最直观的区别来看，公民道德就包括私人领域中私人伦理道德和公共领

① 肖唐镖：《当代中国政治改革与发展的体制资源——对地方官员的一项初步分析》，《国家行政学院学报》2005年第4期。

② 黄展强：《略论群体性事件中利益群体的法律观念》，《科技创业月刊》2009年第9期。

域中的公共伦理道德[①]，其中后者是指“在广义的公民道德中把私德予以排除，保留了适用于国家（政治）、市场和公共领域的部分”[②]。也就是说，在纯粹私人领域中，私人道德规范是国家、权利政治难以强力渗入的，它很大程度上遵循的是自生自发秩序的原则，如果国家强制介入，反而会侵蚀国家的合法性基础。但当道德进入到公德层面时，就需要有公权的介入，这也就是常说的国家道德建设存在的合法性空间。根据学者龚长宇的总结，公德所涉及的公共领域包括政治公共领域和日常生活公共领域，后者又包括公共场所和陌生人场域。[③] 如果我们把个人道德自治视为社会自主维度的话，那么公共领域中道德建设规范及其实践实际上就是国家构建的维度，因而，在考查群体性事件的道德治理过程中，运用“国家—社会”的分析框架是有益的。

“国家与社会”分析始于20世纪90年代初有关中国的市民社会研究，主要是借鉴了西方近代市民社会与民族国家相互分离的历史经验和市民社会的理论，用以解释中国的国家与社会关系。此外，按照邓正来、景跃进的说法，这一理论范式的引入还有一个根本的目标：“从自下而上的角度，致力于营建健康的中国市民社会。透过中国市民社会的建构，逐渐确立国家与市民社会的二元结构，并在此基础上形成一种良性的互动关系，唯其如此，才能避免历史上多次出现的两极摆动，推进中国的经济体制和政治体制改革，最终达成中国的现代化。”[④] “国家与社会”分析框架一经提出，就引发了学界潮水般的大量探讨，产生了丰富的研究成果。当然，它也招来了诸多批判和反思，其中一个重要的问题在于，“西方发展的经验是在自由经济的基础上建构市民社会、进而在市民社会基础上实现政治民主化，这一认识在中国现代化发展的投射，强烈地暗含了对西方实现政治现代化的道路具有普通有效性的预设”[⑤]。但瑕不掩瑜，“国家与社

---

① 孙宝云：《道德秩序中的政府、社会与个人——兼论道德秩序维系主体的不同界域》，《长白学刊》2008年第2期。

② 胡虹霞：《公民道德建设模式研究》，社会科学文献出版社2013年版，第41页。

③ 龚长宇：《道德社会学引论》，中国人民大学出版社2012年版，第191—213页。

④ 邓正来，景跃进：《建构中国的市民社会》，《中国社会科学季刊》（香港）创刊号，1992年第1期。

⑤ 邓正来：《中国发展研究的检视——兼论中国市民社会研究》，《中国社会科学季刊》1994年第8期。

会”分析框架应用的学科领域和研究议题范围越来越广，相关理论成果不断增多。就群体性事件研究而言，这一分析框架也有着深远的应用价值，赵鼎新指出，由于国家社会关系的影响和以此关系为基础的国家对集体性抗争事件的制度化能力，在很大程度上决定了一个国家的整个集体性抗争方式的发展，以及一个国家中某一具体的集体性抗争事件的动态。进而，集体行动、社会运动、革命实际上都可以统一地放在国家社会理论下进行考察。①

由于道德问题涵盖个体私德和进入到公共领域中的社会公德，群体性事件本身就是发生在公共领域中的重要社会冲突现象，我们在群体性事件中指责的，无非是违背了社会公德的、冲击社会底线秩序的暴力行为，而我们想积极构建的，无非是公共领域中那种公民遵循共和主义美德、积极参与公共领域沟通行动的公民社会。但国家与公民社会绝非那种想象式严格区隔、完全分离的两类实体，20 世纪 90 年代以来国家与社会的共治理念逐渐升温，这一理念认为，在国家和社会两者之中并没有明确的分界，可以通过公民的参与来增强国家的能力，也可以通过制度，建立一个能够保障公民参与的社会环境，它们二者互为条件。在某一制度的作用下，在社会中嵌入，或者让公民参与到公共生活和服务中去，就可以实现共治的目的——国家与社会的共治②。“国家与社会”分析框架恰恰可以涵盖群体性事件与公民道德建设两个话题的指向和涉及的领域。所以，接下来我们将展示主要由浙江省的地方社会所发起的一系列民间道德建设案例，但这些案例明显又无法脱离国家的身影和力量，这些地方性民间道德建设故事，对于思考转型期群体性事件的道德治理，具有重要的启示意义。

第二节　当代中国地方性民间道德建设的典型案例

前面我们主要从理论上论证分析了公民道德建设对防止群体性暴力行

---

① 赵鼎新：《社会与政治运动讲义》，社会科学文献出版社 2012 年版，第 303—305 页。

② 李姿姿：《国家与社会互动理论研究述评》，《学术界》2008 年第 1 期。

为、促进社会建设的积极影响，进而引入“国家—社会”分析框架，把公民道德建设提升到国家构建的角度，并提出了国家和社会共治的发展方向。本节，我们将深入地了解浙江省地方道德建设典型案例，从其发起背景、具体举措到社会影响进行细致的展示，一方面发现国家力量在民间道德建设过程中的地位和作用；另一方面也就民间力量的参与和其产生的社会影响进行归纳和总结。

一 浙江省德清县“民间设奖”

1. 民间“草根奖”的产生背景

德清县地处长江三角洲腹地，县域总面积936平方公里。该县先后9次进入全国百强县行列，8个乡镇进入“全国千强乡镇”。2009年全年实现生产总值202.4亿元；人均GDP达6928美元，财政总收入28.4亿元；城镇居民人均可支配收入24840元，农村居民人均纯收入12031元。德清强劲的经济社会发展优势，为民间设奖提供了强有力的物质支持和保证。此外，德清历史悠久，人文荟萃，有着五千年文明史的良渚文化和古代防风文化在这里留下不少印迹和传说。在德清，很好地传承了崇文重教以及淳朴雅致，而这一传统和民风更逐渐内化成为德清百姓的自觉意识。而且，近年来德清的“社会治安考核”、“百姓安全感测评”等成绩连续多年在浙江省处于领先地位，安定有序的社会环境，为民间设奖者免除了一系列后顾之忧，进而更加激发了全社会积极参与民间设奖活动的积极性。并且，这些设奖人认为，仅通过自己的善行去感化改变少部分民众是不够的，他们是寄希望于通过设奖和评奖这一流程，去更多的吸引民主的关注和认可，形成一定的社会效应和示范效果，是希望能够通过这一制度化的手段，借助道德评估和道德褒奖，在整个社会中形成促进社会和谐，建设最美家园的效应。从设奖者分析，他们多数是通过自己的亲身经历才决定进行民间设奖。

2. 民间“草根奖”的基本历程

民间设奖从最初的马福建设立“孝敬父母奖”到现在发展到拥有21个民间奖项，并成立了民间设奖协会，由小到大、由弱变强，它的发展历程经历了以下三个阶段。

第一，萌芽阶段（1997—2001年）。1997年，针对社会中敬老不足

的现象，德清县武康镇太平村村民马福建，在所在村设立“孝敬父母奖”。具体内容是：设奖励基金1万元存银行，每年拿出500元，奖励孝敬父母的农村家庭，由村委会和村民代表投票选举。这一民间奖项得到了村民们的认可。人们在比较中懂得学习美德，争当“孝敬模范”。不孝的子女在舆论压力下也有了明显的改进。“孝敬父母奖”设立后，村风民风得到改善，甚至取消了调解干部这个专职岗位。

第二，发展阶段（2001—2006年）。2001年，乾元镇68岁的朱天荣，从电视上看到回收电池、保护环保中得到启示，萌生“倡导社会人人动手、个个参与环保”的念头。从积蓄中拿出1万元，设立“天荣环保奖”，奖励对象主要以青少年为主。他是中国民间环保奖励第一人。“天荣环保奖”有效激发了全社会关心支持环保事业的热情。此后，公安局交巡警上柏中队民警童溪水、曾在部队立三等功的退伍军人、三合乡村民刘志国、德清县市政公司的浙江东阳籍外来工斯正良、德清县清溪鳖业有限公司董事长王根连、下岗女工钱立铃等人先后出资设奖。

第三，规范壮大阶段（2006年至今）。2006年1月德清县文明办成立了民间设奖管理指导领导小组，2006年2月德清县委宣传部制定了《德清县民间设奖指导管理办法》，为了加强扶持引导，提升民间设奖工作的水平、规模和档次，规定了民间设奖的宗旨、目标、任务。同时建立三项制度，即：设奖申报登记制度，规定各奖项设立、颁奖、联谊等需报县民间设奖指导管理领导小组登记批准；奖励基金管理制度，规定各项奖励基金入账户，单独设账，分别使用；评奖颁奖监督管理制度，要求各奖项建立由政府部门、新闻媒体参与的评奖小组或监督委员会，监督评奖程序。2006年3月成立了德清县民间设奖协会，由斯正良担任会长。这是浙江省首家民间设奖协会。明确协会性质是由民间设奖者个人自愿出资、自愿联合结成的非营利性的社会团体，接受县民间设奖指导管理领导小组的指导和管理，并对协会业务范围、组织机构、会员条件权利义务、负责人产生罢免及职权、终止程序等事项进行了详细规定。同时建立各种机制，建立补助机制，对规范有序的民间奖项给予奖励经费20%补助，并在内外宣传、日常运作、颁奖活动等方面予以协调。随着民间设奖的进行，设奖人也不断把自己的道德建设事业做大。马福建创办了湖州地区第一个民办老年乐园，如今这里已经入住了100多位平均年龄80以上的老人。朱天荣贷款近10万元创建环保基金，并建立了我国第一个民间环保联系站，开通了全国第一个民间环保热线电话。刘志国通过合资在三合乡办起了一家船舶修造厂，以解决退伍兵的就业问题。同时，德清县又出现了“爕荣见义勇为奖”、“素春热心好市民奖”、“运来‘非遗’保护传承奖”等民间设奖奖项，至2008年年底，德清县民间设奖总数已达21个。

3. 浙江省德清县“民间设奖”现象的影响

第一，德清“草根奖”对当地的影响。（1）涌现出一批感人至深的道德模范。经过十多年的民间设奖、评奖、颁奖，目前已在基层群众中培育、树立各类先进典型5千多人。其中，122位现役军人的家属获得“志国拥军奖”奖励；有27位外来务工人员获得“正良外来人员风尚奖”殊荣；朱天荣设立的环保奖，在让4000余名小学生成为“环保小卫士”的同时，还自费包车进行“环长三角环保行”活动。马福建，这位在1997年出资设立“孝敬父母奖”奖励孝敬父母的优秀村民，还投资创办全县第一家老年乐园，他本人被评为2007年度“全国十佳公益之星”；“残疾学子励志奖”设立者，曾七上西藏自费看望家乡子弟兵的拥军大姐钱立玲，2007年被评为“全国拥军模范”；同是2007年度“爱心好市民奖”设立者钱素春被评为“全国见义勇为道德模范”。“助人为乐奖”的设立者陆松芳曾获得2008年度真情人物；“感动中国”2008年度候选人；“责任中国”之“十大责任公民”；2008年度“浙江骄傲年度致敬人物”；2009年9月被评为全国道德模范提名奖、首届浙江省道德模范—助人为乐模范。①

（2）提升了德清市民的道德水准。“百姓设奖奖百姓，群众自发带群众”的现象，形成了设奖者期望倡导的良好风尚。“益民报国奖”2007年设立并有9位考上军士院校的军人家属当年获奖，群众拥军热情极大地促进了全县双拥工作，目前德清已被浙江省委、省政府、省军区命名为双拥模范县；“孝敬父母奖”得奖的16对“孝敬模范”均得到了村民的认可，通过这个奖项的激励，不仅村风民风得到明显改善，而且在德清城乡掀起阵阵尊老敬老新风；“正良外来人员风尚奖”有27人获得此奖，在外来

① 丁根林，吴海燕：《社会转型期公民道德建设实效性提升的路径审查——基于民间设奖“德清现象”的实证研究》，《湖州职业技术学院学报》2011年第12期。

务工人员中形成树立新品质，争做新市民的良好氛围；“清溪创业新农民奖”、“带头致富奖”等设置后，极大地鼓舞了农民学科学、用科学的热情。在他们的促动下，目前全县已发展有甲鱼养殖场100多个，养殖面积超过5000亩，仅此一项年产值超过1.2亿元。“创业新农民奖”提高了农民的素质，增强了农民的科技致富意识和致富本领，促进了社会风气的好转，推动了农村精神文明建设。①

（3）提高了德清的城市文明程度。人是一个城市的灵魂，市民是城市的主体。一个城市的文明程度高低，归根结底反映在人的行为上，决定于人的素质。正是德清县的民间设奖现象的出现，促进了该县市民素质的提高，并且还建起道德建设教育馆。德清县近年来获得了首批“全国平安建设先进县”、全国文明城市、全国卫生县城、国家级生态示范区、全国科技工作先进县、全国体育先进县、全国文化先进县、浙江省示范文明城市等称号。德清的外来人员犯罪率也相应降至浙江省最低地区之一，群众安全感满意率达98%，位列浙江省前茅，并且获得“平安德清”建设五连冠。

（4）推动经济社会协调发展。现在，全社会正处于“发展黄金期和矛盾凸显期”并举的时期。在解决社会中不和谐的因素和问题时，各级党委和政府应该学会借力，借助民间组织的力量，成为化解矛盾的润滑剂和稀释剂。对于德清而言，通过民间设奖，就是利用自身的优势资源，努力在当地的经济社会生活中形成促发展，争优秀的良好社会氛围。所以该县先后9次进入全国百强县行列，8个乡镇进入“全国千强乡镇”。并且获得国家级生态县、全省首批教育强县、全省农村基层组织建设先进县、全省新型农村合作医疗先进县等荣誉。2009年全年实现生产总值202.4亿元；人均GDP达6928美元，财政总收入28.4亿元；城镇居民人均可支配收入24840元，农村居民人均纯收入12031元。在城乡统筹发展水平综合评价中位列全省第14位。

第二，民间设奖的启示及对于推进道德建设的作用。（1）助推普通百姓成为道德建设主体。民间设奖的获奖者有两点共性：一是事迹动人，

① 丁根林，吴海燕：《社会转型期公民道德建设实效性提升的路径审查——基于民间设奖“德清现象”的实证研究》，《湖州职业技术学院学报》2011年第12期。

二是事迹平凡。这里的平凡，指的是其行为并非惊天动地的英雄壮举，而是每个人只要努力就能做到的善举和义举。因此，这些获奖者更有示范意义和可学性，民间道德的主体地位也应该引起足够的重视。蕴藏在百姓内心的道德力量，通过民间自发的宣传和必要的政府扶持引导，会放大为强烈的主流社会心理，进而形成温和醇厚的民风。人心向善，民间设奖已经汇聚成强大的群体力量，每个人都可以融入进去，去实现自己的道德价值。重庆市社会科学院学者朱艺认为，现实社会生活中，绝大多数人的道德境界处于“道德允许”的平凡境界。只要引导得当，就会增强人的理想、信仰和社会责任感。

（2）实现民间组织道德教育与道德实践的统一。民间组织的出现“弥补了正式组织社会教育功能的不足，因为形成和提高社会成员的道德品质、道德情操和高尚的道德境界，这是社会的要求和目的”①。在现代社会，那种依靠人为的力量制造共同价值目标或者通过行政手段强制推广道德意识的做法已不合时宜，民间组织本身所具有的“公益性、服务性、志愿性、利他性”等伦理特质，始终关注民众利益，体现了道德教育和道德实践的有机统一，民众既是活动的主体，又是活动的受益者，能广泛发动群众的积极参与。通过多种多样的手段和途径，实现道德教育与社会管理相结合，推动道德教育的有效开展。

（3）营造平凡人做高尚事的道德建设氛围。对于道德建设，我们主要是树立“高大全”式道德标杆，长期以来对民间道德楷模的作用重视不够，道德教育中重说教，人文精神偏少。我们正处在一个物质生活相对富裕而价值观念多元化的社会，人们更推崇在日常生活中有闪光点的平凡人，因为他们能够给我们真实的感动。因此，思想道德建设工作，应把关注的目光投向普通人，更多地用身边人来激励身边人，使模范人物可以“看得见、摸得着”，让人们感到可亲、可敬、可信、可学。

（4）提供道德建设的政策保障。由于我国目前乡村农民的组织化程度尚处较低状态，在一般情况下，只有经过基层党政组织的深入宣传发动，才能充分调动他们参与道德建设的积极性，而在总结表彰和授奖环

---

① 李茂平：《非营利组织社会道德教育价值目标探析》，《吉首大学学报》（社会科学版）2006 年第 5 期。

节，又只有借助基层党政组织的权威性，才能扩大评价影响，提高评价的社会效果。民间评奖也得到了当地党政基层组织的支持和指导。因此，政府在加强制度建设和刚性约束的同时，应该因势利导，强化广大基层民众在道德建设中的主体作用，并为其提供强大的舆论支持和政策保障。

(5) 建立群众普遍参与的道德建设平台。《公民道德建设实施纲要》指出："以活动为载体，吸引群众普遍参与，是新形势下加强公民道德建设的重要途径。"民间设奖是以道德内容为主题的评议活动，以集体活动为载体。因为有集中主题，不仅为民众提供了一种感情依托，可以实现道德价值信息的整合，道德意识和道德情感的社会互动，形成与社会道德价值相对一致性的倾向，从而推动农村道德建设的发展。民间设奖的开展能使基层干部和民众集中时间、集中场合、集中精力把道德评价扎扎实实落到实处，而生动活泼、丰富多彩的评奖活动也能充分调动村民广泛参与的积极性，同时经过精心策划的评奖活动往往能更加深化思想内涵，使道德评价深入持久又与时俱进地开展下去。①

二　浙江省玉环县"乡风文明引领工程"

1. "乡风文明引领工程"的基本背景

推进农村社会管理创新，是构建农村和谐社会的重大基础性工程，也是全社会加强和创新社会管理的重要基础支撑。中共中央、国务院联合下发了《关于推进社会主义新农村建设的若干意见》和《关于加大统筹城乡发展力度进一步夯实农业农村发展基础的若干意见》文件，明确提出了建设社会主义新农村的重大历史任务。浙江省玉环县从回应广大农民群众诉求，化解农村社会矛盾，维护农村社会公正等方面入手，自 2009 年开始实施乡风文明引领工程，配置道德福利 300 多项，评选各类道德民星 120 多位整合社会资源，其中 7 人荣登"中国好人榜"，1 人荣获"浙江骄傲"称号，促进了农村良好社会风气的形成和发展，服务农村社会管理创新。该活动被列为省委宣传部 2010 年度重点调研合作课题，并被评为 2010 年台州市宣传思想创新工作。

---

① 姚惠敏：《民间"草根奖"与地方道德建设——基于德清县"民间设奖"现象的思考》，《中共浙江省委党校学报》2010 年第 9 期。

2. “乡风文明引领工程”的基本做法

玉环县用精神引领的软模式来管理、引导农村社会积极转型，以“读好书、选好人、评好事、得好报”四大模式作为实践路径，在全县300多个村（社区）全面探索社会管理新模式。

第一，读道德经典、用“好书”引领乡风。2005年开始，玉环县100多所中小学和幼儿园开展百校道德经典诵读活动，在经典诵读的理念、读本、计划、队伍、平台、活动和测评等九个方向予以规范，大力启动“大手拉小手送经典”工程，五年时间共向全县未成年人免费发放价值70多万元20多万册的各类经典。他们还进一步在道德实践上进行拓展和深化，从校园到机关、企业和村居延伸，从中小学生向机关干部和普通群众拓展，并根据职业身份的不同有所取舍和侧重。

第二，评道德民星、用“好人”引领乡风。通过在全县建设百个乡风文明工作点，以点推人，以点评星，积极开展道德民星的评选活动。他们在全县各村的乡风文明工作点，从定量和定性两方面入手，制定、规范道德民星评选的标准、评选的程序，每季度采取村民个人自荐、村民小组推荐和群众集中公议相结合的方式，评选出助人为乐、见义勇为、诚实守信、敬业奉献、孝老爱亲五类文明典型，在此基础上，全年评选出县级道德民星20名，“玉环好人”100名，给他们颁发《道德民星荣誉证》和《玉环好人入选证》。将道德民星先进事迹通过红榜上墙、广播传颂等形式广泛宣传，使之家喻户晓，成为群众身边的民星典型。

第三，积道德善举、用“好事”引领乡风。“积小善为大善，修小德为大德”。他们通过村民代表、村级乡风信息员对村民的日常行为进行采集记录，每个星期碰头开展小评论，凡人小善、好人好事都记录在册，由专人负责管理，这些道德善举作为推荐、评比道德民星的一个重要依据。善举从发现到采集，从评议到记录，形成一个良性的循环。他们还大力发挥新闻媒体的作用，县电视台开辟“凡人小善”、“玉环好人”、“善人今报”等栏目，县广播电台设立“好人早播”、“善人大家评”等栏目，《今日玉环》常年设置“玉环好人榜”推介宣传事例，全县各镇乡、农村还以各种形式将本村的“凡人善举”上墙立碑，口耳相传。

第四，享道德福利、用“好报”引领乡风。让好人不仅得好报，而且“现在就报，眼前就报”，这是以利引人、以义感人、导人向德的动力和杠杆，对于推进乡风文明有着明显的正向作用。充分挖掘各部门的潜在资源，组织编写《道德福利政策汇编》，在政策许可的范围内，对道德民星在政治待遇、科技服务、金融贷款、创业就业、生活困难等方面，尽力予以照顾安排，让道德、信用的社会效应得以放大。

3. “乡风文明引领工程”的初步成效

乡风文明是一项系统工作，不可能一蹴而就。玉环县开展的乡风文明引领工程经过三年多的努力，取得一些初步的成效，道德福利作为直接的扶星、助星手段，为乡风文明发挥了极大的引领作用，使道德民星真正香起来、红起来、火起来。主要体现在以下三方面。

第一，由“读书明理”向“尚德践行”发展，群众道德素质不断提升。读好书能使人明理，更能净化一个人的精神境界。开展乡风文明引领工程以来，各地全民读好书、读经典的热情普遍高涨，涌现出各类乡村读书社、农民书屋、外来民工读书馆等130多家。普通群众通过读书、听书、讲书等活动提升自己的素养，并在道德经典的引导下积极践行，农村的文明程度也得到了进一步的提升。徐都村的村支书郑子夫说：“开展乡风文明引领工程以来，村民的认识提高了，村里道路拓宽等许多建设工作都好做了。”其他开展了乡风文明引领工程的村居也有这样的感触，后排村的村委委员黄克旺认为：“开展乡风文明引领工程以来，村里的治安工作好做多了，两年来没有发生一起严重的治安问题；婆媳间的争吵也少了，家庭之间的纠纷调解也少了。”

第二，由“个体典型”向“群体模范”放大，道德民星效应逐步彰显。开展乡风文明引领工程以来，玉环县先后表彰了40多位道德民星和200多位玉环好人，其中有敬业奉献的郭口顺、孝老爱亲的詹细招和诚实守信的章礼良等人，在他们的榜样感召下，在县各行各业以及各村居都涌现出了一批批道德精英，而这些活跃在各行各业各村居的道德精英又用他们自身的榜样行为影响着身边的人，道德榜样的集群效应不断形成。如“敬业奉献”类，两年来就连续涌现了杜洪英、李荣江、项延永等先进典型。杜洪英、李荣江、郭口顺三人入选“中国好人榜”，杜洪英的先进事迹获得了中组部部长李源潮的批示肯定；李荣江的先进事迹获得了中央政治局委员、国务院副总理回良玉，省委书记赵洪祝等批示肯定；项延永被授予“全国五一劳动奖章”等。如果说个体道德榜样还带有随机性、偶发性的话，那么“群体道德榜样”则具有必然性，它的共振优势具有巨大影响，加速了人们对道德民星的理解、接受和效法。

第三，由“义利分离”向“重义兼利”转变，社会价值取向正确引导。现实社会存在着两种偏颇的义利观：一种是“唯利”论。一切从利益出发，有利益的就趋之若鹜，无利益的就避之若浼。要求做好事也必须有等价利益交换；另一种是“唯义”论。认为做好事就应该不计报酬、不计得失，把自己一切都掏出来才是真正的善举。这两种义利观都影响了乡风文明的发展方向。当地开展的乡风文明引领工程正在逐步改变这两种义利观，把“义”和“利”结合起来，倡导在道德实践过程中要“重义兼利”。我县玉城街道在开展乡风文明引领工程中成立的九山资金互助合作社，探索以信用为准入口，设立入社“道德诚信十大标准”，开展社员间借贷互助服务，并将利息收入的20%用于公益事业发展和特困户扶持，利用金融杠杆撬动、推进乡风文明建设。让道德民星在众目睽睽之下享受道德福利，不仅使道德民星增强成就感和被认同感，更重要的是让乡里村落其他人也见贤思齐，使乡风文明真正硬起来、香起来。

三 浙江省椒江区“善行椒江·村居志愿服务站”

1.“善行椒江·村居志愿服务站”基本背景

椒江，位于浙江沿海中部台州湾入口处，旧称“海门”，现为台州市主城区，市委、市政府驻地。2012 年以来，为了更好地推进社会主义核心价值体系建设，践行“务实、守信、崇学、向善”的浙江人精神，椒江区以尝试建立志愿服务大众化、常态化为切入点，全面建立“善行椒江·村居志愿服务站”，将志愿服务队伍拓展到千家万户，将志愿服务内容融入到村居日常事务管理，将志愿服务触角延伸到全区所有村居，营造了“互学互督、互亲互爱、互帮互助”的良好道德氛围和社会风尚。活动开展以来，全区各街道、村居已组建志愿服务队伍 10 万多人，受助群众达 19 万多人次。全区涌现了台州一中集体救助同学“和善班”，勇于救人、甘于贫穷的好人贺官德等一大批先进道德典型。[①] 2012 年 11 月 29

① 中国台州网:《椒江“村居志愿服务站”获中宣部肯定》，http：//paper.taizhou.com.cn/tzrb/html/2012—12/05/content_ 450507.htm，2012—12—05/2015—4—13。

日，中宣部常务副部长、中央文明办主任雒树刚对椒江这一做法作出批示，给予高度肯定。11 月 30 日，中国文明网以《浙江省台州市椒江区积极打造“善行椒江·村居志愿服务站”推进“两富”家园建设》为题，在首页专门刊发了这一做法。后新华网、人民网、光明网也都对椒江地区的“善行椒江”活动进行了详细报道，产生了广泛的社会影响。

2. “善行椒江·村居志愿服务站”的实施方案

为了确保“善行椒江”志愿服务活动的有效开展，椒江区制定了详细的实施方案和工作细则，从各个方面进行了规范和指导，主要有：

第一，建立组织，规范服务。借鉴网格化城市管理理念，在村委会（居委会）设立“善行椒江·村居志愿服务站”，由党支部书记兼任社长，负责活动的宣传、组织、协调、沟通等工作。一是建站扩面。在 275 个村、36 个社区全面建立“善行椒江·村居志愿服务站”，配备电话、电脑等基本的工作设施和专职工作人员。二是建章立制。要求各站必须有比较健全的制度规范，同时建立志愿服务联系卡，村居成员每人一卡。三是建队服务。各志愿服务站按照村居常住人口 20% 的比例发动辖区群众参与，组建各类志愿服务队伍十支，并对队伍进行建档，对志愿者进行培训。

第二，开展活动，强化服务。依托“善行椒江·村居志愿服务站”，广泛开展六大活动。一是理论共学行动。依托人才资源，创新宣教载体，定期对群众开展形势政策、理论知识教育活动。二是文化共荣行动。开展多种形式的文娱、表演活动，并围绕学校、村中心、社区、图书馆开展文化建设。三是文明共育行动。动员群众全方位参与到引导和督导群众生活行为的活动中，营造“人人讲文明、家家树新风”的浓厚氛围。四是服务共享行动。建立服务平台、机制和队伍，动员有一技之长的群众，为邻里提供帮扶服务。五是平安共守行动。发动村居力量，建立村居群防群控体系，及时排除各种不稳定因素，及时介入苗头性问题，确保群众和睦相处。六是困难共担行动。在村居建立弱势群体信息档案，通过结对帮扶等方式为群众提供帮助。并对无业或下岗人员提供就业、创业帮扶。

第三，落实机制，保障服务。建立一系列机制，为开展服务活动提供保障。一是领导机制。由区委宣传部牵头，成立专门的领导小组，在全区范围内开展“善行椒江·村居志愿服务站”行动。二是活动机制。活动

中要围绕“十个一”开展，即制定一个主题，建设一个平台，组建一支队伍，发放一张联系卡，建立一项制度，办好一件实事，创新一个载体，编好一张简报，进行一次考核，开展一项评比。三是培训机制。在村居层面建立人才库，定期排摸，记录在册。同时开展志愿服务培训活动。四是激励机制。运用各种手段，开展形式多样的评选表彰活动，对累计服务时间100、200、300、400、500小时的志愿者，分别授予其一、二、三、四、五星级荣誉称号，并进行择优表彰、奖励。

3. “善行椒江”活动中的道德建设对防治群体性事件的意义

椒江区在全区深入广泛地开展群众志愿服务活动，基层群众利用闲暇的时间开展内容丰富的互帮互助活动，一方面在志愿服务活动中传播善行，实践善行；另一方面也在志愿者们的相互帮扶中提升了整个社会的道德风尚水平，营造了和谐共生的社会氛围。“对于，维系一个社会良好的道德秩序而言，其所依据的并不是高标准的道德规范，而是最简单、最基础、也是最容易做到的道德准则。”[①] 社会道德建设也不是空洞的，而是能够真真切切体现在每一个人的行动之中，更能让每一个人在其中更好地认识自己、表达自己、提升自己。从整个社会而言，道德建设也对群体性事件的防治起到了积极的作用。主要有以下几个方面：

第一，社会道德建设可以反映社会问题，预见社会成员的思想变化。每一起群体性事件都要经历萌芽、酝酿、爆发、平息几个阶段，从表面上看，似乎所发生的事件，是具有突然性和隐蔽性的，实则，各种各样的冲突都是由量变发生质变的总爆发。马克思的辩证唯物主义认为，偶然性和必然性是辩证统一的关系，偶然性的背后蕴藏着必然性，同时是必然性在某一特定条件下的反映。通过社会道德建设，基层志愿者和广大的社会成员特别是有困难、有麻烦的容易有不良社会情绪的社会成员进行了十分密切的接触，在此过程中，可以及时了解到当前社会状态下成员的心理和情绪，以及一段时期内社会成员的心理变化趋势。以此为基础，不管是当地政府还是社会组织，都可以形成对社会成员认识、思想、想法的动态认识。这样，社会治理主体就可以对不符合社会整体利益的，破坏社会正常

① 孙宝云：《道德秩序中的政府、社会与个人——兼论道德秩序维系主体的不同界域》，《长白学刊》2008年第2期。

秩序的，违背社会主义核心价值观念的错误想法进行及时的干预和疏导，从而避免群体性事件的发生。

第二，社会道德建设可以密切成员关系，协调社会成员的利益冲突。社会道德建设并不只是空洞的思想政治教育，而是要付诸具体的行动，让人们在事件中认识和感受。“利用各种载体进行道德实践活动，提升全民道德觉悟也是我国道德建设的基本经验”[①]，通过开展志愿服务活动，志愿者和广大社会成员进行了亲密的接触，并通过互帮互助结成了亲密的关系，这样社会成员之间的联系密切了，社会成员和当地政府以及相关社会组织的关系也密切了，可以为利益表达和情绪疏导提供很好地基础条件。与此同时，群体性事件的发生往往是由于重大的社会问题酝酿发酵而成的。通过开展志愿服务活动，可以对广大的社区居民进行义务服务，帮其解决生活中的苦难和难题，也使得社会弱势群体得到关心和帮助，人们对社会的认识和感受因而更加积极，精神状态也更加饱满。

社会道德建设还有协调社会成员的利益冲突的作用。不同的社会成员之间一定存在着或大或小的利益差异，并且因为地区、行业等多种因素的影响，社会成员之间甚至产生对立和冲突。这一问题的根本解决方法在于发展社会生产力和完善各类社会机制。但是，通过志愿服务活动，人们一方面在得到帮助之后的相对剥夺感会相对降低，抑制了不良情绪的产生；另一方面也促进了社会利益表达机制的形成，为社会成员的利益表达提供了平台。

第三，社会道德建设可以提供道德标杆，引导社会成员的社会行为。“坚持榜样引路是我国道德建设的优良传统和基本经验。”[②] 道德高尚的社会公民可以通过志愿服务活动获得广泛的社会正能量。这样，同等条件的人对社会公益事业的态度会更加积极和活跃，条件相似的人则会积极争取参与到助人为乐的视野当中。这样一个良性互动的过程使得社会道德水平整体提高，社会风尚更加和谐。通过各种形式的评比和宣传活动，人们会

① 安巧珍：《国内外道德建设实践经验研究》，《国际研究》2013 年第 5 期。

② 安晋军：《改革开放以来我国道德建设的经验与问题探析》，《经济与社会发展》2010 年第 10 期。

了解到自己身边的道德模范，然后进一步了解他们的事迹，行为方式和价值观，进而学习和模仿他们。这样，社会成员的整体素质得到了提升，人们更加清楚地认识自己处在社会中的位置和角色，有助于社会成员理性的、有序的参与到公共事件当中，避免不和谐事件的发生。

总之，椒江区大力实施“善行椒江”志愿服务活动，显著地提升了当地的道德风尚水平，同时也通过志愿服务活动，解决了社会问题，缓解了社会矛盾，疏导了不良社会情绪，有助于当地的社会建设。这一道德建设做法不仅可以用以预测和认知社会成员的心理变化，还可以协调社会成员的关系，协调社会利益关系，更在活动中提升人、塑造人，提升公民的道德素质和社会参与能力，很好地防治了社会群体性事件的发生。

四　浙江省三门县“红榜颂道德活动”

1.“红榜颂道德活动”的基本背景

三门县位于浙江省台州市东北部沿海地区，隶属于浙江省台州市。为了有效地促进群众思想道德素质提高和社会良好风尚的形成，三门县自2008年开始以“红榜颂功德”活动为载体，开始了运用身边道德典型加强基层思想道德建设的新路子。近年来，三门县更是不断创新深化“红榜颂道德”活动主题内涵，建立完善了“道德典范”评选、关爱和管理三大机制，并形成了三门模式。至今，仅43万人口的三门县共评出了近6000名村级、1300余名名镇（乡）级和200多位县级道德红榜人物。[①] 涌现出了受到时任中央政治局常委李长春等中央领导三次批示的全国优秀村主任何小川，受到时任中共中央总书记胡锦涛亲切接见的全国优秀基层放映员陈云林，先后勇救17人的“植物人英雄”陈立兴、中国好人李玉花、诚信老汉梅光汗等一批在全国有影响的先进典型。三门县的草根道德典型层出不穷，彰显了榜样的力量，力推了最美盆景向最美风景的转变，优化了道德生态环境，连续9年蝉联浙江省平安县荣誉称号。浙江省委书记夏宝龙，省委常委、宣传部长葛慧君等省领导对该县的创新做法先后作出批示、给予肯定。新华社、《党建》杂志等媒体也对三门的经验作了深入的报道。

---

① 中国文明网：《浙江三门“道德红榜”：劲吹在一个小县城的好人风潮》，http://www.wenming.cn/sbhr_pd/dcyj/201407/t20140714_2059371.shtml，2014-7-14/2015-4-13。

2. “红榜颂道德活动”实施方案

2008年以来，三门县以“红榜颂道德”活动为载体，深入挖掘群众身边的“凡人善举”和“平民英雄”，走出了一条运用道德典型加强基层思想道德建设的新路子①。

第一，面向基层，依靠群众，广泛设立“道德红榜”。首先广泛发动。建立“红榜颂道德”活动领导小组和评议小组，召开县、镇（乡）、村三级动员大会，在全县14个乡镇、511个行政村设立统一制式的道德红榜。二是精心设奖。设立“平安家园卫士”、“自强不息楷模”、“孝老爱亲典范”、“公益事业模范”、“爱岗敬业标兵”、“农村文明新星”、“诚实守信使者”、“文明新三门人”八大类型道德红榜奖项，计划评选出40名县级道德红榜人物和年度10位感动三门人物。② 三是深入宣传。利用县“一报两台一网”开展宣传，使“红榜颂道德”活动的宣传深入城乡基层、深入民心。

第二，创新机制，自下而上，深入挖掘“道德明星”。一是自下而上选典型。采取村（包括社区、企业和基层站所）、镇（乡）、县三级联动，通过层层民主推荐、红榜公布选出各级道德红榜人物。二是公平公正评先进。突出群众评、群众学，从群众身边发现评选可信、可学、可敬的道德红榜人物。村级评选由各村评议小组集中初推，候选人先进事迹在统一制作的“红榜”上张榜公布，接受群众评议，通过反馈情况再评议、再推荐，最后确定红榜人物，并进行第二次公布。镇（乡）、县评选也必须“两推荐、两公示”，并专门开设红榜热线电话，接受群众监督。三是立足长远送红榜。设立“动态红榜”，对在突发性事件中涌现出来的好人好事，及时上门送“红榜喜报”，并在村、镇醒目位置进行张贴表彰。

第三，示范引导，深化教育，推动道德建设深入开展。一是隆重表彰先进，让道德模范在群众的心中“亮”起来。二是扩大社会宣传，让道德模范在群众的心中“重”起来。三是深化学习教育，让道德模范的高尚行为成为人们学习和自觉遵守的榜样。

---

① 浙江文明网：《大力开展“红榜颂道德”活动努力提升基层思想道德建设水平》，http://www.zjol.com.cn/07zjwm/system/2008/10/28/010075660.shtml，2008－10－28/2015－5－13。

② 《三门县组织“红榜颂道德”活动，推动基层道德建设向纵深发展》，文明网：http://www.zjwmw.com/07zjwm/system/2008/10/09/01001，2008年10月9日。

3. “红榜颂道德”活动对防治群体性事件的积极意义

三门县通过“红榜颂道德”活动，挖掘群众身边的“凡人善举”，发现身边的好人好事，树立了道德模范，激励了社会正气，传播了社会正能量。这一举措显著地改善了当地的社会环境，提高了居民的道德水平，同时也为防治群体性事件起到了积极的作用。主要说来，有以下这个几个方面：

第一，道德建设活动为群体性事件的发生建立了道德屏障。群体性事件的破坏性主要体现在干扰了正常的社会生产生活秩序，产生一定数量的人身财产损失，伤害了社会成员与社会治理主体之间的感情。而“道德建设最主要的作用就是规范人的行为，协调好人与人之间的关系”。① 通过道德建设活动，三门县一方面弘扬了社会主义道德，旗帜鲜明地宣告了社会治理主体的是非观、善恶观，这是对自我立场的一种宣传和声张，有利于社会成员对社会治理主体的正确认识；另一方面通过评选“道德榜样”，并在社会成员中间宣传他们的事迹，提升本地区的社会形象和社会认知，可以有效提升社会成员的荣誉感和使命感。这样，社会成员的行为无形中就得到了规范，社会成员会自觉选择符合道德选择的行为，摒弃不符合道德要求的行为，为本地区的美好未来作贡献。这样，社会成员的行为底线得以建立，社会安全多了一份保障。

第二，道德建设活动自觉调节了社会压力。道德建设活动将符合中华传统美德典型人物和典型事迹发掘出来，可以很好地调节人们的心理状态，促进形成新的人际关系。在这个活动中，人们学会正确地看待社会生活中的缺陷，也懂得了如何用积极地心态去应对这些不完美，道德的作用得以彰显。人们也会因为这个活动，带头行善，带头助人，带头奉献，使不良的社会情绪得到舒缓。在道德模范的实践过程中，许多的社会问题得到圆满的解决，许多弱势群体得到了帮助。社会力量使得政府力不从心解决不了或者解决不好的事情得到了重视，得到了帮助，这对于缓解社会矛盾，缓解社会压力具有十分重要的作用。

第三，道德建设活动积极引导了社会行为。“村规民约一直是民间道德的最基本约束形式”②，通过“红榜颂道德”活动，三门县的社会风气

---

① 周怀红，徐兆东：《道德秩序：从传统社会转向现代社会》，《学术论坛》2007 年第 6 期。

② 俞树彪：《道德建设与制度认同》，《湖北社会科学》2012 年第 5 期。

进一步好转，许多道德文化和规范转变上升为村规民约，依靠这些村规民约，可以对村民的行为有一个很好的导向作用，对错误的思想倾向也能产生积极的控制规范作用。并且，因为活动中大力表彰道德榜样，扩大了他们的社会影响，增加了他们的社会名望，使得他们成为社会成员中的“德高望重”者。他们的一言一行影响着其他社会成员，起到了很好的导向作用。这样可以有效提高全社会应对群体性突发事件和抵御风险的能力，降低防范危机成本，减少社会动荡。

通过对浙江省德清县“民间设奖”案例、玉环县“乡风文明引领工程”案例、椒江区“善行椒江”案例、三门县“红榜颂道德”案例的展示，我们可以很清楚地看到加强公民道德建设对于促进社会建设，缓和矛盾，规范公民公共参与秩序所产生的巨大影响。我们也可以从这些案例中发现，道德建设活动的开展一定是国家和社会合力作用的结果，只有国家和社会力量协同发力才可以让道德建设活动开展顺利，进行持续，影响广泛。

第三节　以公民道德建设促进群体性事件暴力的防治

我们提供了一份对以上4个浙江省民间道德建设案例的比较分析表格（表7—1），通过表7—1可以发现，地方性的民间道德建设创新过程，实际上是一个社会创造与国家嵌入的有效对接、良性互动过程，而这一国家与社会共治过程，极大地促进了当地乡风文明的提升，极其有效地建构和拓展了当地稳定和谐的社会资本，也极其成功地增强了当地政府维护社会稳定的基础性能力。

表7—1　　民间道德建设活动案例比较分析

	德清县“民间设奖”现象	玉环县“乡风文明引领工程”	椒江区打造“善行椒江”	三门县“红榜颂功德”
活动缘起	最初由民间发起，后由当地政府推广实施	响应国家新农村建设号召	响应国家加强精神文明建设号召	响应国家加强精神文明建设号召

续表

	德清县“民间设奖”现象	玉环县“乡风文明引领工程”	椒江区打造“善行椒江”	三门县“红榜颂功德”
活动目标	通过民间设奖评选活动选出道德模范带动精神文明建设	通过实施乡风文明引领工程促进农村良好风气形成，服务农村管理创新	通过组织志愿者开展志愿者服务以实践带动精神文明建设	通过评选、表彰道德模范带动社会风气，引领精神文明建设
实施主体	德清县民间设奖协会	玉环县县政府	椒江区文明办	三门县县政府
活动载体	民间奖项评选活动	精神文明建设“三大工程”	社区志愿服务活动	道德红榜人物评选活动
主要做法	1. 制定《设奖管理办法》 2. 成立民间设奖协会 3. 建立监督委员会 4. 建立补助机制	1. 读道德经典 2. 评道德“民”星 3. 积道德善举 4. 享道德福利	1. 成立村居服务站 2. 组织志愿者登记、开展服务 3. 组织志愿者培训，提高质量 4. 评选星级志愿者，建立服务激励机制	1. 成立领导小组、评议小组 2. 设立道德红榜奖项 3. 三级联动，公正评选 4. 多种形式表彰先进人物
制度建设	《德清县民间设奖指导管理办法》	《关于加强农村精神文明建设的实施意见》	《关于在全区建设“善行椒江·村居志愿服务站”的实施意见》	《三门县关爱帮扶道德红榜人物实施办法》

续表

	德清县“民间设奖”现象	玉环县“乡风文明引领工程”	椒江区打造“善行椒江”	三门县“红榜颂功德”
活动效果	1. 民间设奖42项 2. 树立各类先进、典型5000余人 3. 获得全国平安建设先进县、全国文明城市等一大批荣誉称号 4. 群众安全感满意率达98% 5. 城乡统筹发展综合评价18位	1. 发放道德经典20万册 2. 建设百个乡村文明点 3. 配置20多项道德福利资源 4. 涌现40多位道德新星，200多位玉环好人 5. 获得6人次国家级道德奖项	1. 建立311个村居服务站 2. 建设志愿服务队十支 3. 志愿服务队伍10多万人 4. 受助群众19万多人次	1. 设立八大类道德红榜奖项 2. 评选出近6000名村级、1300余名名镇（乡）级和200多位县级道德红榜人物 3. 多年蝉联浙江省平安县称号 4. 获得5人次国家级道德奖项
社会影响	涌现了马福建、钱立玲、钱素春、陆松芳等一大批国家级道德模范；“德清现象”先后获得《人民日报》、《浙江日报》、《半月谈》、人民网、央视新闻会客厅、《湖州日报》、《今日德清》、德清电视台等100多家主流媒体的报道	杜洪英、李荣江、郭口顺三人入选“中国好人榜”，杜洪英的先进事迹获得了中组部部长李源潮的批示肯定；李荣江的先进事迹获得了中央政治局委员、国务院副总理回良玉，省委书记赵洪祝等批示肯定；项延永被授予“全国五一劳动奖章”等	中宣部常务副部长、中央文明办主任雒树刚对椒江这一做法作出批示，给予高度肯定；中国文明网以《浙江省台州市椒江区积极打造“善行椒江·村居志愿服务站”推进“两富”家园建设》为题，在首页专门刊发了这一做法；新华网、人民网、光明网也都对椒江地区的“善行椒江”活动进行了详细报道	涌现出受时任中央政治局常委李长春等中央领导三次批示的全国优秀村主任何小川，受时任中共中央总书记胡锦涛亲切接见的全国优秀基层放映员陈云林，以及陈立兴、李玉花、梅光汗等一批在全国有影响的先进典型。浙江省委书记夏宝龙，省委常委、宣传部长葛慧君等省领导对该县的创新做法先后作出批示、给予肯定。新华社、《党建》杂志等媒体也对三门的经验作了深入的报道

因此，通过对上述四个案例的分析研究，结合我们的理论分析框架，我们发现融合了国家与地方性社会共同努力的道德建设，对于防治群体性事件及暴力行为具有十分重要的积极作用和意义。为了更好地发挥道德建设扎根于群众、来源于群众，影响范围广、时间长、作用明显等优势，我们可以从以下几个方面加强工作。

一　充分发挥政府的引导和动员作用

伴随着政府职能的转变和社会建设的全面展开，过去政府全面或集中掌握权、财、物的治理方式也向宏观性的扶持和引导转变。但是“道德秩序的重构和社会核心价值体系的建立，还需要发挥政府在教导民众从沦丧的道德中振作起来”[①]。政府还是要继续发挥其强大的资源动员作用和社会动员作用，参与到道德建设活动中来，但是此时不是凡事都要“亲力亲为”，而是要创造机会和条件，让社会力量充分发育和成长，自主地参与到发展道德建设的事业当中。

第一，要出台鼓励性的引导政策，创造社会道德建设的发展平台。目前，我国的社会力量还比较弱小，自主性不强，独立发展道德建设的条件还不够成熟。政府要发挥自己的公共服务职能，出台相关的政策和措施，鼓励社会力量参与到社会道德建设的事业当中。同时，还要积极引导，为社会力量的合作、社会资源的整合创造机制平台，促进社会力量的作用发挥，引导社会资源的有序流动。

第二，要积极地参与到道德建设活动中的监督管理工作中来。道德建设是一项要求非常高的工作，倘若流于形式或者成为少数沽名钓誉的名流的“名利场”，那么其不但一点儿作用都不会发挥，反而还会产生副作用。社会力量本身就是社会的一部分，社会组织之间、社会成员之间更是有着千丝万缕的联系，因而道德建设活动难免会受到影响。因而政府要做好“裁判员”和“监督员”，从整体战略出发，制定科学合理的监督和考评制度，一方面把握道德建设活动的质量和纯洁性；另一方面把握活动的公正性、公平性，对社会力量发展的道德建设进行评估。

第三，要动员社会成员积极参与到社会道德建设视野当中，共创和谐

① 潘宇：《论中国社会转型期道德秩序的缺失与重构》，《改革与开放》2010年第1期。

社会。人民群众既是思想道德建设的受益者，也是思想道德建设的实践者。只有社会成员广泛参与，道德建设才能真正有实效。在社会力量发展的初期，其力量弱小，动员能力不足，难免会得不到社会成员的信任和尊重，因而也就影响到了道德建设的参与性和广泛性。政府要利用自身强大的动员能力和号召能力，在道德建设过程中，特别是道德建设初期，扶持社会力量发展的道德建设事业，而不是让其自生自灭。重中之重的工作就是为社会组织等社会力量扩大影响力、公信力。

第四，要主动动员资源和经济支持社会力量。同上一点谈到的一样，社会力量的发展还有许多的困难，特别是极其容易遇到资金筹措不到位，发展后劲不足的问题。因而政府此时需要积极地扶持、帮助其发展。政府可以动员本地区的社会资源向道德建设方向流动，动员企业单位行业协会以及其他社会力量对社会的事业进行资助，甚至可以动用财政资金对社会力量提供必要的经济帮助，使社会组织得到更好的培育，更好地发挥特长。

二 落实社会民间组织的主体地位

现在，我国面临的局面是政府动员能力极其强大，社会成员组织程度不够，自主性不够，主题角色不明显的局面。这时，社会组织的作用便十分明显。并且，“社区民间组织具有培养居民公共精神的内生性、本土性和不可替代性等优势”①，它可以实现基层社会成员的组织化，并通过组织建设锻炼社会成员的社会参与能力，发展社会成员的参与意识。

第一，明确社会组织的道德建设主体地位。道德建设活动要想发挥出最大的作用，产生最大的社会影响，就必须从基层社会成员中发起、实践。而社会组织一个非常重要的特点就是其民间性、草根性。社会组织可以最大限度地弥合社会成员之间存在的文化差异和主体差异。并且，社会组织的特点也使得其与社会成员之间没有距离，更加亲近，更容易产生血肉联系。以社会组织主导民间道德建设，可以最大程度地接触社会成员，扩大道德建设的影响力。

① 李红：《社区民间组织对社区道德建设的实践价值探究》，《天津师范大学学报》2011 年第 6 期。

第二，要在道德建设过程中增加社会组织的组织力和公信力。前面已经说到，社会组织的一个重要优势就在于其民间性和草根性，可以和社会成员进行没有距离的接触和联系，可以最大程度地组织社会成员。但是因为我国社会力量还不发达，社会组织的公信力往往还不够，组织能力也还不强，人们对社会组织会有多种多样的认识，甚至会有一些负面认识。在道德建设过程中，要利用这一机会求真务实地做一点实事，一方面加深人们对社会组织的认识，明确社会组织的社会角色；另一方面也使社会成员参与到社会组织的建设中去。用群众的力量和群众的智慧去帮助社会组织发展。这样一个良性互动的过程必然使社会组织真正成为与社会成员联系密切的社会组织。

第三，社会组织要借助道德建设开展形式多样。内容丰富的社区服务工作。“道德建设是社会组织的重要发展手段，社会组织也要借助于发展社会道德来逐步开展形式多样、内容丰富的公共服务。”① 道德建设是社会建设的一个方面，社会建设还包括其他的各个方面，其中最主要的就是社会的自我服务。这不仅是发展社会民主的应有之义，也是锻炼、发展公民文化的必然方向。社会组织开展道德建设，还要在保证自己公信力的基础之上，为社区居民提供必要的公共服务，这不仅可以有效提升社会资源的利用效率，还可以提升公民的社会主体意识，参与意识，以及对自我权利与义务关系的客观认知。

第四，社会组织建立的社会“权威”要积极辅助政府的社会治理工作。公共选择理论表明，政府行政权力的大规模适用不仅会大量浪费社会资源，还会导致社会利益分配不均衡，引发社会利益冲突。社会组织一旦建立起次一级的社会权威，就要投入到提供基本的社会公共服务当中去，不断减少以国家权威为后盾的行政权力的影响范围，发挥社会力量的主体作用，营造健康的社会文化和社会环境，发展社会自治。

三 积极培育现代公民文化

社会道德建设不是孤立的，而是内涵丰富的，是中国社会大发展过程中的一个小部分。社会发展通过一系列的社会动员（非政治），让社会成

① 柯佳敏：《论社会发展维度下的公民道德建设》，《重庆师范大学学报》2013 年第 6 期。

员参与到社会事务中，参与到社会建设中来，从而提升公民素质，培育公民文化，明确公民意识。

第一，发展道德建设要坚持社会主义核心价值体系的正确导向。“道德是观念形态的上层建筑，公民的道德选择总是在一定的价值观支配下做出的，正确的思想引领是公民道德建设健康发展的根本保证。”① 中国是社会主义国家，中国有社会主义道德。社会主义道德是新时期党和国家结合传承中华传统文化和直面现代社会发展中总结出来的，对于我国的社会建设具有十分重要的意义。没有社会主义核心价值体系作指引，社会道德建设最终必定会陷入到歪路、歧路上去。社会道德建设要想有成效，必须要明确发展方向，以社会主义核心价值观为导向，依托具体的生活事例进行“具体化”，从而更好地为社会成员所理解，所接受，更好地引导社会成员的行为。

第二，发展道德建设要和公民文化建设结合在一起。社会道德建设是社会公民文化发展的重要方面，发展社会公民文化是发展社会道德建设的最终目的。只有形成道德高尚的公民文化，社会成员才可以有序地参与到社会的建设和治理之中。因而道德建设要开展丰富的文化创建活动，让道德建设成为公民文化建设的重要方面，让道德文明活动成为一道亮丽的文化风景线。更重要的则是要让以道德为重要组成部分的公民文化感染人、影响人、塑造人。主要是要在道德建设过程中，积极地发动社会成员参与到道德建设过程中来，让社会成员加深对社会环境的认识，了解自己的社会角色，锻炼培养社会成员的主人翁意识和必要的社会参与素质。

第三，发展道德建设要注重培育社区社会组织，巩固社会自治基础。发展道德建设是培育和发展社会组织的一个重要途径。在道德建设的过程中，引导社会成员与社会组织良性互动，增强社会成员对社会组织的信任和联系，也扩大了社会组织的影响力和公信力。这里特别要注重的是社区社会组织的培育发展。公民文化重要的发展基础就在于广泛的、自主的公民组织。只有通过社区社会组织将社会成员密切的联系起来，才可以使分散的社会关系凝聚、发展。并且，社会组织主导道德建设并不断参与到其

① 黄明理等：《论我国公民道德建设的经验、面临的挑战与应对》，《江西师范大学学报》2014 年第 4 期。

他涉及全体社区居民的公共利益的实践当中，可以逐渐发展社会成员的自我管理、自我服务、自我教育，实现社会自治。

第四，发展道德建设发挥道德模范的导向作用，引导社区公共文化建设。社区文化建设是社会文化建设的重要组成部分，社区文化建设更是社会公民文化建设发育、发展的重要基础所在。因而要形成现代公民文化，必须要重视社区文化的培育。道德建设，特别是以社会主义核心价值观为导向的道德建设，可以更好地使社会成员认识自己的社会位置，社会角色，明确自己的主体意识和应该承担的责任和义务。所以要把道德建设作为引领文化建设的一面旗帜，发展社会文化可以通过发展社区道德建设这面旗帜，通过社会道德，人们产生共识，产生共同的社会感情和社会认识，也就形成了相对健康的社区文化。

四　发挥道德建设的优势和特长

道德建设深深植根于社会成员之中，道德模范从群众中来到群众中去。他们的影响力和模范带头作用将会带动整个社会成员的行为方式的变化，促进整体社会风尚的提升。要切实做好道德建设要注重发挥其优势和特长，这样才能让道德建设的影响力更深、更广。

第一，道德建设要广泛发动社会成员参与。“公民作为道德主体的主体意识、主体能力和主体活动的缺失，结果必然导致公民道德衰败或公民道德冷漠等道德问题的出现。”① 因而要想扎实道德建设的硕果，必须要在道德建设过程中走“群众路线”。一方面，要保证道德建设的标杆是社会成员普遍认可的，只有这样社会成员才会产生相同的心情和感受，对道德建设活动持肯定意见；另一方面道德模范、道德榜样的推举要广泛组织动员社会成员去参加，这不仅可以让社会成员切实感受到社会道德建设的含金量，还可以让社会成员在一系列的推举过程中受到熏陶，得到感染，得到启发。

第二，道德建设要采用社会成员乐于接受的方式。社会道德往往内容更加具体，形式更加“接地气”，能够让社会成员感受到道德模范就在身

---

① 纪丽萍：《论我国公民道德主体性的缺失——基于食品安全的分析维度》，《江苏大学学报》2012年第3期。

边，道德事迹就在生活中，得到的力量来自于普普通通的你我他。这也是扎实道德建设硕果的应有之义。只有采取社会成员乐于接受的方式，社会成员才会积极地参与道德建设活动，投注热情和兴趣；只有不断挖掘生活中平凡的例子和任务，社会成员才会更加公正客观地看待道德模范、道德事迹，发现身边的感人故事；只有不断发现“草根人物”，社会成员之间的带头作用、模范作用、榜样作用才会产生广泛的、深刻的影响，在社会成员之间遍地开花。

第三，道德建设要实事求是，求真务实。正是因为社会道德建设就发生在社会成员身边，采取的形式也是社会成员看得懂的，摸得着的，乐意听的，因此更要注重质量，实事求是，求真务实。道德建设的目的是为了提高整个社会的道德风尚水平，是为了形成“人人为我、我为人人”的和谐局面。道德建设也是“最贴近社会成员心理状态的义举”[①]，道德建设客观真实，社会成员才会真正感受到道德的作用和力量；如果出现了弄虚作假或者其他不好的现象，社会成员则会对道德进一步失去信心，甚至对社会组织的公信力产生怀疑。

第四，道德建设要注意宣传和物质奖励。社会中有一句话叫作“好人流血、流汗还流泪”，说的是生活中做好事的人不但要付出时间、付出金钱，还有可能冒着受伤害的危险，但最后往往还被误会，被讹诈。道德建设的重要举措就是要扭转这一局面，“我们要综合运用包括物质利益激励等手段在内的各种方法来推进公民道德建设”[②]，传播社会的正能量。要加大对道德人物、道德事迹的宣传，提高他们的社会名望，提高他们的社会认同度，让普通民众在行善助人中赢得社会的认可和尊重。要在条件许可的情况下尽量对助人者提供物质奖励，这不仅可以弥补实际生活中因为行善导致的物质损失，保证道德行为的精神作用，还可以在社会上产生广泛的影响，让社会成员了解社会的道德风向，吸引更多的人参与到社会道德建设的洪流中来。

总之，要发挥好道德建设的作用，一是要发挥好政府的引导和支持作

---

① 李来和，王运：《伦理道德秩序过程性建设何以必要》，《河北师范大学学报》2000 年第 10 期。

② 王占可：《公民道德建设中的物质利益因素探析》，《山东行政学院学报》2013 年第 6 期。

用；二是要强化社会组织的主体作用；三是要将道德建设和公民文化培育结合起来；四是要发挥道德建设的优势，让道德风尚的硕果深深扎根。通过以上这些举措，社会成员的主体角色得到强化，参与素质得到提升，社会行为也更加符合道德要求；另一方面社会组织将社会成员有效地组织起来，不仅可以避免社会成员在社会事件中产生“集体盲动”的状态，也有利于社会成员之间的利益协调与利益表达。这样，才能有效地将非理性的“乌合之众”转换为具有公民德性的“美德之民”，也才能很好地在源头上防止群体性事件暴力行为的发生，进而推动公民利益表达向理性化、合法化、道德化方向发展。

第八章　流动人口群体性暴力事件的逻辑与治理

中国自改革开放以来，随着工业化、城镇化的快速发展，中国进入了人口流动、迁移最为活跃的时期。据国家人口计生委统计，2009 年中国流动人口[①]已达到 2.11 亿，78.7% 为农业户口，以青壮年为主。2011 年中国流动人口总量已接近 2.3 亿，占全国总人口的 17%。[②] 这些流动人口大部分流向广东、浙江、上海、江苏等东部沿海经济发达省市，而且不少地区的流动人口数量已经超过了本地户籍人口数量。这个时期也正是中国的全面深刻转型期，这种人口迁徙既是这种转型的重要部分，又深深影响了这种转型的特征与问题。大量流动人口从内地或落后地区移居沿海发达地区，不同制度、秩序、规范、生活方式之间冲突甚烈，导致了大量心理失衡与社会失范行为。近些年来，这类流动人口群体性暴力事件也时时发生。从对社会的破坏程度来看，群体性暴力事件无疑是这些因人口迁徙而造成的社会矛盾与冲突中最极端、最剧烈的表现形式。鉴于此，本章以当前沿海或发达地区流动人口群体性暴力事件为研究对象，核心问题是探寻这类事件的形成机制。目标在于提供一个关于流动人口群体性暴力事件的解释模型，以及为相应的对策研究提供有价值的知识基础。首先，通过大量经验观察可以发现，流动人口群体性暴力事件通常涉及不同群体之间以资源占有差异为基础的身份认同之间的对立与冲突。因此，与大多数规模较大、暴力程度显著的事件一样，对立的群体身份认同几乎都起到重要的

---

① 在中国，流动人口是指离开户籍所在地的县、市或者市辖区，以工作、生活为目的的异地居住的成年育龄人员。

② 国家人口计生委流动人口服务管理司编：《中国流动人口发展报告 2012 年》，中国人口出版社 2012 年版。

动员与催化作用。所以第一节整体性地介绍身份认同与集体暴力是如何相互关联的机制与过程。第二节以发生在2011年中国沿海或发达地区的较大规模的三起流动人口群体性暴力事件为研究对象，进行案例比较分析。第三节在以上讨论的基础上结合一些先进经验对流动人口群体性暴力事件的源头治理提出一系列对策建议。

第一节　身份认同与集体暴力

当今世界虽然在政治、经济、文化、科技等方面取得了令人瞩目的成就，但是集体暴力事件仍然是困扰人类的一个挥之不去的噩梦。非洲大陆在20世纪90年代发生了导致近百万人死亡的卢旺达种族大屠杀，如今一些极端组织仍然在不断制造极端恐怖事件，甚至美、英、法等一些发达国家近些年来也是骚乱不断，例如2005年和2007年法国和荷兰、2008年德国和希腊，2011年英国都发生了一系列社会骚乱事件，仅美国“二战”后就发生了7次全国性种族大骚乱。中国近些年来也是处在大规模群体性暴力事件多发阶段。通过经验观察不难发现，凡是这类规模较大、暴力程度显著的事件，群体身份认同几乎都起到了重要的动员和催化作用。这正好验证了阿马蒂亚·森的洞见：“身份认同可以杀人——甚至是肆无忌惮地杀人……在世界范围内，因身份冲突而孕育的暴力似乎在越来越频繁地发生。”[①] 与这种状况相对应，社会认同理论、社会冲突理论和社会运动理论等不同的研究传统也开始纷纷关注集体暴力事件中的身份认同现象，提供了丰富的理论资源，只是这些理论大多聚焦身份认同在事件的酝酿、爆发、发展和后续等某个阶段或某些阶段的性质或功能状况。与此同时，国内的相关研究相对较少，而且主要是运用心理学方法讨论身份认同对集体参与的影响机制。[②] 因此，有必要对这些研究作一个整体性的归纳，以展示身份认同与集体暴力之间关系的全貌。为了实现这个目标，首先要回

---

① ［印］阿马蒂亚·森：《身份与暴力——命运的幻象》，李风华等译，中国人民大学出版社2009年版，第2页。

② 参见薛婷等：《社会认同对集体行动的作用：群体情绪与效能路径》，《心理学报》2013年第8期；石晶等：《群体认同对极端群体行为的影响：中介及调节效应的检验》，《心理科学》2012年第2期。

答群体间对立的身份认同是怎样形成的，本文认为其中至少包括结构性、认知性和类别化等三个因素。其次，需要弄清身份认同是如何导致集体暴力的，这至少应该包括边界激活、暴力协作和互动仪式三个机制。最后，还要交代身份认同究竟是怎样成功地动员个体参与集体暴力的，这就需要阐明规范、利益和情绪三个要素是如何发挥作用的。

这里需要说明的是，作为讨论对象的集体暴力涵盖了两种类型：一种是那些高度组织化的暴力集团通过精心培养对立身份认同而发动的策略性集体暴力；另一种是最初自发聚集的一群高度分散化的“临时群体”发动的突发性集体暴力。为什么后一种集体暴力也是讨论的对象呢？这是因为有研究发现：“即使最没有凝聚力和持续时间短暂的群体，也能建立一定程度的群体认同。”① 这两种类型共享了某些有关身份认同的基本机制和过程，它们的区别只是在于这些机制和过程中所包含的一系列更小的机制和过程存在差异。

一　对立的身份认同是怎样形成的

该问题首先在社会认同理论中得到了全面阐释。它预设了社会是由人类根据民族、种族、阶级、职业、性别或宗教等维度划分而成的诸多社会类别组成的，其中一些类别比另一些类别拥有更高的权力、声望和地位。由此，社会认同被视为“个体知晓他/她归属于特定的社会群体，而且他/她所获得的群体资格会赋予其某种情感和价值意义”②。在大多数情况下，这种诸多社会类别以及他们之间错综复杂的权力和地位关系作为社会的常态，并不必然引发社会冲突，甚至集体暴力。但是，如果人们将自己所属的群体与其他群体或某些合理的标准进行比较时，就产生了集体层面的相对剥夺感（被称为“同胞剥夺”），则可能发生群体间的冲突。将社会认同显著化并引向集体暴力的是另外两个重要机制，即“个体认知”和“类别化”。

1. 结构性因素

“同胞剥夺”这种对立的身份认同根源于一个社会中不同社会群体之

① ［澳］迈克尔·A. 豪格，［英］多米尼克·阿布拉姆斯：《社会认同过程》，高明华译，中国人民大学出版社2011年版，第38页。

② 同上书，第18页。

间长期存在的不平等状况。以欧洲为例，尤其是2008年国际金融风暴以来，很多欧洲国家经济不振、失业率高，从而导致许多非少数族裔的普通平民也感受到“同胞剥夺”感。在这种情况下，骚乱事件不仅动员了不同族裔之间的身份认同，也动员了不同阶层之间的身份认同，导致了更为广泛的群体参与到骚乱中来。

有学者用“社会边界”概念来描述这种两个或诸多族群之间的区隔甚至对立状况。[①] 实际上，并非每一种社会边界之间的关系状况都会自然产生对立的、相互怨恨的身份认同。通常是在产生了剥削和机会积累这两种基本的关系机制并在各种人群之间维持着广泛的不平等时，对立的身份认同才易产生并导致旨在改变这种不平等状况的集体暴力事件。进一步考察，我们可以看到两种类型的剥削和机会积累：一类是政府自身就在进行剥削和机会累积，其中政府官员和统治阶级是典型的受益者；另一类是非政府部门进行的剥削和机会积累。无论哪一类，都难免陷于受害者与受益者之间围绕不平等状况而展开的从身份认同到集体暴力的持续的、各种力量交织的斗争状态。

2. 认知性因素

人们在理解和阐释事件时，会遵循带有社会烙印的特定模式。欧文·戈夫曼（Erving Goffman）据此提出了“框架”概念，用来表示一种能帮助人们认知、理解和标记周围所发生事物的解读范式。[②] 在社会认同理论看来，个体就是根据特定框架去感知和体验其所属类别、身份认同和社会处境的。人们身处不同的情境，就会学到不同的感知和阐释模式，即使在同样的情境下，不同的人，或者在不同的时间，也会产生完全不同的理解。这是因为“对于人们的决断而言，感觉到的现实比客观事实更重要”[③]，而且这些遵循特定框架的判断或认知评价能够通过交互行为和团体化来相互印证或加强。当人们相互协作或对抗时，用什么样的框架去解读当下的情境显得十分重要。事件各方所采用的框架会改变参与者

---

① ［美］查尔斯·蒂利：《集体暴力的政治》，谢岳译，上海世纪出版集团2011年版，第140页。

② 赵鼎新：《政治与社会运动讲义》，社会科学文献出版社2006年版，第215页。

③ ［英］理查德·威尔金森，凯特·皮克特：《不平等的痛苦：收入差距如何导致社会问题》，安鹏译，新华出版社2010年版，第102页。

的关系，形塑他们的互动过程和特征。

戴维·斯诺（David A. Snow）等学者于1986年将相关概念的框架整合（frame alignment）运用于社会运动微观动员过程的分析之中，这是一个将若干具有相近（但是不同）的意识形态、价值或目标的组织通过运动目标和策略的改造而联合起来的过程，也是一个通过运动目标和策略的转换从而将社会运动组织的意识形态、目标和价值与动员对象的利益和怨恨联系起来的过程。这里所考察的对象是比较成熟的、高度组织化的社会运动。[①] 这些社会运动通常并没有那么强烈对立的身份认同感，而是更加趋于合法有序的集体行动。那些高度组织化的暴力集团也会更加策略化地运用框架整合来实现对群体认同的培养和控制。而对于一些临时聚集的群体而言，其框架来自既有的脚本。无论框架的来源如何，在构建对立的身份认同、导致集体冲突和暴力方面都起到了核心的动员作用。

3. 类别化因素

阿马蒂亚·森认为，在我们所实际生活的世界里，人们都具有多重和多样的身份分类，但是单一身份的幻象却让我们付出了沉重的代价，这集中表现为当前世界各地宗派暴力冲突的严重性和极端性相比60多年前有过之而无不及。而“隐藏在残暴行径背后的，是一种对人类身份的严重的概念混淆，这种混淆把具有多种维度的人变成一种单向性的动物”[②]。那么这又是如何做到的呢？阿马蒂亚·森指出，这是因为“单一身份的幻象符合冲突对抗策划者的暴力目的，它是由残暴行径的指挥者精心培养和塑造的”[③]。

身份塑造主要依靠宣传技巧。大卫·利文斯顿·史密斯（David Livingstone Smith）指出，人类长期以来进行对立身份塑造的宣传技巧是“非人化”，即将一部分人类视为亚人类，“认为某些存在只是看起来像人，但起决定作用的内在，却不是人”。“非人化”试图将群体降级到亚人类

---

① David A. Snow, Rochford E. Burke, Steven K. Worden, Jr., and Robert D. Benford, “Frame Alignment Processes, Micromobilization, and Movement Participation”, *American Sociological Review* 51 (1986): 464—481.

② ［印］阿马蒂亚·森：《身份与暴力——命运的幻象》，李凤华等译，中国人民大学出版社2009年版，第151页。

③ 同上书，第152页。

的地位，是一种能切实引发人的残酷行动的歧视和偏见。灭族屠杀也是根据类别划分而进行的杀戮。“因为被杀者是某个族群的成员而杀之，不是因为被杀者个人犯了什么过错。”[①] 在这种类别形塑的过程中，“反向指控”的手段在大众宣传中也起到了自我合法化和自我授权的关键作用。[②] 例如，为了散布一种假定存在的种族谋杀想象，硬说对方要彻底消灭己方，从而使各种谋杀袭击和有计划的灭绝行动被当事人认为是必要的自卫行动。

另一种较为普遍的情况是，在长期的共同生活中，不同群体之间由于对资源占有等各类差异导致相互间的区隔和怨恨，并因长期互动过程中产生的各种遭遇而得到强化，最终又由于相互不信任甚至怨恨形成边界和身份意识。这种边界和身份意识在通常情况下并不会影响他们正常的工作和生活，毕竟他们属于同一个社区中的社会有机体，有互相依赖的关系。那么他们之间又是如何突然以对立的身份兵戈相见、互相施暴的呢？这种身份认同的塑造机制和过程具有一种长期自然生成、在潜伏过程中突然被激活的特征，完成不同于前面那些类型所具有的精心培养和宣传的特点。这就需要进一步探讨潜伏的或精心塑造的身份认同是通过哪些机制迅速转化成集体暴力的。

二　身份认同是怎样导致集体暴力的

一项关于群体暴力的研究认为：“这些处于冲突中的绝大多数群体，它们的关系曾经长期是良好的。在历史的长河中，暴力灾难的爆发只是一些瞬间时刻而已。在这些灾难情节之间，总会有一些实质性的族群融合。”[③] 暴力的爆发通常都有导火索，即一旦某个偶然事件激活了人们的边界意识，加剧了双方的仇恨，很容易导致暴力行动。在这个过程中，边界激活、暴力协作和互动仪式等机制、过程纷纷登场，展示了对立的身份

---

① ［美］大卫·利文斯顿·史密斯：《非人：为何我们会贬低、奴役、伤害他人》，冯伟译，重庆出版社 2012 年版，第 83 页。

② ［德］海拉德·威尔则：《不平等的世界——21 世纪杀戮预告》，史行果译，中国友谊出版公司 2013 年版，第 71 页。

③ ［美］哈丁：《群体冲突的逻辑》，刘春荣，汤艳文译，上海人民出版社 2013 年版，第 184 页。

认同促发集体暴力的种种动力。

1. 边界激活

无论是策略性的集体暴力，还是突发性的集体暴力，边界激活机制在其中均发挥了关键的动员作用。事实上，任何个人或群体都有多重身份，因此有多重边界。边界激活就是从众多的身份中挑选两种相反的身份，并要求或代表某个“我们”表明将我们与“他们”分离开来的边界，无论“他们”是谁。这里，起到激活边界作用的偶然事件就是“导火索”，其发生机制是：当事件参与者、旁观者和利益相关者解读导火索事件的各种刺激信息时，群体内部的集体认同被激活。对于那些高度组织化的集体暴力行动而言，通常有一些政治大亨在从事着激活、连接、协同和代表工作，促使事件朝着极化的趋势发展。

正是这种“我们”与“他们”之间边界的激活促成了伤害性的互动。一般情况下，越是强调单个的我们—他们之间的边界（即单一的身份认同越强烈），互动中伤害的显著性就越明显。其中，边界附近会出现“不确定性”，而当这种不确定性增加时，暴力的机会和显著性一般就会增加。例如，实力对比的“不确定性”带来的后果通常是：“如果冲突双方都一厢情愿地认为己方比对方强大，也就是说，对权力的判断模糊不清，那么冲突（包括暴力冲突）就更有可能发生。”① 需要明确的是，集体暴力的显著增加，除了现有的政府或社会对暴力的控制能力减弱甚至失控的原因之外，最主要的还是大量参与者之间为了共同诉求所进行的广泛协作。

2. 暴力协作

当暴力处于潜在状态时，若非某种特定的激励结构的作用，暴力就不会发作。以彰显对立群体认同为特征的边界激活机制扮演了这种激励角色，而且是通过动员大量群体成员参与以及通过协作引发集体暴力集中才得以爆发的。在某种意义上，群体认同的重要性就在于它能够引导人们为了更大的权力而进行协作。如果只有少数人在行动，那么群体行动对于个体而言就可能是没有意义的，但是一旦有许多其他人行动起来，情况就不一样了。在这个关节点上，“人与人之间的关系就会发生转变：从一个具

① ［德］海拉德·威尔则：《不平等的世界——21世纪杀戮预告》，史行果译，中国友谊出版公司2013年版，第28页。

有潜在风险的囚徒困境演变为实质性的、几乎没有风险的协作关系”①。这时会发生一种引爆现象，依赖协作的群体能够爆发出非同寻常的力量，而且更加容易产生集体暴力。

在基于群体认同产生的协作游戏中，每个参与主体都能获益，并且不以损害他人的利益为前提，也就是说，是“互惠”而非“互损”。因此，人们为了更大的权力而进行协作是可能的。而且这种权力一旦获得，便很可能成为一种毁灭性而非创造性的力量，原因在于破坏更容易，更能迅速聚焦于某种具体的、现存的对象。可以说，这种群体认同基础上的协作更加容易产生暴力，首先是因为成功的协作可以卷入更多的人，赢得更多的合作，从而有效地降低群体的行动成本。这主要体现为“法不责众”的传统命题，即当为群体利益行动的人数足够多时，对个体协作者实施惩罚和镇压的可能性就会变小。与此同时，“当那些处于协作之中的人能够通过伤害来对那些不参与协作的人实施惩罚的时候，互动的引爆点也就出现了”。② 而且，需要注意到的是，基于协作的权力或群体行动具有更难操控的特征。正是在这个意义上，查尔斯·蒂利将协作性与暴力的显著性等而视之，作为衡量暴力程度和类型的两大指标，而且一般来说，越是显著性强的集体暴力，其协作水平就越高。集体暴力波的发生和平息往往就是因为协同性和（或）显著性的变化所导致的。

3. *互动仪式*

基于群体认同的协作行为揭示了协作与集体暴力之间的关联性，但是没有更为细致地展现这些集体暴力究竟是如何产生的，而兰德尔·柯林斯（Randall Collins）的互动仪式理论则为此提供了一个微观视角。该理论认为，宏观现象从根本上讲是由个人之间的微观际遇产生并支撑的，简言之，宏观的、长时段的社会结构建立在握有不同层次资源的人们之间持续的互动仪式的基础上。互动仪式的动力主要包括以下三个要素：（1）个人带入的文化资本或资源；（2）个人带入互动的情感能量，这时，个体行动者通常是被一种情绪性的节奏所支配；（3）核心问题是社会密度，

---

① ［美］哈丁：《群体冲突的逻辑》，刘春荣，汤艳文译，上海人民出版社 2013 年版，第 59 页。

② 同上书，第 60 页。

即在互动中所发生的情景中共同出现的人的数目。“群众乘数”效应被用来指称社会密度对集体暴力的影响。通常当人处于群体当中时，团体行动本身会增强某种情绪，这样的情绪会使紧张感更强烈，并在情绪释放后使行动进一步强化。因此，与个人攻击相比，集体性攻击更具严重性、尖锐性和急速性，规模较大的群体比起规模较小的群体更能容许暴行的残酷程度。相当多的心理学研究也为此提供了论证。①

我们可以将集体暴力视为某一情境中的资源、情绪和群众乘数等要素参与互动的产物。在这种发生集体暴力的特定情景中，参与者普遍陷入了类似“道德假日”（Moral holidays）的狂欢中，仿佛身处一个完全自由的空间，一般的社会控制暂时中止，公共权威也失去了影响力，而个人感觉则被集体所保护着，并被鼓励去做平常被禁止的那些事：首先是破坏财物，这种破坏行为将所有看得到的公共财物都当成目标；其次是抢夺财物，在暴力发生地区内，所有的商店都可能变成抢劫的目标，这是一个能够使更多人参与暴动的手段；接着是开始到处纵火，纵火是一种聚集群众注意力的手段。在上述过程中，如果参与者有明确的“敌人”，也会同时发生针对敌对群体成员身体的暴力侵害行为。②

三　身份认同是怎样动员个体参与集体暴力的

上述讨论还略显疏阔，需要进一步阐明作为参与者的个体被动员起来的机制和过程。在集体暴力中，参与者通常为一种迥异于日常规范的新集体规范所驱动，那么这种新规范是如何形成并发挥作用的呢？一般认为，身份认同源于群体利益的被剥夺感，那么利益是如何介入集体暴力的？集体暴力的画面往往充斥着群情激奋的面孔，那么情绪的爆发通常又是遵循着什么样的机制？这就需要探讨规范、利益、情绪等因素在集体暴力中分别扮演了何种角色以及是怎样相互配合的。

1. 规范

几乎所有对集体暴力事件的观察和研究都承认“规范”在群体认同

---

① Randall Collins, *Violence, A Micro - Sociological Theory*, Princeton University Press, 2008, pp. 129—131.

② Ibid., pp. 243—253.

的形成和维持过程中所发挥的重要作用，其中社会认同理论更为细致地展示了“规范”所具有的功能。首先，规范有助于描述和规定哪些属性构成了该群体的特征，或者哪些属性能将此群体与彼群体区分开来。[①] 其次，规范在那些源于社会认同的集体暴力行动中也发挥了不可缺少的动员和控制作用。

规范发挥作用的具体过程主要包括以下三个步骤。第一步，从属于某个社会类别的个体的大规模集合。这时，人们已经或正在将自身归类和定义为某一社会类别的成员，或是赋予自身一种社会认同或身份。第二步，他们形成或学习该类别刻板化的规范。在这个阶段，任何新的观点、情绪或行为一旦成为聚众的标准特征，将会以最快的速度被同化。第三步，一旦人们将这些规范赋予自身，其行为就成为与群体规范更加一致的行为。此时，大家关注的是本群体的其他成员正在做什么，个体则变得不那么重要，这是典型的去个体化情景，而且新规范对个人施加了强有力的控制。这种由集体认同产生的规范也被称为“忠诚过滤器”，可以强烈地影响个人的行为及人们之间的互动。[②]

新的规范一部分来自于这些群体存在的文化背景以及他们的意识形态等，另一部分则是在当下情境下建构的。而且规范对个体行为的控制主要来自于个体内部，即“当一个人认同其所在的聚众时，他就会遵从聚众的规范，因为这些规范已经被他当作自己的规范。”[③] 一个需要进一步讨论的问题是，这些规范——尤其是那些有助于激发群体忠诚感的规范——之所以行之有效，除了部分是来自监控或他人的外在压力，还有一个不可缺少的原因就是：“它们（这些规范）服务于相关当事人的利益，纵使它们常常以复杂的方式发挥作用，哪怕参与者对其也不甚了了。”[④]

2. 利益

仅仅将社会认同的动员作用局限于提供了新规范是不够的，应当进一

---

① ［澳］迈克尔·A. 豪格，［英］多米尼克·阿布拉姆斯：《社会认同过程》，高明华译，中国人民大学出版社 2011 年版，第 216 页。

② 同上书，第 20 页。

③ 同上书，第 190 页。

④ ［美］哈丁：《群体冲突的逻辑》，刘春荣，汤艳文译，上海人民出版社 2013 年版，第 82 页。

步认识到，现代社会生活中的大多数规范有赖于利益的刺激。这些规范可以被自我利益所强化，并用来克服集体行动的困境。两个群体之间发生冲突的根源也主要在于资源分配的争夺，在资源有限且固定的条件下，当其中一个群体为本群体成员尽可能地争取资源，而另一个群体也被激发起来，试图保护自己的利益时，就形成了两个群体针锋相对的冲突状态。而且，成员资格的差别也可以在不同群体之间形成动员，而基于种族、族性、语言或宗教等形成的差别是更为显著的差别，更容易引发动员。总之，两个群体只要存在利益冲突，就有可能形成互相敌对的关系。①

在这种相互敌对的关系中，每个群体中的成员都基于共同利益进行协作，从而演化成严重的利益冲突，由于某个群体可能战胜另一个群体，这就使得利益冲突变得更为残酷。如果出现了经济衰退或其他困境，个体的前景将会更加紧密地依赖其所在群体的前景，由此会提升群体冲突的重要性。② 正是在这个意义上，利益由于被动员并用于支撑特定的规范而获得了其在群体认同中的重要性。

社会冲突理论的一个共享内核也是一种基于利益的理性选择视角，例如，认为所有的社会冲突都源于这样一个事实，即冲突的一方想获得某些事物，而另一方拒绝或抵制这样做。冲突意味着感知到的利益分歧（即当事人各方当前的期望）存在矛盾，在这个意义上，利益甚至被认为对于人们的思想和行为至关重要，是人们的态度、目标和意愿的核心部分。③

3. 情绪

社会认同理论认为，个体所获得的身份本身就赋予了其某种情感和价值意义，而且“同胞剥夺”所激发的仇恨和愤怒情绪通常贯穿了集体暴力的全过程，起着重要的动员和催化作用。在面对暴力时，个体行动者往往被一种情绪性的节奏所支配。④ 20 世纪 60 年代初期，有关西方社会运

---

① ［美］哈丁：《群体冲突的逻辑》，刘春荣，汤艳文译，上海人民出版社 2013 年版，第 177 页。

② 同上书，第 222 页。

③ ［美］狄恩·普鲁特，金盛熙：《社会冲突——升级、僵局及解决》（第 3 版），王凡姝译，人民邮电出版社 2013 年版，第 8 页。

④ Randall Collins, *Violence: A Micro - Sociological Theory*, Princeton University Press, 2008, pp. 129—131.

动研究的古典理论在强调非理性和情绪在集体行动中的作用方面有着丰富的理论资源。例如，布鲁默（Herbert Blumer）认为集体行为的产生过程包括了集体磨合、集体兴奋和社会感染三个步骤，而斯梅尔塞（Neil Joseph Smelser）则提出了社会结构性怨恨的动员作用。① 社会冲突理论也分享了一些共同的假定，例如，齐美尔（Georg Simmel）认为，冲突的派别如果投入了大量情感，会导致冲突的暴力水平上升；科塞（Lewis Coser）发展了这个命题，提出当群体在非现实问题上卷入冲突时，情感唤起及卷入的程度越高，冲突就越具有暴力性。②

目前对国内集体暴力的研究也比较重视情绪因素对群体性事件中的暴力行为的重要影响。例如，有研究认为，在改革开放的过程中，不同阶层受益或受损的情形不一，而强势阶层为了维护和增加其既得利益，直接或间接地借助公共权力干预利益分配，由此使分配正义缺失，怨恨情绪四处滋生，群体性事件此起彼伏。③ 也就是说，道德震撼和社会挫败感均会影响到群体性事件中的暴力程度，在特定条件下，暴力是“瞬间愤怒”的结果。④ 一些更为细致的研究则强调，从众行为、心理暗示、情绪传染、行为模仿和去个性化等因素都有可能导致个体行为在群体性事件中的暴力化。⑤

虽然自 1960 年后期开始，西方社会运动研究的主流理论在很长一段时间内一直轻视情感在集体行动中的作用，但是近些年来，研究者开始发现，对于任何具体的行动，可能很难弄清支配这一行动的到底是理性选择还是情感宣泄，因为它们往往是同时并存且难以分离的。赵鼎新给出了一个很好的回应，认为这个问题的考察应该结合社会结构的因素综合考虑，并提出了一个重要的假设，即情感性行为是否会主导某个社会运动的发展，取决于该运动的组织力量。由此，当一个社会运动的组织力量很薄弱

---

① 赵鼎新：《政治与社会运动讲义》，社会科学文献出版社 2006 年版，第 215 页。

② ［美］乔纳森·特纳：《社会学理论的结构》（第 7 版），邱泽奇，张茂元译，华夏出版社 2006 年版。

③ Kevin J. O' Brien (eds.), *Popular Protest in China*, Harvard: Harvard University Press, 2008, p. 21.

④ 肖唐镖主编：《群体性事件研究》，学林出版社 2011 年版，第 269 页。

⑤ 刘彦成：《浅析暴力事件群体对个体心理和行为的影响》，《北京人民检察学院学报》，2003 年第 6 期。

时，情感性行为往往会主宰该运动的发展；当情况相反时，则社会运动的发展主要由运动组织的策略来主导。赵鼎新的考察对象主要是西方社会运动，但是这些命题同样可以适用于考察集体暴力的关键特征。例如，对于临时聚集的群体而言，通常是由情绪主导着集体暴力的过程；而对于那些高度组织化的群体而言，“它多半只是集体行动的一个促动因素而已”①，可能主要是组织的策略在起主导作用，其中包括对群体情绪的煽动和利用。

四 小结

综上所述，至此可以对身份认同如何卷入集体暴力事件过程中的全貌作一个简要概括。在当今社会中，几乎所有的集体暴力都发生在资源或其他利益分配严重不公正的结构性怨恨的背景下，人们对产生这种不公正状况的解读框架促进了他们之间对立的群体身份认同的塑造。这时，无论是高度组织化的策略性集体暴力，还是街头临时聚集的突发性集体暴力，都是被一个或一系列蓄意或偶发的事件所引爆的，这是边界激活机制在发挥作用。紧接着，分散的个体开始互相协作，并立刻演化成更大规模的集体暴力。在发生集体暴力的情况下，参与者普遍陷入了一种“道德假日”的状况中，不断从事着破坏财物、抢夺财物、放火、甚至针对对方身体的暴力侵害。这时，公共权威、日常规范和心理常态均失去了踪影，集体暴力成为了互动仪式。而那些参与者个体则被一种突生的、报复性的和破坏性的集体规范所控制，将自己的利益紧密地捆绑在群体利益上，然后同仇敌忾地进行战斗。也因此，这些集体暴力既是理性的表达，又是情绪的宣泄。

上述关于身份认同与集体暴力之间关系的研究提醒我们，维护和构建和谐社会与和谐世界，首先，需要抑制那些激发对立的群体身份认同的条件，其中最有效的办法莫过于在资源和权利的分配上尽量平等。已有研究指出：“在不平等和暴力之间上上下下相互关联的证据表明，如果不平等状况降低，暴力水平也随之降低。”② 其次，我们应学会包容异己，互相

---

① 邱国良：《社区边界、信任与集体行动》，《江西师范大学学报》（哲学社会科学版），2015年第2期。

② ［英］理查德·威尔金森，凯特·皮克特：《不平等的痛苦：收入差距如何导致社会问题》，安鹏译，新华出版社2010年版，第138页。

交流，彼此接受，避免用栅栏把自己与他人隔开。最后，也只有在这个基础上，我们才能学会谈判和妥协，学会控制情绪，建立起有效解决群体冲突的博弈和制度规则。

第二节　流动人口群体性暴力事件的形成机制

第一节详细展示了身份认同型的集体暴力事件中，身份认同卷入了集体暴力事件的全部阶段，涵盖了群体间对立的身份认同如何形成、身份认同如何引爆集体暴力，以及身份认同如何成功地动员个体参与等过程。第二节就是在这个理论与分析框架的基础上，通过一项案例研究比较，提出一个立足中国经验的、更有解释力的群体性暴力事件形成机制分析框架。首先，该分析框架是以边界激活机制为核心机制进行展开的。其次，没有一个机制可以单独起作用，因此需要考察配合边界激活机制在群体性暴力事件中发挥作用的环境机制、认知机制和其他一些关系机制。其中，环境机制意味着外部产生了影响社会条件的因素。认知机制贯穿于个人与集体理解的变化过程。关系机制改变了个人、团体和人际网络之间的联系。边界激活机制是关系机制的一种类型，并且在群体性暴力事件这种类型的互动过程中发挥了关键性作用。

本节在研究策略上，采用了一种案例“复制”或“扩展”的比较方法，即三个相似的案例中，去观察是否都支持同一理论或因果关系。如果做到了，可以说明这项研究结论在很大程度上具有可重复性、可推广性。

需要比较的三个案例都是发生在2011年东部沿海省份，就较大规模的轨迹特征等很相似的流动人口群体性暴力事件，分别是“古巷事件”、“新塘事件”和“织里事件”。这些案例材料主要来源于正式的新闻报告、现场调查和相关人员访谈等。在研究步骤上，首先是描述三个事件的发展轨迹以及突出特征。[①]然后运用上述的分析框架比较分析三个事件，试图展示其中的一些关键机制及其组合。

---

① 为了确保案例描述的客观性，第一，尽量运用社会调查中的“三角证据”方法。第二，主要采用各种文本或访谈中对具体事件的客观描述部分，包括时间、地点、规模、行为等内容。

一　案例描述

1. 古巷事件

古巷镇位于广东省潮安县中部，“中国卫生陶瓷第一镇”。全镇面积62平方公里，当时人口约7万，从事卫生陶瓷行业的人超过4万，其中75%为四川籍①。当地人保持着自己的一些风俗习惯和传统礼仪，大多用当地方言交流。外来人很难融入到当地的生活，主要在同乡们的社会网络中活动。古巷镇长期存在员工保证金制度，即按照当地惯例，企业老板一般会扣务工者20天到1个月的工资作为保证金，由此引发的讨薪事件屡屡发生。

导火索“讨薪事件”。6月1日9时许，四川人熊某到古巷镇某陶瓷厂讨薪，与老板发生争执与殴斗，熊某被打伤。派出所民警及时赶到现场，将伤者送往医院，并迅速对案件展开调查取证。下午，熊某经法医鉴定为轻伤，这引起了熊某亲属和一些四川老乡的不满②。当晚数百名四川老乡涌向古巷镇派出所及镇政府门前，要求严惩凶手。同时，熊某因讨薪受伤的事情流传得很快，并且伤情在传播中被说得越来越重。

事件的发展。6月2日警方正式立案，并开始抓捕犯罪嫌疑人。当晚，伤者家属先后到古巷派出所、潮州市政府、古巷镇政府请愿。古巷镇党政领导高度重视，及时与伤者家属沟通，不但看望了伤员，还垫付医药费③。

6月3日20点左右，大约100多人围聚到古巷镇政府讨要说法。22点左右，人群开始向潮州市政府聚集。23点，市政府大门的卷闸门被推倒。深夜，8个主要活跃分子被治安拘留。6月4日至5日，当地政府及派出所门口聚集人群，他们要求释放被抓的8个人，未果。

谣言。6月5日，各种谣言已经在古巷这个小镇漫天流传。比如，当

① 《广东潮州市潮安区古巷》，潮汕新闻：http：//chaoshannews. com/a/jilin/2014/0214/10803. html，2014年2月14日。

② 张珺：《广东潮州群体事件背后：涉黑同乡会已垄断行业》，搜狐新闻：http：//news. sohu. com/20110615/n310184910. shtml，2011年6月15日。

③ 姜鹏：《广东潮州打砸烧追问》，新浪网：http：//news. sina. com. cn/o/2011—06—14/042122635624. shtml，2011年6月14日。

地气库以及加油站会被人炸掉等。6 月 6 日下午，一条“家属花 3000 元赎回行凶者”的消息火上浇油，致使数千名四川籍外来务工人员聚集在古巷镇镇政府门前，将马路堵得水泄不通[①]。20 点半，镇政府召集本地企业主和村干部开会。同时，仍有数千人聚集镇政府门口抗议示威，并向楼内投掷石块。潮州市政府临时调来了约 200 名警察维持秩序；各村治安队 100 多人守住镇政府大院。

冲突对象转化与升级。6 月 6 日 21 点左右，当地人驾驶的一辆轿车不小心撞倒了一名四川人。这起小事故被解读成本地人对外地人的挑衅。于是四川人的矛头由一开始只指向镇政府，现在也指向了本地人。一部分四川人开始将泄愤的目标转向附近的商铺，商铺的玻璃被砸碎，沿街的车辆被砸毁，一些途经的当地人也被打伤。政府调集包括武警等 1000 名警力过来维持秩序。当晚，古巷镇本地居民开始自发组织起来保护本地人。6 月 6 日深夜，潮州市警方称，当晚依法将 9 名参与打砸烧人员带离。6 月 7 日，一群由当地居民组成的队伍出现在古巷的各条街道，也有部分人展开了目标针对外地人的暴力行动。

事件的平息。6 月 7 日上午，潮安县公安局进行治安管制且取消当地自卫队，安排宣传车不断在街上广播，称不论是本地人还是外地人聚众滋事将一律严惩。市、县、镇政府派出工作组进村入厂做好群众工作，防止当地群众与外来民工发生对立冲突[②]。

6 月 7 日下午，武警、公安以及各村组织的联防队在密集地巡逻，所有店铺关门。潮州公安部门发布消息称，6 月 6 日晚事件中，共有 15 辆汽车受损；共有 18 名群众受伤，其中 15 名为外来民工，3 名为当地群众，没有人员死亡[③]。6 月 8 日，政府派工作组进村入厂，外地人与本地人互殴的现象逐渐消退。6 月 9 日，古巷镇各主要街道沿路大多店铺已经开门营业，企业也在慢慢恢复生产。6 月 10 日，古巷镇街头已经逐渐恢

---

① 姜鹏：《广东潮州打砸烧追问》，新浪网：http：//news. sina. com. cn/o/2011—06—14/042122635624. shtml，2011 年 6 月 14 日。

② 王婧：《广东潮州古巷镇因暴力事件进行治安管制》，财新网：http：//china. caixin. com/2011 - 06 - 08/100267114. html，2011 年 6 月 8 日。

③ 《广东潮州聚集事件续：共 1 辆汽车被烧毁 3 辆被毁坏》，中新网：http：//www. chinanews. com/fz/2011/06 - 08/3097279. shtml，2011 年 6 月 8 日。

复了平静。

2. 增城市新塘事件

新塘镇是广州市增城市南部工业、商业重镇，中国牛仔服装名镇。新塘事件发生地大敦村总面积约 8 平方公里，常住人口 7408 人，外来人口 6 万多人，是牛仔服装生产专业村[①]。但是，在资源占有、社会地位与权力等各方面都处于劣势的外地人对本地人有不满情绪。外地人与本地人除了雇用关系，并没有多少来往。同时，几名本村人说起外来打工者，觉得自己的家乡好像被外人占领[②]。

2010 年 6 月，新塘镇成立群防群治大队。大敦村 8 万余名外来务工者由 40 余名治保员管理着。但是治保员在执法时，动不动就挥舞棍棒，打人或罚款。但在外地人眼中，“治保队员就是一群挥舞棍棒的土匪”[③]。这里被外地人贴上“违规、粗暴、敛财”等标签的治安队可以随时引燃外地人愤怒之火。

导火索“孕妇被打事件”。6 月 10 日 21 点，唐某和怀孕的妻子在街边摆摊卖牛仔裤。治安队来了，没收摊子，并殴打夫妇二人，孕妇倒在了地上。接到报警，当地政府有关负责人和民警及时赶到了现场进行调解。当民警将孕妇送医院治疗时，一些围观者阻挠孕妇上车，并开始扔砖块，围攻治安队队员。

谣言。在外围，大家在疯传“孕妇被治保员打死了”。当晚，不断有人加入了打砸人群。这起冲突导致 3 辆警车、1 辆救护车以及多辆私家车被砸烂[④]。这时，近千名愤怒的外地人开始“冲击”大敦村治保队一幢 3 层独立办公楼，并开始打砸。

事件的发展。6 月 11 日凌晨 1 点，事件初步得到平息。3 点，又有部分人向清理现场的民警投掷石块、砖块、玻璃瓶等硬物；警方将现场带头闹事的 25 名滋事人员带回调查。6 月 11 日上午，几百名群众聚集在大敦

---

① 《大敦村》，http：//www. xintang. gov. cn/Item/2840. aspx，2010 年 5 月 28 日。

② 《媒体称增城治保队长期粗暴执法敛财引发矛盾》，新闻中心：http：//news. sina. com. cn/c/2011 - 06 - 20/085822671393. shtml，2011 年 6 月 20 日。

③ 同上。

④ 魏一平：《广东增城群体事件调查：治保队员打摆摊孕妇引起》，新闻中心：http：//news. sina. com. cn/c/sd/2011 - 07 - 22/142322858990. shtml，2011 年 7 月 22 日。

派出所“要求惩办打死（伤）人的治保员”。由于“攻不进”派出所，部分人又跑到了大敦村治保队办公室，“再砸一遍，还放了火”。一些聚众人员跑到了200米远的大敦村委会，“砸坏了大门，烧了停在大院内的轿车”。官方将通往大敦村的路口封锁，却导致人群开始向大敦村周围移动[①]。

行动者转化与事件升级。6月11日21点，继续有人聚集，上千人呈月牙型聚集在新塘镇久裕村久裕综合市场内的久裕大道。据目击者称，一些20多岁的年轻人沿着街道进行破坏，停靠的车辆玻璃被砸碎，甚至车辆被掀了个底朝天[②]。

6月12日9点30分，一行上千人开始沿107国道向5公里外的新塘镇进发。广州警方封闭了107国道由潮汕通往广州的道路[③]。6月12日下午及晚间，聚众地点转移到了大敦村5公里以外的加油站与107国道附近。数万人聚集在主要高速公路交汇处，围观群众上十万计，整条国道水泄不通。

事件的平息。6月13日，新塘镇所有商场均提早关门、停放的车辆也被清走，107国道新塘段封锁，另城区内所有商铺、食肆、超市亦被劝暂时停业，武警与特警开始成队在增城街头巡逻[④]。6月13日夜间，广州增城市新塘镇部分村民上街巡逻。6月15日，增城市公安机关已对多名严重刑事犯罪人员予以刑事拘留，经增城市人民检察院批准，对15名犯罪嫌疑人依法执行逮捕[⑤]。

3. 织里事件

织里镇位于湖州市吴兴区东部，是中国童装名镇。全镇面积135.8

---

① 《媒体称增城治保队长期粗暴执法敛财引发矛盾》，新闻中心：http：//news. sina. com. cn/c/2011 -06 -20/085822671393. shtml，2011年6月20日。

② 魏黎明：《新塘事件源于行政作为不均衡》，经济观察网：http：//www. eeo. com. cn/2011/0619/204211. shtml，2011年6月19日。

③ 姜鹏：《广州警方封国道，防止潮州四川务工者聚集增城》，和讯网：http：//news. hexun. com/2011 -06 -15/130544908. html，2011年6月15日。

④ 葛熔金，于松：《增城连续3天发生聚集打砸，滋事者多系无业青年》，凤凰网：http：//news. ifeng. com/mainland/detail_ 2011_ 06/14/6996350_ 0. shtml? _ from_ ralated，2011年6月14日。

⑤ 《广东增城聚众事件19人涉嫌刑事犯罪被捕》，网易新闻中心：http：//news. 163. com/11/0617/07/76O12D8E00014J34. html，2011年6月17日。

平方公里，本地常住人口10万人，外来常住人口超20万人，其中安徽人占了80%左右。大量由外地人构成的夫妻作坊式的代工点（也称为“夫妻队”），位于周边农村，而那些房东的当地人大多都住在了城里。外地人与本地人基本上是生活在两个不同的、相互间缺乏沟通的社会网络中。政府和外来人口打交道的最主要方式是征税。因在大量聘用社会人员当收税员，也因此出现了一些不规范、粗暴的征税行为，外地人深为不满。2011年年初，织里镇政府调整了农村童装加工户的税收政策，即每台缝纫机为国税、地税应缴纳626元/年（约为镇区标准的50%），而2010年为343元/年。这也引起了当地童装从业者的强烈不满。

导火索“征税冲突事件”。10月26日9点30分代征人员许某征税时与来自安徽省潜山县的小业主徐某夫妇发生冲突，公安人员随后将徐某带走。13点左右，徐某的老乡百余人聚集镇政府上访，要求解决上午纠纷问题，引发群众围观，人数达600余人。后经镇政府与上访群众进行对话劝导，进行了较好沟通，群众陆续离开。26日17点30分，徐某老乡等近百人试图围堵318国道，被公安机关及时制止，随后又有500余人聚集于织里镇最繁华的富民路一带，围观群众最多时达数千人。

冲突对象转化与升级。26日20点40分左右，一辆当地车途经富民路遇交通堵塞。车主因担心被砸，急速驶离时沿途撞倒撞伤几个安徽人。这起偶然车祸，激活了外来安徽人对本地人的愤恨，导致安徽人把本来愤怒和抗议的对象从政府身上转到织里镇本地人身上。当晚至少上百辆停在路边的当地牌照汽车被打砸，一家中国移动店铺和一家织里本地人的童衣厂先后被砸。

谣言。这时候征税人员打死人以及本地人故意撞死外地人等谣言四处传播。26日23点左右，多名围观群众尾随100多名闹事人员拥往镇政府，采取投掷石块、打砸路灯、广告牌、汽车等行为，导致数名公安、城管人员不同程度受伤。

事件的发展。26日23点30分左右，镇政府现场闹事人员逐步疏散。部分闹事人员离开镇政府后，分散前往景富路等路段滋事。公安机关果断处置，强行带离寻衅滋事人员。当晚，区委区政府成立事件处置工作领导小组，下设维稳、伤员救治等8个专项工作组，迅即分头开展工作。

27日凌晨，街上的人比26日晚多，许多轿车遭推翻，警车被掀翻放火燃毁，有营业的加工厂遭到破坏。浙江省紧急从各地区调集数千名特警前来制止。当晚18时湖州市成立织里事件处置工作联合指挥部，积极开展相关工作。

27日中午，又有500余人在织里镇政府广场集会。27日13时许，在富民路与新光路交叉口执行巡查任务的一辆警车被聚集的群众点燃，执勤人员在撤离过程中，1名民警、3名协警受轻微伤。27日下午4点左右，一辆行驶中的警用大巴被围观人群堵住，随后有人纵火把它点着，产生滚滚浓烟。

27日傍晚，从浙江各地赶赴织里的大队特警、武警防暴陆续进驻。27日21点30分左右，在富民路环岛广场和镇区主要街道仍有大量人员聚集，围观群众达2000余人，高峰时期在镇中心区域主要街道聚集围观群众超过5000人。28日凌晨，防暴部队的宣传车开始进行昼夜不停地广播通告，敦促参与打砸抢违法犯罪分子在规定时间内投案自首。28日上午，吴兴区、织里镇抽调600余名工作人员深入到每家企业签订“安全稳定责任书”和“维护稳定责任承诺书”。

冲突主角的转化。28日晚，冲突主角由在此地务工的安庆籍人变身为部分本地人。本地人开始组织“护厂队”，对安徽人展开报复性攻击。当晚，有数辆安徽人的车被砸，一家安徽人童衣厂遭到砸抢。公安、武警快速出击，严厉打击违法犯罪行为，有效控制了局势。

事件的平息。29日，事态基本得到控制，织里镇社会秩序趋于平稳，童装加工经营企业基本恢复生活，店面恢复营业，群众生活基本恢复正常。有140余家规模以上童装企业已全部恢复正常生产，70%—80%的童装经营户已陆续开工开业。10月30日，湖州官方公布消息称，浙江织里群体性事件已经平息，生产生活秩序逐步趋好。

二 案例比较分析

分析一个群体性暴力事件的形成机制至少需要阐明五个要素，即边界形成、边界激活、动员与组织、政府回应与控制等机制以及这些机制所型构的事件轨迹特征。这里对以上三起事件所作的案例比较分析也是沿着这

五个维度进行展开。

第一，边界的形成。本文所讨论的群体性暴力事件都嵌入一个个具体的场域中。这些场域都是东部沿海发达地区的以某项产业为主的全国知名专业镇。专业产业的快速发展吸引了大量外来务工人员，而他们的到来主要是通过亲属和老乡关系等途径实现。这促使一镇多以一省外来务工者为主。外来的流动人口与本地人之间在长期日常生活交往中，并没有很好地相互融入和接纳。在古巷镇，一个外来务工者称对当地的印象是"经济发达，但有些排外"[①]。新塘镇"在大敦村，（比例高达11.4∶1的）外来打工者和本地人是两个几乎被完全割裂的群体，互相之间几乎没有往来，且双方都有不公平的感觉"。在织里镇，外地人与本地人基本上是生活在两个不同的、相互间缺乏沟通的社会网络中。

在这种本地人与外地人差异和隔阂的边界中，还嵌入了一种外地人与当地政府之间的怨恨边界。上述三个场域中这种边界也各具特征。在古巷镇，长期存在的员工保证金制度不断引发劳资纠纷和讨薪事件。在这些外来务工者看来，政府及相关机构在解决纠纷时往往偏向当地人。在新塘镇，引发外地人怨恨地方政府的因素是被外地人贴上"违规、粗暴、敛财"等标签的治安队。在织里镇，由于聘请了大量社会人员从事征税工作，以及常常发生的不规范、粗暴的征税行为，制造了这些外来人口和政府之间的紧张状态。

命题1：在具体场域内，不同群体之间因为对各类资源占有等方面的差异导致相互间的区隔和怨恨，而且伴随着长期以来各种互动过程中的遭遇和故事而得到强化，最终形成互相不信任甚至怨恨的边界和身份意识。这种边界和身份意识在通常情况下并不会影响他们正常的工作与生活，毕竟他们属于同一个社区中的社会有机体，有互相依赖的关系。

第二，边界激活机制。对于有怨恨情绪的不同边界的群体而言，平时大家相安无事，一旦某个偶然事件激活了人们的边界意识、加剧双方的仇恨，很容易导致暴力行动。在这个过程中，行动者以特定身份的名义采取行动。身份定义了他们与其他行动者的关系。

---

① 姜鹏：《广东潮州群体事件背后：涉黑同乡会已垄断行业》，搜狐新闻：http://news.sohu.com/20110615/n310184910.shtml，2011年6月15日。

一起事件往往是呈现不断激化的趋势，每个起激化作用的刺激物，都可以视作导火索。古巷事件中有两个重要的导火索，分别是6月1日的“讨薪事件”和6月6日发生的本地车撞伤外地人的交通事故。新塘事件中的导火索是6月10日“孕妇被打事件”。织里事件也先后有两个重要的导火索，一是10月26日“征税冲突事件”和10月26日晚上本地车撞伤外地人的交通事故，使官民冲突扩大到外地人与本地人之间的群体冲突。

“谣言”似乎与群体性暴力事件如影随形，起着重要的激化情绪和动员作用。古巷事件中，一度各种谣言漫天流传，例如气库以及加油站要被人炸掉、（行凶者）家属花3000元赎回行凶者等。新塘事件一开始，“孕妇被治保员打死了”的谣言不断地鼓动着外地人加入了打砸的集体行动中。织里事件中，网络上一个传播很广的帖子称“浙江佬打死一个拒交费的安庆女民工……后来又派黑社会人员开车撞死伤二十多个安庆人”①。

命题2：“导火索”是那些大大小小的起到激活边界作用的偶然事件。事件参与者、旁观者以及利益相关者在解读导火索事件的各种刺激信息时，群体内部的集体认同容易被激活，从而促使一开始是自发和临时聚集的“乌合之众”转变成一个具有共同归属感、行动目标和规范的共同体。随着不安定感的增强，谣言开始传播，使人与人之间相互感染并产生某种共同的愤怒情绪。

第三，行动者的动员与组织。通常，行动者们是由展示出部分的与其他行动者共享的历史、文化以及集体性联系的网络所组成的。行动者的这种社会性特征，深深地影响着一次集体行动的动员与组织过程。

古巷事件中，最先起来请愿的是受伤者熊某的亲属十多个人，随着一系列互动过程，越来越多愤怒的四川同乡参加进来，最多时被媒体描述成上万人参加了抗议活动。新塘事件中，作为导火索的“孕妇挨打事件”发生在公共场合，更容易激发围观者的愤怒情绪，导致很短时间内大量外地人的卷入和打砸事件的发生。织里事件中，一开始仅仅是当事人徐某的

---

① 《安庆吧》，百度贴吧：http：//tieba. baidu. com/p/1268573770，2011年11月3日。

百余名老乡。后来，更多的安徽籍务工人员被动员起来。

这三起事件在组织维度上具有相同的特征，即事后一份官方文件所称的那样“事件中聚集人员大多为围观群众，没有出现有组织的对抗冲突；未发现有明确的幕后策划和组织者，打砸对象没有明确的指向和目标”①。一般而言，在集体行动中，越是缺乏有效的社会组织，事态的发展就越容易受到情感的支配，也越容易促使集体暴力的发生。

命题3：在事件的起始阶段，一般会有个非正式群体的社会网络可以作为动员的基础，例如同一个地方来的老乡、在同一个场所工作的老乡或者亲友等。但是随着事件的激化，更大范围的建立在地域或命运感认同基础的动员也开始了。这种动员模式通常缺乏有效的组织活动，从而更容易发生集体暴力。

第四，政府的回应和控制。在这三起事件中，政府的回应与控制方面具有共同的特征。首先是初期处理纠纷迟缓，导致小纠纷演变成大事件。古巷事件中，6月1日发生讨薪伤人事件，当地政府处理这起纠纷并不很果断。增城事件中，6月10日发生了孕妇被打事件后，因为聚集的群众太多，官员和民警没有能力去控制局面。织里事件中，10月26日下午，镇政府与征税事件的上访群众沟通不成功，导致这些上访者聚集更多的老乡去发动抗议活动。

其次是普遍警力不足，一时难以控制群体性的打砸局面，而导致事件不断激化。古巷镇7万人，新塘镇70多万人，织里镇30万人，都是镇级政府，按照规定，当时只能配备一个警力有限、规模较小的派出所。往往是事件扩大后，紧急从各地区调集数千名特警前来制止。这个时间差是各起事件导致暴力扩散的重要原因。

命题4：一般而言，如果政府在事件发生初期不能很好地解决参与者的利益诉求，并且在开始出现零星、分散的暴力行为时，政府不能通过警力等手段有效进行控制时，会加剧集体暴力行为的扩散。政府的回应失效是导致暴力扩散的重要原因。对此，有学者提出同样的命题，即“一般情况下，政府的犹豫拖延、内部意见分歧、警力不足或运用不当、政府领

① 某区政府关于群体性事件的总结报告，2011年。

导的不当言辞、谈判破裂等都可能成为导致暴力产生与扩散的重要原因”。①

第五，事件轨迹的特征。这三起事件从发生、激化到平息所经历的时间基本上都在一周以内。这三起事件的运行轨迹与特征大体相同。首先，这三起事件都具有突发性、规模较大、暴力程度较高等特征。突发性表现在，这些案例中的“讨薪伤人事件”、“孕妇被打事件”、“征税冲突事件”本身并没有特别的轰动效应。规模较大是指这些事件中，动辄数百人、数千人参与集体抗议和打砸行动。暴力程度较高主要表现在参与者的打砸行动。尤其是新塘事件中，愤怒的外地人甚至袭击公安民警，最后导致 3 辆警车、1 辆救护车以及多辆私家车被砸烂。

其次，这三起事件都经历了冲突升级的阶段，其中，古巷事件与织里事件均经历了冲突对象转化的过程，即由官与民（外地人）冲突扩大到外地人与本地人之间的群体冲突。相比之下，新塘事件中，缺乏这种转化的过程，由于作为导火索的“孕妇挨打事件”一开始就发生在公共场合，更快速地进入了针对政府、警察和治安员的暴力抗议过程。

命题 5：群体性暴力事件通常具有突发性、规模较大、暴力程度较高等特征，以及经历冲突升级的阶段，其中包括冲突对象转化并扩大的过程，例如由官与民（外地人）冲突扩大到外地人与本地人之间的群体冲突。

三　小结

以上分别从五个维度对三个事件进行了比较分析，但是需要明确的，这些维度的区分仅仅是逻辑分析的需要。实际上，他们互为条件、处在复杂、持续互动的事件整体的动态过程中。如图 8—1 所示，边界形成这个结构性的环境机制直接作用于边界激活、行动者的动员与组织、政府回应与控制等机制与过程，而这三者之间又相互促进或制约。然后，他们一起形塑着事件的轨迹与特征。

图 8—1 试图重点揭示的是每个框框间的“箭头”走向以及所表达的内涵。而每个框框里面又需要填进一些重要内容，如表 8—1 所示。这些

① 许尧，刘亚丽：《群体性事件中的冲突升级及遏制机制研究》，《国家行政学院学报》2011 年第 1 期。

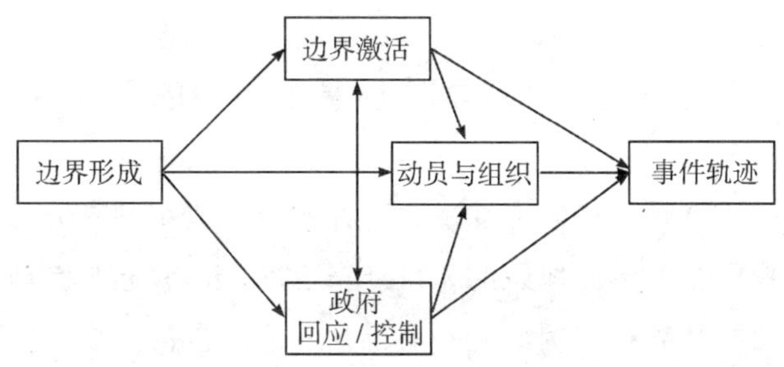

图 8—1　边界激活机制的分析框架

内容是本文三个案例共同显示的关于群体性暴力事件中的一些关键特征与因素。

表 8—1　群体性暴力事件中的关键特征与因素

边界形成	边界激活	政府回应/控制	动员与组织	事件轨迹
政府与外地人 外地人与本地人	导火索 谣言	初期处置迟缓 警力不足	社会网络 认同群体 非组织化	突发性 规模较大 暴力程度较高 冲突升级

图 8—1 与表 8—1 组合在一起就是本文试图提供的关于当前中国沿海或发达地区流动人口群体性暴力事件形成机制的解释性答案。外来的流动人口和当地社会（包括政府和居民）之间的隔阂构成的边界两侧是充满不信任和怨恨的多重对立身份。一些边界间具有语言暴力或身体暴力的偶然事件激活了他们的这种对立身份，使得平时相安无事的外地人和本地人突然间变成了仇敌，开始互相施暴。在具体场域中处于劣势的外地人通常是群体性暴力的发动者。初期动员的一般是亲属或同乡这类社会网络，但是随着事件的发展，每个节点上都动员着有共同身份认同的更为广泛的群体参与到集体行动中来。其中，也常常伴随着谣言的传播。这种针对不确定情景的解读方式，动员起更多的参与者。基层政府由于信息不完全或传统工作模式的不适应等原因，通常在初期处置时显得迟缓，而且普遍存在警力不足状况，构成了前述诸多机制发挥作用的政治机遇结构。这些因素一起共同促成了群体性暴力事件的一些共有的基本特征，即突发性、规模较大、暴力程度较高以及冲突不断升级等。

第三节 流动人口群体性暴力事件的源头治理

上一节关于流动人口群体性暴力事件的形成机制的充分讨论，也揭示了对当前集聚在东部沿海地区的大量外来流动人口服务与治理中存在的一些比较严重的共性问题。例如，基层政权的治理机构与模式落后，外来流动人口社会归属感较弱，松散的无组织管理，外来务工人员的法律素质滞后于地方法制化建设进程，群众的利益诉求缺乏有效的民主渠道等。综上所述，并结合地方的一些先进经验与实践，提出对流动人口群体性暴力事件的源头治理至少包括以下五个方面的对策性建议，即通过基层政权建设提高治理能力、推进不同群体间各项权益的均等化、推进协调利益冲突的民主化与法治化、加强流动人口与当地居民的融合和培育民众理性有序的利益表达习惯。

一 通过基层政权建设提高治理能力

在东部沿海省份的发达乡镇，普遍是人口与经济规模都比较大，而治理机构与模式上主要还停留在原有乡镇层级阶段，导致“小牛拉大车”的现象。这些乡镇政府的治理体系与治理能力远远跟不上形势的需要，这也是大量外来人口群体性事件爆发的重要背景性因素。鉴于此，首先要全面推进强镇扩权，实现乡镇权力与责任相匹配，提高基层政府治理能力。

1. 扩大发达乡镇经济社会管理权限，实现事权统一

对于这些发达乡镇的治理要按照现代城镇化管理发展的需要，加强与市级相关部门的对接，协调好条块之间的关系，通过延伸机构、人员到位、授权委托、事项交办等途径，扩大乡镇经济社会管理权限，实现事权统一。区、县级市直接面向居民群众的相关职能和事权，要下沉到街道。这需要参照《中华人民共和国宪法》和《中华人民共和国地方各级人大和地方人民政府组织法》对乡镇职权的有关规定，凡是上级部门有权管的事情，就应该承担起管理责任；凡是应该让乡镇负责的事情，就应该赋予相应的权力和利益。无论哪种制度安排，一定努力做到责、权、利大致平衡。这种制度重新安排必然涉及权力关系的调整和社会利益的分配，包括党政关系、县乡关系、乡村关系、部门关系等各个方面。而且，经济发

达区域的乡镇都承载着一定规模的产业经济，所以要围绕推动产业转型升级、服务生产生活需要、促进社会和谐稳定等重点，加强行政审批服务、就业保障服务、应急维稳等各项社会建设，确保乡镇政府职能明确、编制到位、制度健全、设施完备、服务高效，不断提升乡镇管理水平。

2. 加强依法行政建设，增强基层力量配置，提高乡镇治理的制度化水平

乡镇政府普遍存在的“权”、“责”和“利”的不匹配，在很大程度上导致在乡镇政府日常的管理和服务工作中存在着大量非制度化的运作模式，造成政府工作的随意性、不确定性，并由此降低了乡镇政府在广大民众中的威信。因此，加强依法行政和制度化建设也是一项重要和迫切的任务。同时，在社会治理方面就要加强与发达乡镇经济发展相适应的基层治理力量，才能确保乡镇的经济社会平稳发展。以浙江省湖州市织里镇为例，在经过上述的2011年群体性暴力事件之后，通过加强常设机构建设来提高治理水平。首先，升格原社区管理（五位一体）办公室为童装业服务发展管理委员会，设主任1名、副主任2—3名，具体工作人员8—10名；同时，加强社区管理组织建设，完善11个社区设置和功能，充实社区力量，每个社区配备5名社区工作人员。还建设了七大工作片区（6个镇片区和1个农村片区），在童装业服务发展管理委员会统一指导协调下开展工作，每个片区设组长1名，并配备具体工作人员4—7名。通过治理组织的建构和治理机制的优化，能够重塑公共权威，确保公共秩序的实现。

3. 重视转变政府职能、提供更规范有效的公共服务来构建和谐社会

改革开放三十多年持续高速的经济社会发展，也一直促使地方政府职能的转变，尤其是与广大群众切身利益密切相关的公共服务职能的重要性日益突出。很多群体性事件的发生都是与政府不能及时有效地解决群众所面临的各种困难或利益诉求有关。因此，必须坚持“以人为本”原则，把政府职能的重心调整到更多更有效的公共服务上来。以浙江省绍兴市枫桥镇为例，首先是加入公共服务的财政投入。在这个过程中，需要充分运用网络技术，大力推进电子政务。例如，将镇务网和村务网全线联网，将镇专业服务队队员、村（社区）服务团队及专业服务小组成员的联系方式全部在“镇务网”、“村务网”公开；部分网格区所有群众的住房、就

业、计生、优抚救助、党建、医疗、教育、土地承包等基础信息资料已录入管理系统，便于管理和提供个性化服务。最后，建立镇农村社区服务中心，开展“一站式”服务，整合信息平台，建立网上办事大厅，为群众、企业提供便民服务，对可以代理的公共服务实行“全程办事代理制”。逐步形成“小事不出村，大事不出镇”的社区服务模式。通过为民众提供更规范更有效的公共服务，大大减少社会不满情绪或冲突，有效地预防了群体性事件。

二 推进不同群体间各项权益的均等化

聚集了大量外来人口的发达乡镇通常是生产某类产品的专业镇，而且往往出现一镇多以一省外来务工者为主。例如在本章的案例中，古巷镇以卫生陶瓷业为主，新塘镇以牛仔衣服产业为主，这两个镇的外来人口大多来自四川，织里镇以童装产业为主，外来人口大多来自安徽。在人口比例上，又多是外地人口占到一半以上，多则达到四分之三。对外来人口的管理还是保留着传统“城镇内二元结构”的旧模式，即本地户籍人口与外来流动人口在公共服务和福利待遇上存在着巨大的差别化待遇。在过去本地人占大多数时，这种模式的弊端并不明显，但是当大量外来人口涌入时，一个新的“本地人与外来人口严重倒挂”的结构出现，即户籍市民在体制上是强势，在人力上却是弱势；农民工在体制上是弱势，在人力上却是强势。这时，“城镇内二元结构”时期的管理模式带来群体间的收入分配差距，由此造成外地人与本地人之间的群体鸿沟和对立情绪。在这种背景下，需要加快改革这种“城镇内二元结构”，加快推进基本公共服务均等化，制定实施相应政策意见和实施细则，落实新居民与当地居民在公民权、就业、教育、医疗、卫生、计生等方面享有同等权利，实现同等的国民待遇。

1. 加快推进外来人口户籍制度改革，切实解决身份认同

户籍制度是公民不能按自主意愿流动并寻求获得改善生产生活条件机会的关键，这也是阻碍外来人口社会公平进一步实现的根源。要让改革红利惠及广大的农民工群体，就必须逐步地打破城乡分割的二元户籍制度。党的十八大提出，加快改革户籍制度，有序推进农业转移人口市民化，努力实现城镇基本公共服务常住人口全覆盖。党的十八届三中全会深化改革的决定，把户籍制度改革列为一项重要的改革事项。但是户籍制度是

历史遗留的问题，不可能一蹴而就，必须积极稳妥、分类指导、规范有序推进。目前，要按照中央加快新型城镇化建设意见中的步骤抓好落实。就地方来说，要抓紧开展外来人口积分制的试点工作，争取尽早形成可复制的成功经验，加快推广。使城乡分割的二元户籍制度逐步过渡到无差别的户籍登记管理制度上来。以浙江省台州市为例，2014 年针对户籍管理出台了《台州市流动人口居住证制度改革实施意见》。温岭作为全省居住证制度改革的 6 个试点地区之一，从 10 月底开始，启动居住证制度改革，2015 年年初起推行居住证积分制管理，实施积分入户、积分入学、积分入住、积分就医、积分培训、积分创业等多项优惠待遇。

2. 实现外地人和本地人一样享有平等的政治权利

人民群众固然有日益增长的物质文化需求，但也有日益增长的政治生活的需求。正因为缺乏足够的政治生活、公共生活、社会生活的实践，大多数居民不知道怎么通过规范的、有序的渠道来反映他们在民生和利益等方面的诉求，因此就往往采取较激烈的方式。这需要搭建新居民参政议政平台，在推选党代表、人大代表、政协委员时，确保有一定比例的新居民。加大政府信息公开力度，在重要事项组织社会征询、专家论证、恳谈听证等活动时，安排一定数量的新居民代表参加，积极采纳他们提出的合理建议，提升新居民归属感。台州市玉环县在积极搭建外来人口参政议政平台方面做了大量的工作，例如连续举办“十佳新玉环人”和“十佳来玉创业共产党员”等评选活动，其中有 1 人当选省党代表、4 人当选县党代表、3 人当选县政协委员、8 人列席县人代会、3 人被县人大常委会任命为人民陪审员、3 人被推选为村党支部委员。

3. 废除“农民工生产体制”，实现经济权利的平等

最近一份调研报告显示，随着新生代、受过中高等教育的农民工登上历史舞台，成为我国当代工人阶级的主体部分，他们与现行的“农民工生产体制”必定发生深刻的矛盾和激烈的冲突，而且他们正以越来越积极的行动表达对这一体制的抗议。[①]实现外来农民工与本地人的经济地位

① “新生代农民工研究”课题组：《困境与行动——新生代农民工与“农民工生产体制”的碰撞》，《工会博览》2012 年第 26 期。

平等，需要建立与完善一系列的制度作为基础。这需要认真贯彻落实中央和省关于解决农民工问题的各项法律法规和政策规定，相继在劳动就业、社会保险、教育培训、生育医疗、文化等方面出台了一系列政策措施，加强新居民劳动权益保护，构建和谐的劳动关系。其中，关键的是建立集体议价机制，因为集体议价机制的缺失导致农民工的工资收入长期以来处于低水准状态，阻碍了工人通过程序正义实现自身利益。

4. 努力实现基本公共服务全覆盖，实现社会权利的平等

要着力解决好包括外来务工人员和流动人口在内的群众基本需求，实现基本公共服务全覆盖，要让那些积极参与当地发展、为经济发展和城市建设作出贡献的外来工能够共享发展成果，与当地群众和谐共处，更好地融入当地生活。例如，要积极稳妥地推进户籍管理制度改革，创新和落实外来人口的入户政策；要建立起流动人员社区化服务管理平台，在居住方面，可以建立和推行房屋租赁保险制度，让流动人员“居住有其屋”；扩大新居民公共卫生服务覆盖面，拓展公共卫生服务内涵，推进公共卫生服务均等化，探索异地实时结报等转移支付新办法；完善外来工子女教育机制和外来工职业培训制度，等等。

三　推进协调利益冲突的民主化与法治化

基层社会的民主、法治、公共服务的制度化程度越高，社会矛盾与冲突的解决越会沿着理性、合法、有序的轨道展开，越难以发生因博弈规则不确定性引发群体性事件。这需要诉诸各种制度化建设，并把各种社会问题解决在基层、解决在乡村或者社区，防止基层矛盾扩大或激化。具体要求是抓早、抓小、抓苗头、抓源头，“可以不进入诉讼程序的就不要进入，就地解决；可以不进城解决的，不要进城，就地解决”。实现这个目标依托于“事前全面预防、事后及时就地解决”两个方面的制度建设。

1. 事前全面预防的制度建设，尤其是基层民主政治制度建设

基层民主政治制度建设扩大基层民主。坚持和完善党务、政务、村务公开，保障人民享有更多的民主权利；加强居民自治建设，认真抓好宣传教育和制度落实，完善民主决策机制，引导居民广泛参与社区事务管理。作为利用公共权力对资源进行权威性分配的基层民主政治，是预防群体性事件的更深层的制度因素，因此，其完善程度直接影响了社会冲突或矛盾

的产生与发展状况。镇党委、政府需要致力于加快推进社会主义基层民主政治建设，完善民主选举、村务公开等制度，最大限度地规范与限制政府的权力行使，调动了群众参与村务管理的积极性，密切干群关系。其次，必须进一步加强基层组织建设，夯实社会和谐稳定根基。第一，加强管理机制建设。积极建立协调顺畅、办事高效的工作运行机制。在农民工比较多的地方，探索以地域为标志建立党支部、党小组。党代会代表、人大代表、政协委员要通过他们注意反映外来工的利益诉求。例如，2007 年 12 月 3 日，流动人口是户籍人口两倍多的黄施洋村正式成立共建共享促进会，成为台州市首家村级共建共享促进会，并在短短几个月内在促进社会融合、化解社会矛盾等方面产生了积极效果。因此，台州市积极在村级开展“共建共享促进会”建设。通过创新民间组织形式管理外来流动人口事务，吸收在当地居住 3 年以上、在本地居民和流动人口中都有良好口碑并经公安派出所政审通过的流动人口，和当地村“两委”成员、村民队组长组成促进会领导班子，共同管理当地有关事务，促进新老村民的融合融洽。

2. 拓宽社情民意表达和解决的渠道，加强社会冲突解决的制度化建设

目前的社会矛盾和冲突，绝大多数是因为弱势群体缺乏有效的利益表达而产生，这种利益诉求没有仲裁和诉讼的通道，只能自行组织集体力量解决。要拓宽社情民意表达和解决的渠道，在外来务工人员数量多的镇村，探索建立专门管理服务机构，引导外来务工人员在遇到困难和问题时，积极主动到管理服务机构寻求帮助解决，形成以理性合法方式表达诉求、妥善解决困难问题的良好风气。其次，建立领导干部和专家相结合的风险评估团，进一步落实重大工程项目建设、重大政策制定和重大活动举办的社会稳定风险评估机制。在重大决策出台前通过组织社会征询、恳谈听证、专家论证等，广泛听取和征求各类意见和建议。社会稳定风险评估机制作为决策为民的“刚性门槛”，要严把项目立项审查，做到应评尽评，以确保各类政策和项目落地的合法性、合理性、可行性、可控性，消弭于未然，不断推动决策科学化、民主化、法制化。台州市路桥区 2008 年建立了“流动人口圆桌议政”制度，即不论籍贯、民族、男女、贫富等差异，凡本会工作或本会会员间矛盾利益纷争，均采用平等无歧视的圆

桌式议事处事制度。实行集体领导分工负责制，坚持一人一票和少数服从多数的原则决定重大事项。重大决策、重大管理措施作出前，在充分征求本地居民意见的同时，要充分征求流动人口的意见，并同等对待之。调处会员间矛盾纠纷时，要给予双方充分的陈述空间，合情合理合法地解决，涉及本地居民与流动人口的纠纷调处，还须有流动人口班子成员参加。2009年路桥区共召开区级圆桌议政会议4次、镇（街道）级圆桌议政会议22次，收集建议意见191条，其中采纳落实94条，办理落实率近50%。由此，在很大程度上畅通了流动人口的利益诉求表达、与化解流动人口的社会矛盾冲突，从而对预防和化解群体性事件发挥积极作用。

四　加强流动人口与当地居民的融合

在当前中国一个社区内社会组织越发达，包括信任、网络和规范在内的社会资本总量就越高，人们集体行动就越趋于理性、合法和有序，越难以发生因群体间怨恨引发的群体性事件。这里，社会组织的发达不仅是指数量意义上，也包括参与协同治理的质量意义上。从治理绩效的角度看，社会组织的发达意味着丰富的民间权威和资源在社会治理中发挥着重要作用，也大大降低了行政成本。因此，需要采取各种措施去加强外来流动人口与当地居民的社区生活融合，有助于提升社区社会资本，使边界激活机制缺乏能够促使其发挥作用的土壤。具体而言，在邻居、社区和阶层间等各个层次的社会网络中，提高信息的开放和流动，尽量把一盘散沙的民众通过各种正式、合法的协会组织起来，增加民众之间、干群之间、不同阶层之间的信任和情感，从而使社会资本的存量得到大大的提高。同时，社会组织的行动相比一盘散沙的行动而言，更具有理性、合法有序的特征。

1. 将外来人口聚集起来，实现外来人口与当地人口在居住点的社区融合

对外来人口实施集中管理，并为外来人员在住房、就业、子女就学、文化活动等方面提供保障，使外来人员对居住地区产生归属感和幸福感，自觉参与到社会管理中来，既从源头上减少了不和谐因素，又解决大量外来人员涌入城市所造成的各种矛盾。以玉环县为例，以村（社区）为单位进行外来人员实地排查，按村民小组划分网格，将外来人员编排成新民小组，然后统一与本村民小组合二为一融合起来，由村委会统一组织各新

民小组推评出素质好、能力强、有文化、威望高的“老乡”担任新民组长，再从新民组长中推荐一名为“新居民办公室”主任兼任本村村长助理（由街道党工委发文任命），共同参与村务管理。及时帮助片区内的外来人员做好维权工作，一旦发生企业拖欠外来人员工资，或当地居民与外来人员、外来人员与外来人员之间发生矛盾纠纷，新民组长积极配合参加解决，避免群体性事件的发生。

2. 建立外来人口基层党组织和各种社会组织，实现外来人口与当地人口的组织融合

社会治理需要政府扶持社会自组织的发育和成长，以不断提高社会的自治能力，使国民共同承担维系良好社会秩序和稳定的责任。如果外来工没有一个规范的组织和制度体系，那么面临的就是一个个的个体。如果他们有规范的组织，政府也认可，有什么问题就可以通过组织途径来解决。首先，要发挥基层党组织的作用，在企业、在外来务工人员群体中发展党员、建立党支部。发挥流动党员的积极作用，培养一批外来优秀党员进两新党组织班子，使他们成为新老居民的纽带。另外培养吸收一批外来优秀员工加入党组织，以发挥他们的积极作用。其次，由基层党组织牵头，逐步去建立一个强大的基层组织网络，包括基层党组织、村委会、治保会、调解会、共青团、妇联、民兵以及众多的群众自发组织。以“枫桥经验”为例，2011 年一项调查显示，枫桥镇社会组织可以分六大类（各类群防群治的自治组织；经济类、工会组织；妇女、计生组织；维权、村务监督、水利、土管、环保、卫生、侨联组织；慈善救助、教育、老年类组织；文体类组织），而且每一类的数量和参与人数都比较大，例如调解委员会 55 个 387 人，企业工会 73 家，会员人数 12374 人，占职工总数 95.21%，文艺组织 10 多个门类，文艺骨干 2000 多名。[①]这些组织在矛盾调解、治安防范、文体活动、教育普及、医疗卫生、养老、救助、污染防治、维权、流动人口管理、水利管理、国土资源管理等方面发挥了积极作用。[②]在流动人口比较多的地方，例如绍兴市越城区成立了外来建设者协

---

① 周鑫泽：《农村社会组织发展与社会管理创新——基于浙江省枫桥镇的实证研究》，《中共浙江省委党校学报》2012 年第 1 期。

② 卢芳霞：《农村社区多元主体治理创新研究——以“枫桥经验”为例》，引自 2011 年浙江省社会学年会论文集。

会，又在各镇街、村（社区）推广成立“基层外来建设者协会”、“和谐促进会”等自治组织，鼓励、支持流动人口参与日常社会事务管理，发挥其在矛盾纠纷调解、治安联防等方面的积极作用。最后，拓宽诉求渠道，维护外来人口合法权益。在外来人口聚居点成立“老周工作室”、“和谐调解室”、“老乡调解室”、“姐妹维权室”等94个外来人口调解组织，组建8个法律援助点为其提供司法援助，实施“法律援助民工工程”，建立涉及外来人口权益的治安（刑事）案件、交通事故、工伤事故、劳动争议等维权“绿色通道”，完善欠薪逃逸应急快速处置机制。近年来，共处理欠薪逃逸案件54起，帮助追讨欠薪2190万元。

五　培育民众理性有序的利益表达习惯

从经验中可以发现，在民间社会，长期以来，人们处理冲突时，容易陷于“暴力最强者说了算”的思维惯性，尤其是弱者采取暴力手段对付强势群体的做法，往往被赋予一种天然的正当性或正义感。与此同时，政府也在很长时期内过多地诉诸暴力手段来处置社会矛盾与冲突，从而强化了民间社会把暴力作为博弈手段的风气。大量具有破坏或暴力特征的群体性事件也体现了这种文化脚本的作用，集中表现在“妖魔化”地方政府或地方干部，激起群众中的不满情绪，迅速动员起利益相关者以及大量无直接利益相关者。为了改变这种状况：

1. *政府在处理社会纠纷或矛盾时更应该需要“以人为本”、诉诸说理、情感和服务的方法。*“以人为本”的理念视人为价值的核心和社会的本位、人的生存与发展为最高的价值目标，在这个理念指导下的政府治理行为文明化，有助于培育民众理性、温和、有序的利益表达方式与习惯。在有大量流动人口涌入的乡镇，需要对外来人员实行情感式管理，保护他们的合法权益，尽力帮助他们解决实际困难，使他们充分分享经济发展和社会进步的成果。当然，这需要一个长时段的“和谐文化”的政治社会化过程，其目标在于让这种以人为本的“和谐文化”逐渐稳定成一种政府与民众互动时共同遵循的非正式规则。

2. *推动政府朝着崭新的“以人为本”的治理方式转型。*这是一种有礼貌的、有教养的治理方式，尊重公民人格、公民尊严的治理方式。在矛盾纠纷的化解过程中，党政机关主要在宏观上构建促进预防、调解的工作制度，协调各部门的有效衔接，但不对具体个案进行干涉，而是依靠基层组织和广大人民去开展调解的具体工作，发挥公序良俗、诚实信用等道德规范对社会关系的调整作用。在工作方式上，领导干部在面对群众时能够做到谦恭有礼，这种示范作用长期以来也培养了群众倾向于以文明方式与官员们进行互动。这种以人为本的理念，贯彻到各种治理制度和集体行为中，并在长期的社会生活中内化到民众的深层心理结构中，由此形成了一种既重视权利、又重视和谐的社区文化。

3. *积极推动本地文化与外来文化融合发展*。在户籍制度改革之外，不同户籍人群也在寻求彼此的协作与适应，地域文化和生活方式的对接融合会助推双方增进互信。通过教育和舆论引导，培养本地百姓的开放包容心态，增强新居民的认同感和归属感。通过各种群众喜闻乐见的形式，大力开展宣传教育活动，着力营造新老居民共同参与、融合共处、和谐共进的良好氛围。完善图书馆、电影院、体育馆等文化体育娱乐基础设施，不断丰富新老居民业余生活。还可以利用节庆、公共文化等活动平台加快融合，积极推动公共电视、报纸等媒体和文化研究机构，做好本土民俗文化、其他省份民俗和地域文化的研究、展示和传播，丰富不同地域和户籍人群对彼此文化背景的了解，消除心理隔阂，夯实互信基础。例如，创刊于2009年2月23日的《新路桥人文化报》，是浙江省第一份专门面向外来流动人口的报纸，也是浙江省第一份由政府出资、农民工自己采编完成的报纸，自创办以来，备受社会各界关注。

参考文献

一 中文专著

1. 曹正汉：《观念如何塑造制度》，上海人民出版社 2005 年版。

2. 蔡墩铭：《刑法分则论文选辑》（下），五南图书出版公司 1984 年版。

3. 程东峰：《责任伦理导论》，人民出版社 2010 年版。

4. 陈新民：《宪法基本权利之基础理论》（下册），元照出版社 2002 年版。

5. 陈家刚：《协商民主与当代中国政治》，中国人民大学出版社 2009 年版。

6. 陈剩勇，何包钢：《协商民主的发展：协商民主理论与中国地方民主国际学术研讨会论文集》，中国社会科学出版社 2006 年版。

7. 范愉：《集团诉讼问题研究》，北京大学出版社 2005 年版。

8. 范铁中：《社会转型期群体性事件的预防与处置机制研究》，上海大学出版社 2014 年版。

9. 冯仕政：《西方社会运动理论研究》，中国人民大学出版社 2013 年版。

10. 高新民，吴桂韩：《领导干部应对群体性事件案例选评》，中共中央党校出版社 2011 年版。

11. 郭纯平：《新世纪国内群体性事件研究：以构建和谐社会为视角的考察》，新华出版社 2013 年版。

12. 龚长宇：《道德社会学引论》，中国人民大学出版社 2012 年版。

13. 国家人口计生委流动人口服务管理司：《中国流动人口发展报告 2012 年》，中国人口出版社 2012 年版。

14. 黄平：《公共性的重建：社区建设的实践与思考》，社会科学文献出版社 2011 年版。

15. 胡关禄，林维业：《新时期群体性事件研究》，中国人民公安大学出版社 2006 年版。

16. 胡锦涛：《中国共产党第十八次全国代表大会文件汇编》，人民出版社 2012 年版。

17. 胡虹霞：《公民道德建设模式研究》，社会科学文献出版社 2013 年版。

18. 何包钢：《民主理论：困境和出路》，法律出版社 2008 年版。

19. 景跃进，张小劲，余逊达：《理解中国政治：关键词的方法》，中国社会科学出版社 2012 年版。

20. 李震山：《警察行政法论》，元照出版公司 2009 年版。

21. 李震山：《警察法论：警察任务篇》，正典出版文化有限公司 2002 年版。

22. 李震山：《警察法案例评释》，登文书局 1988 年版。

23. 李林，田禾：《中国法治发展报告 No. 12（2014）》，社会科学文献出版社 2014 年版。

24. 梁治平：《清代习惯法：社会与国家》，中国政法大学出版社 1996 年版。

25. 牟永福：《基层政府信任的逻辑与建构——基于华北地区于镇的个案研究》，知识产权出版 2013 年版。

26. 胡伟：《政府过程》，浙江人民出版社 1998 年版。

27. 邱国良：《信任的网络与逻辑：转型时期中国农民的政治信任》，中国社会科学出版社 2013 年版。

28. 荣敬本，崔之元，王栓正，高新军，何增科，杨雪冬等：《从压力型体制向民主合作体制的转变——县乡两级政治体制改革》，中央编译出版社 1998 年版。

29. 苏力：《制度是如何形成的》，北京大学出版社 2007 年版。

30. 谈火生，霍伟岸，何包钢：《协商民主的技术》，社会科学文献出版社 2014 年版。

31. 谈火生：《民主审议与政治合法性》，法律出版社 2007 年版。

32. 王国勤：《社会网络与集体行动：林镇案例》，中国社会科学出版社 2013 年版。

33. 王赐江：《冲突与治理：中国群体性事件考察分析》，人民出版社 2013 年版。

34. 肖唐镖：《群体性事件研究》，学林出版社 2011 年版。

35. 肖唐镖，郭春甫：《维权表达与政府回应》，学林出版社 2012 年版。

36. 肖唐镖，郭春甫：《社会稳定研究：城乡之间》，学林出版社 2011 年版。

37. 肖滨：《现代政治中的公民身份》，上海人民出版社 2010 年版。

38. 许尧：《中国公共冲突的起因、升级与治理——当代群体性事件发展过程研究》，南开大学出版社 2013 年版。

39. 杨日旭：《美国宪政与民主政治》，黎明文化事业公司 1989 年版。

40. 于建嵘：《当代中国农民的维权抗争——湖南衡阳考察》，中国文化出版社 2007 年版。

41. 于建嵘：《抗争性政治：中国政治社会学基本问题》，人民出版社 2010 年版。

42. 燕继荣：《投资社会资本》，北京大学出版社 2006 年版。

43. 张凤阳：《政治哲学关键词》，江苏人民出版社 2006 年版。

44. 赵鼎新：《社会与政治运动讲义》，社会科学文献出版社 2012 年版。

45. 邹谠：《二十世纪中国政治：从宏观历史和微观行动的角度看》，香港牛津大学出版社 1994 年版。

46. 赵旭东：《否定的逻辑：反思中国乡村社会研究》，民族出版社 2008 年版。

47. 翟学伟，薛天山：《社会信任：理论及其应用中国人民大学出版社》，中国人民大学出版社 2014 年版。

48. 朱旭峰：《政策变迁中的专家参与》，中国人民大学出版社 2012 年版。

49. 周红云：《社会资本与民主》，社会科学文献出版社 2011 年版。

50. 中国青少年发展基金会，非营利组织研究委员会：《扩展中的公共空间》，天津人民出版社 2002 年版。

51. 中国行政管理学会课题组：《中国群体性突发事件成因及对策》，国家行政学院出版社 2009 年版。

52. 中国法学会行政法学研究会：《社会管理创新与行政法——中国法学会行政法学研究会 2010 年会论文集》，中国政法大学出版社 2010 年版。

二　中文译作

1. ［法］埃哈尔·费埃德伯格：《权力与规则——组织行动的动力》，张月等译，上海人民出版社 2005 年版。

2. ［美］阿伦特：《人的条件》，竺乾威等译，上海人民出版社 1999 年版。

3. ［美］奥尔森：《集体行动的逻辑》，陈郁等译，上海人民出版社 1995 年版。

4. ［印］阿马蒂亚·森：《身份与暴力——命运的幻象》，李凤华等译，中国人民大学出版社 2009 年版。

5. ［波兰］彼得·什托姆普卡：《信任——一种社会学理论》，程胜利译，中华书局 2005 年版。

6. ［英］布赖恩·特纳：《公民身份与社会理论》，郭忠华，蒋红军译，吉林出版集团有限责任公司 2007 年版。

7. ［美］查尔斯·蒂利：《身份、边界与社会联系》，谢岳译，上海世纪出版集团 2008 年版。

8. ［美］查尔斯·蒂利：《集体暴力的政治》，谢岳译，上海人民出版社 2011 年版。

9. ［美］C. 格鲁特尔特，T. 范·贝斯特纳尔：《社会资本在发展中的作用》，黄载曦，杜卓君，黄治康译，西南财经大学出版社 2004 年版。

10. ［美］狄恩·普鲁特，金盛熙：《社会冲突——升级、僵局及解决》，王凡姝译，人民邮电出版社 2013 年版。

11. ［美］大卫·利文斯顿·史密斯：《非人：为何我们会贬低、奴役、伤害他人》，冯伟译，重庆出版社 2012 年版。

12. ［美］道格·麦克亚当，西德尼·塔罗，查尔斯·蒂利：《斗争的动力》，屈平，李义中译，译林出版社 2006 年版。

13. ［德］狄德满：《华北的暴力与恐慌：义和团运动前夕基督教传播和社会冲突》，崔华杰译，江苏人民出版社 2011 年版。

14. ［美］丹尼尔·希罗，克拉克·麦考利：《为什么不杀光？——种族大屠杀的反思》，薛绚译，生活·读书·新知三联书店 2012 年版。

15. ［意］多娜泰拉·德拉波尔塔：《社会运动、政治暴力和国家——对意大利、德国的比较分析》，王涛，江远山译，上海世纪出版社 2012 年版。

16. ［法］古斯塔夫·勒庞：《乌合之众：大众心理研究》，冯克利译，中央编译出版社 2004 年版。

17. ［美］哈丁：《群体冲突的逻辑》，刘春荣，汤艳文译，上海人民出版社 2013 年版。

18. ［美］加布里埃尔·A. 阿尔蒙德等：《比较政治学：体系、过程和政策》，曹沛霖等译，上海译文出版社 1987 年版。

19. ［美］林南：《社会资本：关于社会结构与行动的理论》，张磊译，世纪出版集团 2005 年版。

20. ［英］理查德·威尔金森，凯特·皮克特：《不平等的痛苦：收入差距如何导致社会问题》，安鹏译，新华出版社 2010 年版。

21. ［美］刘易斯·科塞：《社会冲突的功能》，孙立平等译，华夏出版社 1989 年版。

22. ［德］马克斯·韦伯：《经济与社会》（上卷），林荣远译，商务印书馆 1997 年版。

23. ［澳］迈克尔·A. 豪格，［英］多米尼克·阿布拉姆斯：《社会认同过程》，高明华译，中国人民大学出版社 2011 年版。

24. ［德］尼克拉斯·卢曼：《信任》，瞿铁鹏，李强译，上海人民出版社 2005 年版。

25. ［德］海拉德·威尔则：《不平等的世界——21 世纪杀戮预告》，史行果译，中国友谊出版公司 2013 年版。

26. ［美］乔纳森·H. 特纳：《社会学理论的结构》，邱泽奇，张茂元译，华夏出版社 2006 年版。

27. ［日］前田雅英：《日本刑法各论》，董璠舆译，五南图书出版公司 2000 年版。

28. [美] 塞缪尔·亨廷顿:《变化社会中的政治秩序》,王冠华等译,上海人民出版社 2008 年版。

29. [美] 西德·尼塔罗:《运动中的力量——社会运动与斗争政治》,吴庆宏译,译林出版社 2005 年版。

30. [美] 约拉姆·巴泽尔:《国家理论——经济权利、法律权利与国家范围》,钱勇,曾咏梅译,上海财经大学出版社 2006 年版。

31. [英] 约翰·基恩:《暴力与民主》,易承志,荣启涵,黄振乾,魏巍,张春满译,中央编译出版社 2014 年版。

32. [挪威] 约翰·加尔通:《和平论》,陈祖洲等译,南京出版社 2006 年版。

33. [美] 詹姆斯·博曼:《公共协商:多元主义、复杂性与民主》,黄相怀译,中央编译出版社 2006 年版。

34. [美] 肯尼斯·纽顿:《信任、社会资本、公民社会与民主》,于宝英,索娟娟译,《国外理论动态》,2012 年第 12 期。

35. [美] 佩里·K. 布兰登:《在 21 世纪建立政府信任——就相关文献及目前出现的问题进行讨论》,庞娟译,《经济社会体制比较》,2008 年第 2 期。

三 中文论文

1. 安巧珍:《国内外道德建设实践经验研究》,《国际研究》,2013 年第 5 期。

2. 安晋军:《改革开放以来我国道德建设的经验与问题探析》,《经济与社会发展》,2010 年第 10 期。

3. 陈良咨:《论暴力与群体性事件》,《中国人民公安大学学报》(社会科学版),2011 年第 6 期。

4. 陈映芳:《贫困群体利益表达渠道调查》,《战略与管理》,2003 年第 4 期。

5. 陈华森:《群体性事件的发生机制及其削减途径探析——一个政治文化的分析视角》,《探索》,2010 年第 6 期。

6. 陈剩勇:《群体性事件的治理之道》,《浙江人大》,2009 年第 1 期。

7. 陈剩勇，林龙：《权利失衡与利益协调——城市贫困群体利益表达的困境》，《青年研究》，2005 年第 2 期。

8. 陈捷，卢春龙：《共通性社会资本与特定性社会资本：社会资本与中国的城市基层治理》，《社会学研究》，2009 年第 6 期。

9. 陈炳辉，王菁：《“社区再造”的原则与战略——新公共管理下的城市社区治理模式》，《行政论坛》，2010 年第 3 期。

10. 陈颀，吴毅：《群体性事件的情感逻辑以 DH 事件为核心案例及其延伸分析》，《社会》，2014 年第 1 期。

11. 陈宏彩，金进喜：《重大群体性事件隐患专案管理——衢州实践及其制度分析》，《行政论坛》，2009 年第 1 期。

12. 昌业云：《浅析我国治理群体性事件的政策范式转换》，《国家行政学院学报》，2011 年第 1 期。

13. 程倩：《政府信任关系：概念、现状与重构》，《探索》，2004 年第 3 期。

14. 曹英：《群体性事件中的信息传播流程、节点与心理接受机制》，《河南社会科学》，2009 年第 1 期。

15. 曹海军：《“国家学派”评析：基于国家自主与国家能力维度的分析》，《政治学研究》，2013 年第 1 期。

16. 杜学文，高军：《引入商谈模式解决群体性事件——香港拆迁紫田村事件和平解决的启示》，《福建论坛・人文社会科学版》，2011 年第 4 期。

17. 戴桂斌：《协商民主：化解社会矛盾冲突的有效形式》，《求实》，2009 年第 11 期。

18. 戴群策，尹显英：《群体性事件的宪政思考》，《学术研究》，2009 年第 4 期。

19. 邓正来，景跃进：《建构中国的市民社会》，《中国社会科学季刊》（香港）创刊号，1992 年第 1 期。

20. 邓正来：《中国发展研究的检视——兼论中国市民社会研究》，《中国社会科学季刊》，1994 年第 8 期。

21. 邓蔚，李平：《群体性事件成因中的传统文化因素》，《理论界》，2009 年第 9 期。

22. 丁根林，吴海燕：《社会转型期公民道德建设实效性提升的路径审查——基于民间设奖“德清现象”的实证研究》，《湖州职业技术学院学报》，2011 年第 12 期。

23. 冯仕政：《人民政治逻辑与社会冲突治理：两类矛盾学说的历史实践》，《学海》，2014 年第 3 期。

24. 冯云霞：《沟通、意义和组织化行动研究》，《学海》，2007 年第 1 期。

25. 高军，吕成：《群体性事件的公法根源》，《上海政法学院学报》，2011 年第 6 期。

26. 顾培东：《试论我国社会中非常规性纠纷的解决机制》，《中国法学》，2007 年第 3 期。

27. 胡荣：《农民上访与政治信任的流失》，《社会学研究》，2007 年第 3 期。

28. 胡宝荣，《国外信任研究范式：一个理论述评》，《学术论坛》，2013 年第 12 期。

29. 胡宝珍，张光宇：《预防和处置群体性事件的法律对策研究》，《福建法学》，2007 年第 3 期。

30. 侯莎莎：《协商民主理论指导下的弱势群体利益表达》，《前沿》，2011 年第 4 期。

31. 侯健：《群体性表达事件的法律治理》，《法商研究》，2010 年第 3 期。

32. 何红彬，张俊国：《“无直接利益冲突”矛盾防范与化解机制探索——基于协商民主与协商治理视角的分析》，《行政论坛》，2011 年第 1 期。

33. 何睿，张明刚：《群体性事件中的对话研究》，《政法研究》，2006 年第 5 期。

34. 黄毅峰：《论政治与冲突的内在关系》，《四川行政学院学报》，2009 年第 4 期。

35. 黄海蓉：《论弱势群体暴力维权——以公权与私权的冲突为视角》，《云南行政学院学报》，2011 年第 4 期。

36. 黄展强：《略论群体性事件中利益群体的法律观念》，《科技创业月刊》，2009 年第 9 期。

37. 黄顺康：《论构建重大群体性事件的源头阻断机制》，《国家行政学院学报》，2011 年第 3 期。

38. 黄晓星，郑姝莉：《作为道德秩序的空间秩序——资本、信仰与村治交融的村落规划故事》，《社会学研究》，2015 年第 1 期。

39. 黄明理等：《论我国公民道德建设的经验、面临的挑战与应对》，《江西师范大学学报》，2014 年第 4 期。

40. 河北省张家口市政研会课题组：《不同群体对县乡政府信任度的评估与分析》，《政工研究动态》，2007 年第 23 期。

41. 金鸿浩，王浩臣，张星元：《群体性事件的“软政权”根因与“压力模式”》，《领导科学》，2012 年第 36 期。

42. 纪丽萍：《论我国公民道德主体性的缺失——基于食品安全的分析维度》，《江苏大学学报》，2012 年第 3 期。

43. 柯佳敏：《论社会发展维度下的公民道德建设》，《重庆师范大学学报》，2013 年第 6 期。

44. 郎友兴:《对七十二年前山东一个村庄村规民约的简要述评》，《中国农村观察》，2003 年第 2 期。

45. 刘涛，王震：《中国乡村治理中“国家—社会”的研究路径——新时期国家介入乡村治理的必要性分析》，《中国农村观察》，2007 年第 5 期。

46. 刘孝云：《群体性实践中的政治信任问题分析》，《探索》，2009 年第 5 期。

47. 刘朝晖：《群体性事件中非利益相关者的参与心态》，《浙江学刊》，2012 年第 6 期。

48. 刘能：《当代中国的群体性事件：形象地位变迁和分类框架再构》，《江苏行政学院学报》，2011 年第 2 期。

49. 刘能：《当代中国转型社会中的集体行动：对过去三十年间三次集体行动浪潮的一个回顾》，《学海》，2009 年第 4 期。

50. 刘能：《怨恨解释、动员结构和理性选择——有关中国都市地区集体行动发生可能性的分析》，《开放时代》，2004 年第 4 期。

51. 刘孝云：《群体性事件中的政治信任问题分析》，《探索》，2009

年第 5 期。

52. 刘彦成：《浅析暴力事件群体对个体心理和行为的影响》，《北京人民检察学院学报》，2003 年第 6 期。

53. 刘彦成：《论群体性暴力事件的概念和特征》，《湖北警官学院学报》，2003 年 6 月第 2 期。

54. 卢芳霞：《农村社区多元主体治理创新研究——以“枫桥经验”为例》，引自 2011 年浙江省社会学年会论文集。

55. 刘琳：《“无组织化”：转型期群体性事件的主要风险因素》，《当代世界社会主义问题》，2012 年第 2 期。

56. 李晨璐，赵旭东：《群体性事件中的原始抵抗——以浙东海村环境抗争事件为例》，《社会》，2012 年第 5 期。

57. 林梅湘：《中国农村非政府组织的作用和发展》，《新西部》，2007 年第 9 期。

58. 李学兰，柴小华：《当代法治实践中的村规民约——滕头村村规民约的文本解读》，《甘肃政法学院学报》，2010 年第 3 期。

59. 李姿姿：《国家与社会互动理论研究述评》，《学术界》，2008 年第 1 期。

60. 李茂平：《非营利组织社会道德教育价值目标探析》，《吉首大学学报》（社会科学版），2006 年第 5 期。

61. 李锡栋：《警察资料收集权之界限——以集会游行现场活动之资料收集为例》，《警学丛刊》，2007 年第 3 期。

62. 李震山：《集会游行之和平原则与集会自由权之保障》，《警学丛刊》，1992 年第 1 期。

63. 李伟民，梁玉成：《特殊信任与普遍信任：中国人信任的结构与特征》，《社会学研究》，2002 年第 3 期。

64. 李兰芬：《群体性事件中公民道德建设的对话机制》，《苏州大学学报》，2012 年第 2 期。

65. 李德国，蔡晶晶：《当代西方政府信任危机述评》，《广东行政学院学报》，2006 年第 6 期。

66. 李永宠，陈晋胜：《关于群体性事件的理性思考》，《晋阳学刊》，2004 年第 1 期。

67. 李砚忠：《以合作式治理提高和谐社会建设中的政府信任》，《科学社会主义》，2007 年第 2 期。

68. 李红：《社区民间组织对社区道德建设的实践价值探究》，《天津师范大学学报》，2011 年第 6 期。

69. 李英毅：《集会自由的概念及其限制之研究》，辅仁大学法律学研究所硕士学位论文，1991 年。

70. 李震山：《集会游行之和平原则与集会自由权之保障》，《警学丛刊》，1992 年第 1 期。

71. 李鸿，赵冰瑶：《工业群体暴力突发性事件的特征及成因分析——以吉林省工业群体暴力突发性事件为例》，《吉林省教育学院学报》，2010 年第 11 期。

72. 李来和，王运：《伦理道德秩序过程性建设何以必要》，《河北师范大学学报》，2000 年第 10 期。

73. 李强：《后全能体制下现代国家的构建》，《战略与管理》，2001 年第 6 期。

74. 梁成：《论群体性事件处置中说服的艺术》，《上海公安高等专科学校学报》，2008 年第 5 期。

75. 梁平，陈焘：《群体性事件："老问题"与"新动向"的交织与治理策略——基于 H 省的实证调研》，《河北法学》，2013 年第 5 期。

76. 刘九洲，许玲：《论网络舆论传播中的公民协商和公民行动》，《华中师范大学学报》，2010 年第 6 期。

77. 罗瑞林：《关于群体性事件的法律思考》，《政法学刊》，2006 年第 4 期。

78. 罗依平：《协商决策：我国政府决策模式创新的必然选择》，《理论探讨》，2008 年第 2 期。

79. 马得勇：《政治信任及其起源——对亚洲 8 个国家和地区的比较研究》，《经济社会体制比较》，2007 年第 5 期。

80. 孟天广：《转型期的中国政治信任：实证测量与全貌概览》，《华中师范大学学报》（人文社会科学版），2014 年第 2 期。

81. 聂军，李渊清：《群体性事件的原因与防范：政治认同的视角》，《社会主义研究》，2010 年第 4 期。

82. 潘宇：《论中国社会转型期道德秩序的缺失与重构》，《改革与开放》，2010 年第 1 期。

83. 戚建刚：《论群体性事件的行政法治理模式——从压制型到回应型的转变》，《当代法学》，2013 年第 1 期。

84. 邱国良：《政治信任：乡村治理的社会基础——以仲村 5·31 事件为个案》，《社会主义研究》，2009 年第 3 期。

85. 邱泽奇：《群体性事件与法治发展的社会基础》，《云南大学学报》（社会科学版），2004 年第 5 期。

86. 齐卫平：《社会转型期中国政治信任的动态建构及其路径》，《中国浦东干部学院学报》，2009 年第 4 期。

87. 齐惠：《清末群体性事件与国家能力衰微探析》，《国家行政学院学报》，2013 年第 6 期。

88. 权姣：《6·28 瓮安事件与信息公开——关于群体暴力事件的分析》，《东南传播》，2008 年第 9 期。

89. 钱颖萍：《芬兰群体性纠纷解决机制介评》，《清华法学》，2011 年第 2 期。

90. 钱海梅：《村规民约与制度性社会资本——以一个城郊村村级治理的个案研究为例》，《中国农村观察》，2009 年第 2 期。

91. 清华大学公共管理学院社会管理创新课题组：《乌坎事件始末》，《中国非营利评论》，2012 年第 2 期；

92. 上官酒瑞：《从人格信任走向制度信任——当代中国政治信任变迁的基本图式》，《学习与探索》，2011 年第 5 期。

93. 上官酒瑞：《国外政治信任研究的历史进程与理论聚焦》，《上海行政学院学报》，2011 年第 4 期。

94. 石晶，郝振，崔丽娟：《群体认同对极端群体行为的影响：中介及调节效应的检验》，《心理科学》，2012 年第 2 期。

95. 石发勇：《关系网络与当代中国基层社会运动——以一个街区环保运动个案为例》，《学海》，2005 年第 3 期。

96. 孙芳兰，尹子明：《当前我国政治信任的流失与建构》，《江西社会科学》，2014 年第 3 期。

97. 孙正：《组织化群体：关于群体性事件参与者的基本分析》，《中国人民公安大学学报》，2004 年第 5 期。

98. 孙宝云：《道德秩序中的政府、社会与个人——兼论道德秩序维系主体的不同界域》，《长白学刊》，2008 年第 2 期。

99. 孙奔，武香君：《调适公共行政过程中理性冲突的协商民主思维方式——以处理群体性事件为例》,《天水行政学院学报》，2014 年第 3 期。

100. 施宇轩：《现行集会游行法之检讨：以集会自由保障为中心》，台湾大学硕士学位论文，2008 年。

101. 童荣兵：《新时期群体性事件的对策思考》，《今日浙江》，2009 年第 1 期。

102. 童志峰：《历程与特点：快速转型期下的中国环保运动》，《理论月刊》，2009 年第 3 期。

103. 王国勤：《“集体行动”研究中的概念谱系》，《华中师范大学学报》（哲学社会科学版），2007 年第 5 期。

104. 王国勤：《社会网络视野下的集体行动：以林镇群体性事件为例》，《开放时代》，2011 年第 2 期。

105. 王国勤：《结构、制度与文化：群体性事件的动力》，《中共天津市委党校学报》，2013 年第 1 期。

106. 王国勤：《违法的正义：暴力观对群体性事件的影响》，《探索与争鸣》，2014 年第 6 期。

107. 王赐江：《“集体暴力抗争”：值得关注的极端维权方式——对三起群体性事件的考察分析》，《学习与探索》，2010 年第 2 期。

108. 王文华：《群体性暴力事件与仇恨犯罪：刑法与刑事政策的回应》，《甘肃政法学院学报》，2011 年第 7 期。

109. 王晓禹：《论亨廷顿的政治参与理论》，《江右论坛》，2007 年第 8 期。

110. 王江伟：《公民表达权视角下群体性事件的法律治理》，《中共杭州市委党校学报》，2014 年第 6 期。

111. 王江伟：《集会游行的事先程序限制——兼论我国立法之完善》，《西南政法大学学报》，2015 年第 1 期。

112. 王占可：《公民道德建设中的物质利益因素探析》，《山东行政学院学报》，2013 年第 6 期。

113. 王向民：《“U”型分布：当前中国政治信任的结构性分布》，《中国浦东干部学院学报》，2009 年第 4 期。

114. 汪小红，朱力：《“离土”时代的乡村信任危机及其生成机制——基于熟人信任的比较》，《人文杂志》，2013 年第 8 期。

115. 吴鹏森：《基层政治体系残缺：群体性事件频发背后的社会机制》，《探索与争鸣》，2012 年第 10 期。

116. 吴泽勇：《瑞典的群体性纠纷解决机制分析》，《法学》，2010 年第 7 期。

117. 吴泽勇：《论荷兰的群体性纠纷解决机制》，《河南大学学报》（社会科学版），2010 年第 5 期。

118. 吴丽玮：《乌坎土地纠纷与宗族之争》，《三联生活周刊》，2011 年第 49 期。

119. 吴同，文军：《自我组织与遵纪守法：工人依法维权的集体行动策略——以上海 SNS 企业工人抗争为例》，《社会》，2010 年第 5 期。

120. 万雪芬：《社会治理下的区域化党的建设思考——基于浙江的实践》，《理论探索》，2013 年第 3 期。

121. 许章润：《多元社会利益的正当性与表达的合法化——关于“群体性事件”的一种宪政主义法权解决思路》，《清华大学学报》（哲学社会科学版），2008 年第 4 期。

122. 许尧，刘亚丽：《群体性事件中的冲突升级及遏制机制研究》，《国家行政学院学报》，2011 年第 1 期。

123. 肖唐镖：《当代中国政治改革与发展的体制资源——对地方官员的一项初步分析》，《国家行政学院学报》，2005 年第 4 期。

124. 肖唐镖：《群体性事件中的暴力何以发生——对 1189 起群体性事件的初步分析》，《江苏行政学院学报》，2014 年第 1 期。

125. 肖唐镖：《二十年来大陆农村的政治稳定状况》，《二十一世纪》，2003 年第 2 期。

126. 肖唐镖：《抗争政治的到来及其治理转型》，《领导者》，2013 年第 5 期。

127. 肖唐镖，王江伟：《美国政府对民众示威抗议的警务处置》，《中国社会科学内部文稿》，2014 年第 1 期。

128. 肖唐镖：《当代中国的“群体性事件”：概念、类型与性质辨析》，《人文杂志》，2012 年第 4 期。

129. 肖唐镖：《民众是碎片化还是组织化更有助于社会稳定——以群体性事件的暴力化为视角》，《中国社会科学内部文稿》，2011 年第 5 期。

130. 肖文涛：《治理群体性事件与加强基层政府应对能力建设》，《中国行政管理》，2009 年第 6 期。

131. 夏建中：《中国公民社会的先声：以业主委员会为例》，《文史哲》，2003 年第 3 期。

132. 夏金梅：《群体性事件与协商民主》，《唯实》，2011 年第 2 期。

133. 夏金梅：《群体性事件的原因与防范：协商民主的分析视角》，《北京行政学院学报》，2011 年第 3 期。

134. 谢治菊：《村民政治参与及其对基层政治信任的影响分析》，《广东行政学院学报》，2012 年第 6 期。

135. 熊美娟：《社会资本与政治信任：以澳门为例》，《武汉大学学报》，2011 年第 4 期。

136. 许科，赵国祥，孙娟：《风险社会中公众政治信任的形成机制及影响》，《心理学探新》，2013 年第 6 期。

137. 薛天山，翟学伟：《西方人际信任研究的路径与困境》，《南京大学学报》，2009 年第 2 期。

138. 薛婷：《社会认同对集体行动的作用：群体情绪与效能路径》，《心理学报》，2013 年第 8 期。

139. 薛澜，张杨：《构建和谐社会机制治理群体性事件》，《江苏社会科学》，2006 年第 4 期。

140. 徐晓军，祝丽花：《“弱组织”状态下乡村集体行动的产生逻辑——以鄂东某村艾滋病人的集体行动为例》，《青年研究》，2008 年第 10 期。

141. 徐湘林：《转型危机与国家治理：中国的经验》，《经济社会体制比较》，2010 年第 5 期。

142. “新生代农民工研究”课题组：《困境与行动——新生代农民工与“农民工生产体制”的碰撞》，《工会博览》，2012 年第 26 期。

143. 杨海坤：《我国群体性事件之公法防治对策研究》，《法商研究》，2012 年第 2 期。

144. 杨海坤：《群体性事件有效化解的法治路径》，《政治与法律》，2011 年第 11 期。

145. 杨善华：《关于中国乡村干部和农民之间信任缺失的思考》，《探索与争鸣》，2003 年第 10 期。

146. 燕道成，黄果：《当前农村暴力型群体性事件的特征与成因》，《北京城市学院学报》，2012 年第 1 期。

147. 于语和，安宁：《民间法视野中的村规民约——以河北省某村的民间调查为个案》，《甘肃政法学院学报》，2005 年第 82 期。

148. 于建嵘：《当前压力维稳的困境与出路——再论中国社会的刚性稳定》，《探索与争鸣》，2012 年第 9 期。

149. 于建嵘：《利益、权威和秩序——对村民对抗基层政府的群体性事件的分析》，《中国农村观察》，2000 年第 4 期。

150. 于建嵘：《当代中国农民的“以法抗争”——关于农民维权活动的一个解释框架》，《文史博览》（理论），第 2 期。

151. 于建嵘：《以规则和信任化解官民冲突 》，《理论参考》，2010 年第 8 期。

152. 于建嵘：《当前我国群体性事件的主要类型及其基本特征》，《中国政法大学学报》，2009 年第 6 期。

153. 于建嵘：《当代中国农民维权组织的发育与成长：基于衡阳农民协会的实证研究》，《中国农村观察》，2005 年第 2 期。

154. 于建嵘：《中国社会泄愤事件与管制困境》，《当代世界与社会主义》，2008 年第 1 期。

155. 应星：《作为特殊行政救济的信访救济》，《法学研究》，2004 年第 31 期。

156. 应星：《草根动员与农民群体利益的表达机制——四个个案的比较研究》，《社学研究》，2007 年第 2 期。

157. 余世喜，李忠红：《构建政府与公民之间的信任关系》，《马克思主义与现实》（双月刊），2008 年第 3 期。

158. 姚兵：《北京应对群体性事件日趋组织化的思考与建议》，《北京行政学院学报》，2012 年第 2 期。

159. 姚惠敏：《民间“草根奖”与地方道德建设——基于德清县“民间设奖”现象的思考》，《中共浙江省委党校学报》，2010 年第 9 期。

160. 俞树彪：《道德建设与制度认同》，《湖北社会科学》，2012 年第 5 期。

170. 张静：《乡规民约体现的村庄治权》，《北京法律评论》，1999 年第 1 期。

171. 张明新：《从乡规民约到村民自治章程——乡规民约的嬗变》，《江苏社会科学》，2006 年第 4 期。

172. 张明军，陈朋：《2011 年中国社会典型群体性事件的基本态势及学理沉思》，《当代世界与社会主义》，2012 年第 1 期。

173. 张书维，许志国，徐岩：《社会公正与政治信任：民众对政府的合作行为机制》，《心理科学进展》，2014 年第 4 期。

174. 张宗和，宋树理：《工会的社会化维权——基于浙江义乌工会维权实践》，《劳动经济评论》，2008 年第 1 期。

175. 张紧跟：《从社会组织的视角看群体性事件》，《探索与争鸣》，2009 年第 3 期。

176. 张紧跟：《从维权抗争到协商对话：当代中国民主建设新思路》，载《华中师范大学学报》（人文社会科学版），2011 年第 2 期。

177. 张紧跟：《从抗争性冲突到参与式治理：广州垃圾处理的新趋向》，《中山大学学报》（社会科学版），2014 年第 4 期。

178. 赵旭东，辛允星：《权力离散与权威虚拟：中国乡村“整合政治”的困境》，《社会科学》，2010 年第 6 期。

179. 赵颖：《从群体性事件看公共决策中的公民参与》，《东南学术》，2008 年第 4 期。

180. 赵路平，张志昂：《论媒体在处理群体性事件中的作用》，《江淮论坛》，2006 年第 5 期。

181. 周怡：《共同体整合的制度环境：惯习与村规民约——H 村个案研究》，《社会学研究》，2005 年第 6 期。

182. 周林刚，冯建华：《农民工集体行动的策略——基于 X 厂 3 位组织精英的个案分析》，《甘肃行政学院学报》，2009 年第 1 期。

183. 周感华：《中西方学术界群体性事件心理研究评析》，《贵州大学学报》（社会科学版），2011 年第 2 期。

184. 周感华：《群体性事件心理动机和心理机制探析》，《北京行政学院》，2011 年第 6 期。

185. 周家明，刘祖云：《村规民约的内在作用机制研究——基于要素—作用机制的分析框架》，《农业经济问题》，2014 年第 4 期。

186. 周怀红，徐兆东：《道德秩序：从传统社会转向现代社会》，《学术论坛》，2007 年第 6 期。

187. 周鑫泽：《农村社会组织发展与社会管理创新——基于浙江省枫桥镇的实证研究》，《中共浙江省委党校学报》，2012 年第 1 期。

188. 朱勤军：《中国政治文明建设中的协商民主探析》，《政治学研究》，2004 年第 3 期。

189. 朱力：《中国社会风险解析——群体性事件的社会冲突性质》，《学海》，2009 年第 1 期。

190. 张书维，王二平：《群体性事件集群行为的动员与组织机制》，《心理科学进展》，2011 年第 12 期。

191. 郑风田，刘杰：《从群体性意见到群体性事件：一个观念的澄清——基于贵州瓮安、湖北石首、河北威县的调查》，《中国农村观察》，2010 年第 5 期。

192. 郑宁波：《群体性事件的发生机理及防控路径——基于政府信任的视角》，《陕西行政学院学报》，2012 年第 2 期。

193. 赵克：《群体性事件的根源分析及其化解——基于社会运行机制的分析》，《广东行政学院学报》，2008 年第 1 期。

194. 周晓丽：《公共协商：群体性事件的治理之道》，《天府新论》，2010 年第 3 期。

195. 赵鼎新，雷天：《骚乱，革命还是社会运动?》，《博览群书》，2008 年第 1 期。

196. 章武生：《论群体性纠纷的解决机制——美国集团诉讼的分析和借鉴》，《中国法学》，2007 年第 3 期。

197. 章志远，高中红：《团体诉讼：群体性事件有效化解的一种路径》，《法治研究》，2010 年第 10 期。

198. 邹东升等：《群体性突发事件的依法处置与人权保障》，《贵州社会科学》，2007 年第 6 期。

四　英文专著

1. Buechler, Steven. 2000: *Social Movements in Advanced Capitalism*. Oxford University Press.

2. Ching Kwan Lee, *Pathways of Labour Insurgency*, London and New York, 2003.

3. David Halpern, *Social Capital*, Polity Press, Malden, 2005.

4. Donatella della Porta and Herbert Reiter, *Policing Protest: the Control of Mass* 5. *Demonstrations in Western Democracies*, University of Minnesota Press, 1998.

6. Dicey, *Introduction to the study of the law of the constitution* (8 th), London: Macmillan, 1915.

7. Elizabeth J. Perry, Merle Goldman, *Grassroots Political Reform in Contemporary China*, Harvard University Press, 2007.

8. Elizabeth J. Perry and Mark Selden, *Chinese Society, Change, Conflicit and Resistance*, Routledge Curzon London and New York, 2003.

9. Eric R. Wolf, *Peasant Rebellion and Revolution in National Liberation Revolution in the Third World*, New York: Free Press, 1971.

10. Ellis, D. G., *Deliberative Communication and Ethnopolitical Conflict*, New York: Peter Lang, 2012.

11. Gurr, T. R., 1970, *Why Men Rebel*, Princeton, N. J.: Princeton University Press.

12. Ian O'Flynn, *Deliberative Democracy and Divided Societies*, Edinburgh: Edinburgh University Press, 2006.

13. John S. Dryzek, *Deliberative Global Politics*, Cambridge: Polity Press, 2006.

John Carson, *Freedom of Assembly and the Hostile Audience: A Comparative Examination of the British and American Doctrines*, 15 N. Y. L. F., 1969.

14. Jasper, J. M., *The Art of Moral Protest: Culture, Biography, and*

Creativity in Social Movements, Chicago London: University of Chicago Press, 1997.

15. Johnston, H. & Klandermans, B. , *Social Movements and Culture*, Minneapolis: University of Minnesota Press, 1995.

16. Kevin J. O' Brien and Li, *Rightful Resistance in Rural China*, Cambridge University Press, 2006.

17. Kevin J. O' Brien and Rachel E. Stern, *Introduction: Studying Contention in Contemporary China*, Harvard University Press, 2008.

18. Matthew R. Cleary, Susan C. Stokes, *Democracy and the Culture of Skepticism: Political Trust in Argentina and Mexico*, Russell Sage Foundation, 2009.

19. McAdam, D. , *Dynamics of Contention*, Cambridge University Press, 2001.

20. North, Douglass C. , *Institutions, Institutional Change and Economic Performance*, Cambridge: Cambridge Press, 1990.

21. Oberschall, Anthony, *Social Conflict and Social Movements*, NJ: Prentice - Hall, 1973.

22. Randall Collins, *Violence: A Micro - Sociological Theory*, Princeton University Press, 2000.

23. Tilly, Charles, *From Mobilization to Revolution*, New York: Random House, 1978.

24. Thomas Lum, *Problems of Democratization in China*, New York and London: Garland Publishing, 2000.

五 英文论文

1. Anirudh Krishna, " How Does Social Capital Grow? A Seven - Year Study of Villages in India", *The Journal of Politics*, Vol. 69, No. 4, November 2007, pp. 941—956.

2. Amy Gutman and Thompson Dennes, "Deliberative Democracy Beyond Process", *The Journal of Political Philosophy*, Vol. 10, No. 2. , 2002,

pp. 153—174.

3. Baogang He: "A Deliberative Approach to the Tibet Autonomy Issue: Promoting Mutual Trust through Dialogue", *Asian Survey*, Vol. 50, No. 4, July/August 2010, pp. 709—734.

4. CaiYongshun, "Local Governments and the Suppression of Popular Resistance in China", *The China Quarterly*, 193, 2008, pp. 24—42.

5. Cai Yongshun., " Managed Participation in China", *Political Science Quarterly*, 2004, 119 (3), p. 425.

6. Cress, Daniel M., Snow, David A., "The Outcomes of Homeless Mobilization: The Influence of Organization, Disruption, Political Mediation, and Framing", In *The American Journal of Sociology*, Vol. 105, No. 4., Jan., 2000, pp. 1063—1104.

7. C. Thomas and G. Streib, "The New Face of Government: Citizen lnitiated Contacts in the Era of E - government", *Journal of Public AdministrationRe - search and Theory*, 2003, Vol. 13, No. 1.

8. Della Porta and S. Tarrow, "Interactive Diffusion: the Coevolution of Police and Proest Behavior with an Application to Transnational Contention," *Comparative Political Studies*, 2012, vol. 45, pp. 119—152.

9. David G. Barnum, "Freedom of Assembly and the Hostile Audience in Anglo - American Law", 29 *Am. J. Comp. L.* 59, 1981.

10. Examination of Mediator Practices for Shaping an interactivity in Dispute Mediation", *New Brunswick*, *New Jersey*, October, 2010.

11. Elsa Gonzalez, Jose Felix Lozano and Pedro Jesus Perez, "Beyond the Conflict: Religion in the Public Sphere and Deliberative Democracy", *Res Publica*, (15): 2009, pp. 251—267.

12. Hurst, W., Liu, Y., & Tao, R., "Reassessing Collective Petitioning in Rural China: Civic Engagement, Extra - State Violence, and Regional Variation", *Comparative Politics*, 46 (4), 2014, pp. 459—482.

13. Iris Marion Young, "Activist Challenges to Deliberative Democracy", *Political Theory*, Vol. 29, No. 5, Oct, 2001, pp. 670—690.

14. John S. Dryzek, "Deliberative Democracy in Divided Societies: Al-

ternatives to Agonism and Analgesia", *Political Theory* 33: 2, April 2005.

15. Jasper, J. M., Emotions and Social Movements: Twenty Years of Theory and Research, *Annual Review of Sociology*, (37), 2011, pp. 285—303.

16. Joan Forbes, "Types of social capital: tools to explore service integration?" *International Journal of Inclusive Education*, Vol. 10, No. 6, November 2006, p. 570.

17. Lederman, Daniel, Loayza, Norman, Menendez, Ana Maria, "Violent Crime: Does Social Capital Matter?", *Economic Development & Cultural Change*, April2002, Vol. 50 Issue 3, p. 509.

18. Luehmann. Laura M., " Facing Citizen Complaints in China, 1951—1996", *Asian Survey*, 43 (5), 2003, pp. 845—866.

19. McCarthy, John D. and Zald, Mayer N., "Resource Mobilization and Social Movements: A Partial Theory." *The American Journal of Sociology*, Vol. 86, No. 6, 1977, pp. 1212—1241.

20. Note, "Hostile - Audience Confrontations: Police Conduct and First Amendment Rights", 75 *Mich. L. Rev.* 180, 1976.

21. Note, "Regulation of Demonstrations", 80 *Harv. L. Rev.* 1773, 1966.

22. Pamela E. Oliver and Danniel J. Myers, "The Coevolution of Social Movements," *Mobilization*, 2002, vol. 8, pp. 1—24.

23. Perry, E., 1985, Rural Violence in Socialist China, *China Quarterly*, 139, pp. 704—713.

24. Snow, David A., E. Burke Rochford, Jr., Steven K. Worden, and Robert D. Benford., "Frame Alignment Processes, Micromobilization, and Movement Participation", *American Sociological Review*, (51): 1986, pp. 464—481.

25. Useem, Bert 1998, "Breakdown Theories of Collective Action", *Annual Review of Sociology*, Vol. 24, pp. 215—238.

26. Weisingera, Judith Y. Black, Janice, "A. Strategic Resources and Social Capital", *Irish Journal of Management*, 2005 Special Issue, pp. 145—170.

27. Zhou Xueguang, " Unorganized Interests and Collective Action in Communist China", *American Sociological Review*, 1993. p. 58.

六 网络文献

1. 《安庆吧》，百度贴吧：http：//tieba. baidu. com/p/1268573770.

2. 《北仑区创新社会管理新模式推进社区和谐共建理事会建设受到〈焦点访谈〉关注》，宁波普法网：http：//www. nbpf. gov. cn/InfoDetail. aspx? infoid = 14286.

3. 陈敢：《云和多个村庄为“五水共治”重修村规民约　乱倒垃圾吃罚单》，浙江新闻网：http：//zjnews. zjol. com. cn/system/2014/08/30/020229339. shtml.

4. 《陈吉宁回应 PX、垃圾焚烧项目：处理不好会引起群体事件》，中国新闻网：http：//www. chinanews. com/gn/2015/03—07/7109928. shtml.

5. 《崇贤街道龙旋村重修〈村规民约〉》，余杭新闻网：http：//www. eyh. cn/class/class_ 24/articles/253972. html.

6. 《德阳中江富强村 13 条村规民约助推法治》，四川新闻网：http：//scnews. newssc. org/system/2014/03/23/013929023. shtml.

7. 《大敦村》，http：//www. xintang. gov. cn/Item/2840. aspx.

8. 德国明镜周刊：《数据告诉你美国黑人白人间的剪刀差》，观察者网：http：//www. guancha. cn/DerSpiegel/2014_ 11_ 28_ 301847. shtml.

9. 《奉化：用心守护淳朴民风　大堰镇 40 个村都有村规民约》，宁波普法网：http：//www. nbpf. gov. cn/InfoDetail. aspx? infoid = 23203.

10. 《广东潮州聚集事件续：共 1 辆汽车被烧毁 3 辆被毁坏》，中新网：http：//www. chinanews. com/fz/2011/06—08/3097279. shtml.

11. 《广东潮州市潮安区古巷》，潮汕新闻：http：//chaoshannews. com/a/jilin/2014/0214/10803. html.

12. 《广州增城发生人员聚集滋事事件 25 人被调查》，南方网：http：//news. sina. com. cn/c/2011—06—11/144922624654. shtml.

13. 《广东增城聚众事件 19 人涉嫌刑事犯罪被捕》，网易新闻中心：http：//news. 163. com/11/0617/07/76O12D8E00014J34. html.

14. 《贵州一村将节约办酒宴改陋习写入村规民约》，中国新闻网：http：//www. chinanews. com/sh/2013/10—09/5354570. shtml.

15. 葛熔金，于松：《增城连续 3 天发生聚集打砸，滋事者多系无业青年》，凤凰网：http：//news. ifeng. com/mainland/detail_ 2011_ 06/14/6996350_ 0. shtml? _ from_ ralated.

16. 《湖北一村制定村规民约整治摆宴清客 14 人被罚》，中国新闻网：http：//www. chinanews. com/sh/2014/09—24/6626256. shtml.

17. 何包钢：《协商民主在解决群体性突发事件中的作用》，《学习时报》，2010 年 4 月 19 日 .

18. 何包钢：《地方协商民主制度会持续发展吗?》，《学习时报》，2006 年 10 月 23 日 .

19. 何海波：《依据村规民约的处罚——以明堂村近 25 年情况为例》，法律搜索网：http：//www. flssw. com/falvlunwen/info/30608650/.

20. 《湖北发生群众围堵道路事件》，内蒙古晨报网：http：//news. 163. com/09/0622/00/5CCF39IS000120GR. html.

21. 《杭州拱墅区祥符桥村“村级法规”管牢违法建房》，浙江新闻网：http：//zjnews. zjol. com. cn/05zjnews/system/2005/11/07/006358387. shtml.

22. 姜鹏：《广东潮州打砸烧追问》，新浪网：http：//news. sina. com. cn/o/2011—06—14/042122635624. shtml.

23. 姜鹏：《广州警方封国道，防止潮州四川务工者聚集增城》，和讯网：http：//news. hexun. com/2011—06—15/130544908. html.

24. 姜鹏：《广东潮州群体事件背后：涉黑同乡会已垄断行业》，搜狐新闻：http：//news. sohu. com/20110615/n310184910. shtml.

25. 《看村规民约中彰显的社会正能量》，遂宁新闻网：http：//www. snxw. com/Article/dzm/201412/2424463. html.

26. 李宗勋：《网络社会与安全治理》，“探索公共行政真义：吴定教授荣退纪念”学术研讨会论文，2008 年，第 9 页。来源：http：//pa. nccu. edu. tw/doc/Wu/afternoon/1—2—2. pdf.

27. 兰翠娟：《元氏铁屯村：一条村规解决了老大难》，河北新闻网：http：//zhuanti. hebnews. cn/2014/2014—11/24/content_ 4339467. htm.

28. 《媒体称增城治保队长期粗暴执法敛财引发矛盾》，新闻中心：http：//news. sina. com. cn/c/2011—06—20/085822671393. shtml.

29. 《全国总工会2015年将强化职工维权工作》，中央政府门户网站来源：http：//www. gov. cn/xinwen/2015—02/23/content_ 2821310. htm.

30. 《孙立平教授：乌坎所展示的长治久安之路》，人民网—时政频道：http：//politics. people. com. cn/GB/99014/16925434. html.

31. 《三门县组织“红榜颂道德”活动，推动基层道德建设向纵深发展》，文明网：http：//www. zjwmw. com/07zjwm/system/2008/10/09/01001.

32. 《山东省〈村规民约〉“约”出新风气　重建乡村伦理秩序》，中国文明网：http：//www. wenming. cn/syjj/dfcz/sd/201408/t20140825 _ 2151397. shtm.

33. 单光鼐：《尽快开启越来越逼近的制度出口——2009年群体性事件全解析》，载《南方周末》，2010年2月4日，第F31版。

34. 单光鼐：《专家解析2008年群体性事件：散步形式可避免暴力》，人民网四川频道：http：//sc. people. com. cn/news/HTML/2009/1/15/20090115111448_ 1. htm.

35. 田豆豆：《湖北石首发生群众围堵道路事件事态已平息》，人民网：http：//society. people. com. cn/GB/41158/9512646. html.

36. 吴光于，任硌：《四川中江：村规民约见证中国乡村自治》，新华网：http：//news. xinhuanet. com/politics/2014—08/19/c _ 1112131571. htm.

37. 王丽：《后续：贵州省威宁县处置一起停尸闹丧事件20人被刑》，新华网：http：//www. gz. xinhuanet. com/2008htm/xwzx/2010—01/12/content_ 18750141. htm.

38. 王婧：《广东潮州古巷镇因暴力事件进行治安管制》，财新网：http：//china. caixin. com/2011—06—08/100267114. html.

39. 魏一平：《广东增城群体事件调查：治保队员打摆摊孕妇引起》，新闻中心：http：//news. sina. com. cn/c/sd/2011—07—22/142322858990. shtml.

40. 魏黎明：《新塘事件源于行政作为不均衡》，经济观察网：ht-

tp：//www. eeo. com. cn/2011/0619/204211. shtml，2011 年 6 月 19 日。

41.《“乌坎转机”的时代意义和国家样本意义——北京专家学者高度评价“乌坎事件”》，胡耀邦史料网：http：//www. hybsl. cn/zonghe/zuixinshiliao/2011—12—26/28051. html.

42. 王吉陆：《安徽池州打砸抢烧“6・26”群体性事件调查》，《南方都市报》，2005 年 7 月 1 日。

43. 袁曙宏：《叫百姓守法，政府要先守法》，新浪财经：http：//finance. sina. com. cn/hy/20141102/114120709309. shtml.

44. 杨晨，兰萃等：《济南市将全方位修订村规民约》，济南市民政局：http：//www. jnmz. gov. cn/eap/3. news. detail？ news_ id = 2103.

45.《“义务模式”探寻民工维权新路》，新华网：http：//www. zj. xinhuanet. com/newscenter/2005—07/31/content_ 476441. htm.

46. 张维，马利民：《四川全面修订完善村规民约》，《法制日报》，2014 年 9 月 1 日第 6 版。

47. 赵鼎新：《告别革命的路径》，当代社科视野网：http：//ddsksy. zjdx. gov. cn/ch/reader/view_ news. aspx？ id = 20120827140613001.

48. 浙江义乌总工会：《工会社会化维权模式》（优胜奖），中国政府创新网：http：//www. chinainnovations. org/index. php？ m = content&c = index&a = show&catid = 187&id = 1057.

49. 张茵，董齐：《陈有德：一个工会主席的十年维权之路》，中国新闻网：http：//www. chinanews. com/gn/news/2010/06—02/2319361. shtml，http：//news. xinhuanet. com/politics/2014—05/26/c_ 1110854939. htm.

50. 中国台州网：《椒江“村居志愿服务站”获中宣部肯定》，http：//paper. taizhou. com. cn/tzrb/html/2012—12/05/content_ 450507. htm.

51. 中国文明网：《浙江三门“道德红榜”：劲吹在一个小县城的好人风潮》，http：//www. wenming. cn/sbhr _ pd/dcyj/201407/t20140714 _ 2059371. shtml.

52. 浙江文明网：《大力开展“红榜颂道德”活动努力提升基层思想道德建设水平》，http：//www. zjol. com. cn/07zjwm/system/2008/10/28/010075660. shtml.

53. 赵亚赟：《种族冲突背后的政治经济学 》，观察者网：http：//

www. guancha. cn/zhaoyayun/2015_ 01_ 15_ 306335. shtml.

54. 张珺：《广东潮州群体事件背后：涉黑同乡会已垄断行业》，搜狐新闻：http：//news. sohu. com/20110615/n310184910. shtml.

后　记

本书是我主持的2011年国家社科基金青年课题《有效防范和化解群体性事件中暴力因素对策研究》（11CZZ025）的成果。该项目历时4年多，于2015年底结项。本书主要内容如书名《群体性暴力的源头治理》所示，主要讨论如何对当前中国的“群体性暴力”（包括群体性暴力行为和暴力事件）进行源头治理。首先，在学理上试图厘清群体性暴力发生的动力机制，即边界激活机制、快速启动动员机制、非制度化环境机制和暴力救济认知机制等。其次，在对策上探讨了群体性暴力的源头治理，即加强相应的国家政权建设和社会建设，而且二者相辅相成、互相促进。其中，国家政权建设主要涉及协商民主建设、法治建设与政治信任建设等。社会建设主要涉及社会组织、村规民约与公民道德等方面的建设。本书还着重讨论了流动人口群体性暴力事件的源头治理问题。本书以丰富案例材料为基础，结合了理论研究与对策研究，并与国外相关研究理论展开了积极的对话与交流。

在书稿写作和修改期间所撰写的一些论文，很荣幸地得到了一些优秀期刊的垂青，从而得以陆续发表。如论文《结构、制度与文化：群体性事件的动力》发表于《中共天津市委党校学报》2013年第1期，并先后被人大复印资料《中国政治》2014年第4期、《政治学文摘》2014年第2期转载。论文《“违法的正义”暴力观对群体性事件的影响》发表于《探索与争鸣》2014年第6期，并得到了学界回应，如郝宇伟的《群体性事件中的“暴力观”辨析——与王国勤先生商榷》，载于《探索与争鸣》2014年第10期。论文《集体行动中的“准组织化”及策略应对》，发表于《南京社会科学》2014年第12期。论文《身份、边界与群体性暴力——一项多案例研究》，发表于《中共天津市委党校学报》2015年第4

期。论文《基层治理中的政治信任重建》，发表于《江西师范大学学报》（哲学社会科学版）2015 年第 6 期。论文《身份认同与集体暴力》，发表于《国外理论动态》2016 年第 2 期。论文《村规民约的权威塑造》，发表于《江苏大学学报》2016 年第 2 期。感谢对以上所发表论文进行评审和指点的教授们以及编辑老师们！

感谢浙江行政学院前副校长马力宏教授！他在我做国家课题论证时给予了深切指导！感谢这个课题的团队——王江伟、孔卫拿、苏鹏辉、周忠丽、李德满和黄俊尧等年轻学者！他们为本课题贡献了智慧、付出了汗水。感谢清华大学景跃进教授、张小劲教授、北京大学张静教授、南洋理工大学何包钢教授、哈佛大学裴宜理教授（Elizabeth J. Perry）、波士顿大学傅士卓教授（Joseph Fewsmith）、天津市委党校何敬文教授、南京社会科学院许益军教授、上海政法学院吴鹏森教授、江西师范大学邱新有教授，南京师范大学陈辉教授、中央编译局李月军教授等！他们在我做这项课题和修改书稿的过程中，提供了很多指导和帮助。感谢这项课题的匿名评审老师们！你们细致而深刻的意见使我收获良多。

在 2015 年 1 月，就该课题的书稿在杭州开了一个小型研讨会，感谢对外经济贸易大学戴长征教授、南京大学肖唐镖教授、清华大学孟天广助理教授等！他们对本课题的部分章节做了深刻点评，我们团队几个发言的伙伴都受益颇多。感谢我所在学校的科研处领导和我所在部门的领导！他们给予我无私的帮助，如徐明华副校长、周秀国副处长、黄卫堂副处长、方柏华主任、董明副主任和朱虹老师等，还有正在为这个书稿的出版而忙碌的徐景彦老师和中国社会科学院的编辑老师！感谢中国人民大学政治学系 2012 级博士生汪雪芬同学和我的 2013 级硕士生洪桑桑同学！她们也为本书稿付出了辛苦的劳动！感谢我深爱的家人！正是你们的陪伴和悉心照顾，我才得以顺利完成课题和书稿。

本书的完成也是一个团队合作的产物，具体的章节分工如下：

王国勤，负责撰写第一章、第四章、第五章、第六章、第八章。

苏鹏辉（清华大学政治学系 2013 级博士研究生），负责撰写第二章。

王江伟（江西省委党校政治学教研部讲师，博士），负责撰写第三章。

孔卫拿（安徽师范大学历史与社会学院讲师，博士），负责撰写第七章。

尽管如此，还是由我来承担本书学术上的主要责任。本书一定还存在很多的缺点与不足，敬请读者不吝赐教，我的电子邮箱是 wanggq90@126.com。最后对能够垂青本书或愿意拿起这本书翻阅的读者们表达深深的谢意！